PROJECT 531

수학을 쉽게

수준별 단기 특강서

수학Ⅰ E

531 PROJECT 수학 I EASY

발행일	201805 초판 1쇄　202410 초판 8쇄
펴낸이	정선욱
펴낸곳	이투스에듀(주) 서울시 서초구 남부순환로 2547
고객센터	1599-3225
등록번호	제2007-000035호
ISBN	979-11-6123-585-1 [53410]

531 PROJECT와 함께라면
쉽고 빠르게 성적을 올릴 수 있습니다!

531 PROJECT는 쉽게 익히고, 빠르게 다지고, 확실히
성적을 올릴 수 있는 영역별 **단기 특강** 교재입니다.

쉽게 **E**

531 PROJECT 중 가장 쉽게 개념과 원리를 익힐 수 있는 교재입니다.

하나 단원별 꼭 알아야 하는 핵심 개념과 이론을 충실하게 기술한 교재입니다.

둘 핵심 개념별로 출제 빈도수가 높은 대표 유형 중 학교 내신 문제 또는 수능 2, 3점으로 출제 가능한 문제를 집중 학습할 수 있는 교재입니다.

셋 문제 풀이를 통하여 학습한 내용을 완벽하게 습득할 수 있도록 친절하고 상세한 해설과 첨삭을 덧붙인 교재입니다.

빠르게 **S**

531 PROJECT 중 가장 빠르게 빈출 유형을 다질 수 있는 교재입니다.

하나 단원별 꼭 알아야 하는 핵심 개념은 물론 빈출 유형을 집중적으로 학습할 수 있는 교재입니다.

둘 단원별로 주로 다루어지는 빈출 유형 중 학교 내신 문제 또는 수능 3, 4점으로 출제 가능한 문제를 집중 학습할 수 있는 교재입니다.

셋 문제 풀이를 통하여 유형별 해결 능력을 확실하게 다질 수 있도록 친절하고 상세한 해설과 첨삭을 덧붙인 교재입니다.

우월하게 **H**

531 PROJECT 중 가장 심도 있는 학습으로 최고 실력을 가늠할 수 있는 교재입니다.

하나 단원별 꼭 알아야 하는 핵심 개념은 물론 심화 유형을 집중적으로 학습할 수 있는 교재입니다.

둘 두 가지 이상의 개념을 사용해야 해결할 수 있는 심화 유형 중 내신 또는 수능 고난도 문항으로 출제 가능한 문제를 집중 학습할 수 있는 교재입니다.

셋 문제 풀이를 통하여 상위권 유형 및 킬러 문제에 대비할 수 있도록 친절하고 상세한 해설을 담은 교재입니다.

Structure

01

| 교과서 핵심 개념 |

- 교과서 핵심 개념을 세부적으로 구분하여 제공하였습니다.
- 개념과 관련된 문제 유형 번호를 링크하여 해당하는 유형을 바로 학습할 수 있습니다.
- 중요한 개념에 대해서는 '중요'라고 표시하여 학습에 좀 더 집중할 수 있도록 하였습니다.

02

| 대표 유형 익히기 |

- 교과서 핵심 개념 별로 출제될 수 있는 대표적인 문제들을 유형별로 구분하여 제공하였습니다.
- 대표 유형에 대한 쌍둥이 문제를 제공하여 해당 유형을 반복 학습할 수 있도록 하였습니다.

개념 Plus
개념에 대한 추가적인 설명을 담아 좀 더 쉽게 개념을 이해할 수 있도록 하였습니다.

개념 Feedback
이미 배웠던 학습 내용 중에서 복습이 필요한 개념 및 용어 등을 제공하였습니다.

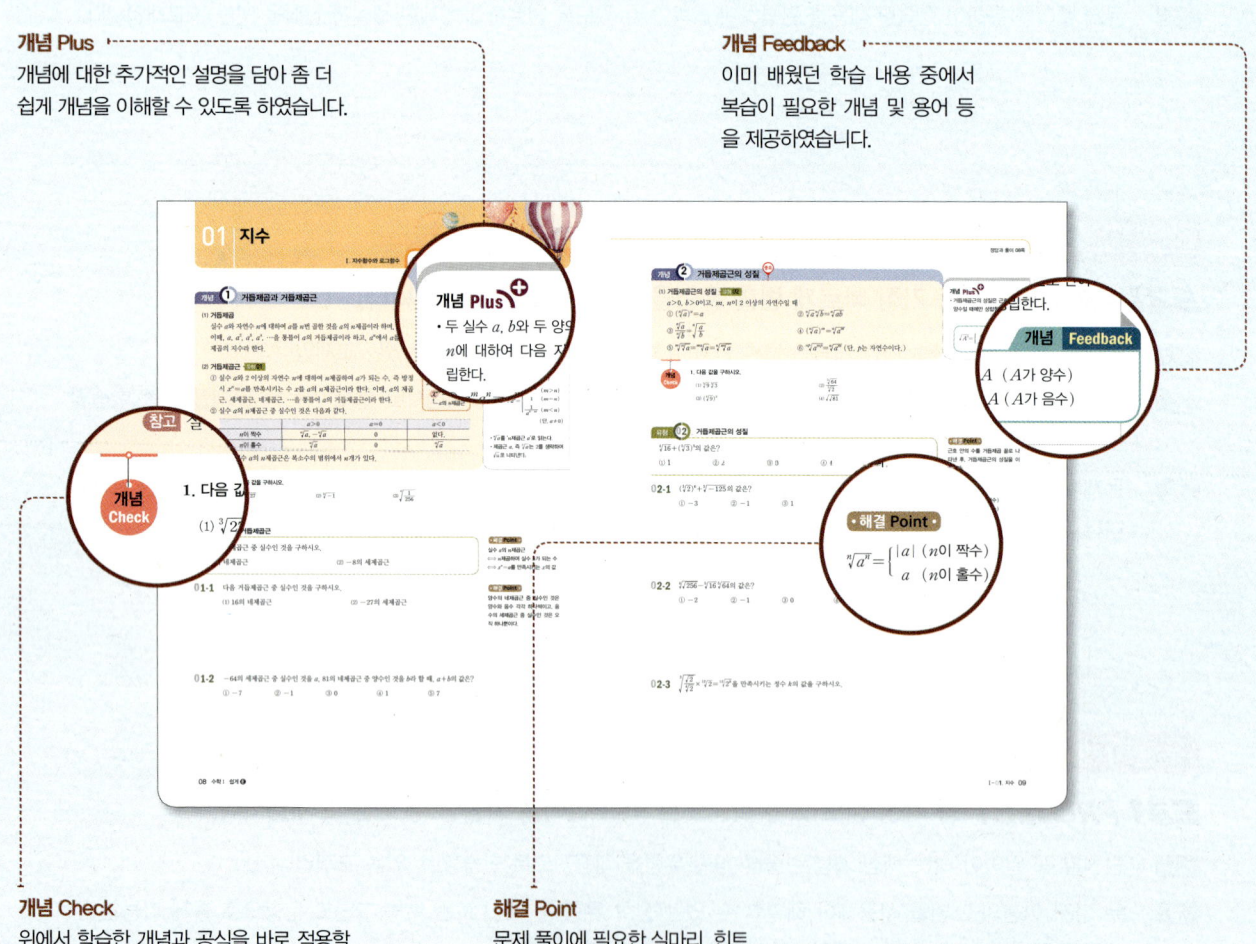

개념 Check
위에서 학습한 개념과 공식을 바로 적용할 수 있는 기본적인 문제를 수록하였습니다.

해결 Point
문제 풀이에 필요한 실마리, 힌트, 핵심 개념을 제공하였습니다.

03

| 대표 유형 다지기 |

- 앞에서 학습한 대표 유형의 유사 문제들을 제공하여 해당 유형을 반복적으로 학습하여 자신의 것으로 만들 수 있도록 하였습니다.
- 꼭 풀어봐야 하는 문제에 '중요'라고 표시하여 해당 문항의 풀이에 좀 더 집중할 수 있도록 하였습니다.

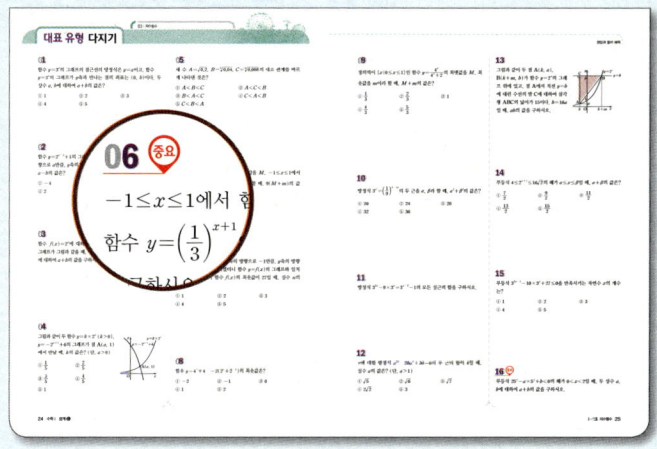

04

| 정답과 풀이 |

- 모든 문항을 상세하게 풀이하여 오답의 이유를 스스로 찾을 수 있도록 하였습니다.
- [다른 풀이] 및 [보충 설명]을 제시하여 다양한 사고를 할 수 있도록 하였습니다.

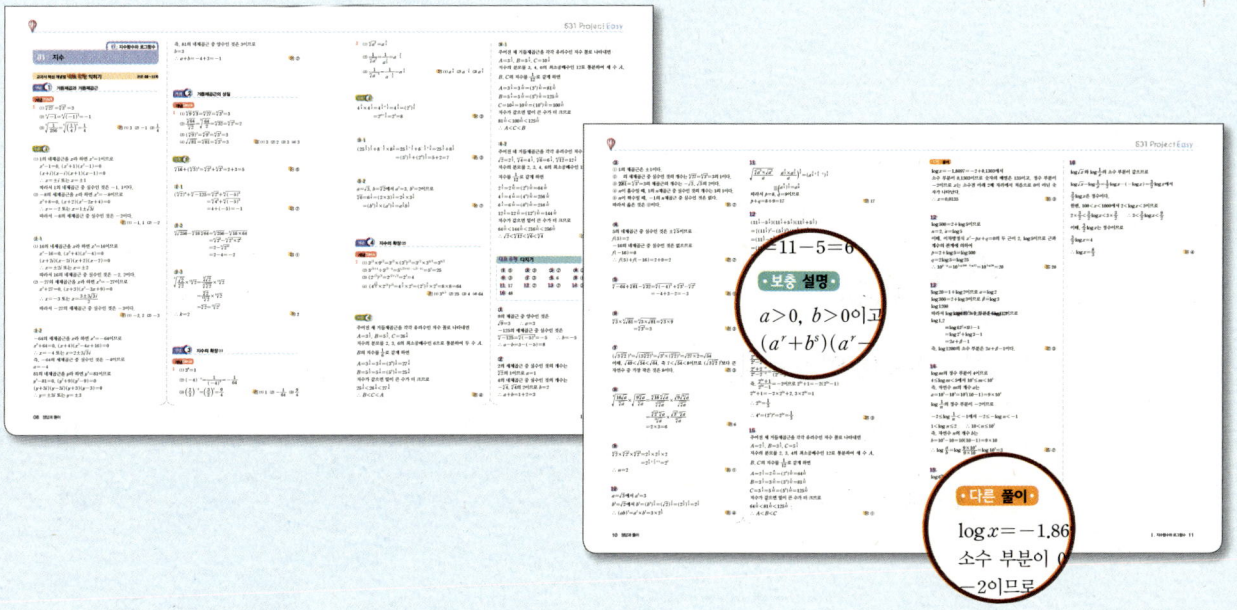

Contents

I

지수함수와 로그함수

01 지수

개념 ① 거듭제곱과 거듭제곱근

(1) 거듭제곱

실수 a와 자연수 n에 대하여 a를 n번 곱한 것을 a의 n제곱이라 하며, 기호로 a^n과 같이 나타낸다. 이때, a, a^2, a^3, a^4, $\cdots$을 통틀어 a의 거듭제곱이라 하고, a^n에서 a를 거듭제곱의 밑, n을 거듭제곱의 지수라 한다.

(2) 거듭제곱근 ·유형 01·

① 실수 a와 2 이상의 자연수 n에 대하여 n제곱하여 a가 되는 수, 즉 방정식 $x^n=a$를 만족시키는 수 x를 a의 n제곱근이라 한다. 이때, a의 제곱근, 세제곱근, 네제곱근, $\cdots$을 통틀어 a의 거듭제곱근이라 한다.

x의 n제곱 →
$$x^n=a$$
← a의 n제곱근

② 실수 a의 n제곱근 중 실수인 것은 다음과 같다.

	$a>0$	$a=0$	$a<0$
n이 짝수	$\sqrt[n]{a}$, $-\sqrt[n]{a}$	0	없다.
n이 홀수	$\sqrt[n]{a}$	0	$\sqrt[n]{a}$

참고 실수 a의 n제곱근은 복소수의 범위에서 n개가 있다.

개념 Plus ➕

· 두 실수 a, b와 두 양의 정수 m, n에 대하여 다음 지수법칙이 성립한다.
① $a^m a^n = a^{m+n}$
② $(a^m)^n = a^{mn}$
③ $(ab)^n = a^n b^n$
④ $\left(\dfrac{a}{b}\right)^n = \dfrac{a^n}{b^n}$ (단, $b\neq0$)
⑤ $a^m \div a^n = \begin{cases} a^{m-n} & (m>n) \\ 1 & (m=n) \\ \dfrac{1}{a^{n-m}} & (m<n) \end{cases}$
(단, $a\neq0$)

· $\sqrt[n]{a}$를 'n제곱근 a'로 읽는다.
· 제곱근 a, 즉 $\sqrt[2]{a}$는 2를 생략하여 $\sqrt{a}$로 나타낸다.

개념 Check

1. 다음 값을 구하시오.

(1) $\sqrt[3]{27}$　　　　　(2) $\sqrt[3]{-1}$　　　　　(3) $\sqrt[4]{\dfrac{1}{256}}$

유형 ① 거듭제곱근

다음 거듭제곱근 중 실수인 것을 구하시오.

(1) 1의 네제곱근　　　　　　　　(2) -8의 세제곱근

·해결 Point·

실수 a의 n제곱근
$\iff$ n제곱하여 실수 a가 되는 수
$\iff$ $x^n=a$를 만족시키는 x의 값

01-1 다음 거듭제곱근 중 실수인 것을 구하시오.

(1) 16의 네제곱근　　　　　　　　(2) -27의 세제곱근

·해결 Point·

양수의 네제곱근 중 실수인 것은 양수와 음수 각각 하나씩이고, 음수의 세제곱근 중 실수인 것은 오직 하나뿐이다.

01-2 -64의 세제곱근 중 실수인 것을 a, 81의 네제곱근 중 양수인 것을 b라 할 때, $a+b$의 값은?

① -7　　　② -1　　　③ 0　　　④ 1　　　⑤ 7

개념 ② 거듭제곱근의 성질 〔중요〕

(1) 거듭제곱근의 성질 〔유형 02〕

$a>0$, $b>0$이고, m, n이 2 이상의 자연수일 때

① $(\sqrt[n]{a})^n=a$

② $\sqrt[n]{a}\sqrt[n]{b}=\sqrt[n]{ab}$

③ $\dfrac{\sqrt[n]{a}}{\sqrt[n]{b}}=\sqrt[n]{\dfrac{a}{b}}$

④ $(\sqrt[n]{a})^m=\sqrt[n]{a^m}$

⑤ $\sqrt[m]{\sqrt[n]{a}}=\sqrt[mn]{a}=\sqrt[n]{\sqrt[m]{a}}$

⑥ $\sqrt[np]{a^{mp}}=\sqrt[n]{a^m}$ (단, p는 자연수이다.)

> **개념 Plus⁺**
> · 거듭제곱근의 성질은 근호 안이 양수일 때에만 성립한다.
>
> **개념 Feedback**
> $\sqrt{A^2}=\begin{cases} A & (A\text{가 양수}) \\ -A & (A\text{가 음수}) \end{cases}$

개념 Check

1. 다음 값을 구하시오.

(1) $\sqrt[3]{9}\sqrt[3]{3}$

(2) $\dfrac{\sqrt[5]{64}}{\sqrt[5]{2}}$

(3) $(\sqrt[4]{9})^2$

(4) $\sqrt{\sqrt{81}}$

유형 02 거듭제곱근의 성질

$\sqrt[4]{16}+(\sqrt[5]{3})^5$의 값은?

① 1 　　② 2 　　③ 3 　　④ 4 　　⑤ 5

> **해결 Point**
> 근호 안의 수를 거듭제곱 꼴로 나타낸 후, 거듭제곱근의 성질을 이용한다.

02-1 $(\sqrt[3]{2})^6+\sqrt[3]{-125}$의 값은?

① -3 　　② -1 　　③ 1 　　④ 3 　　⑤ 5

> **해결 Point**
> $\sqrt[n]{a^n}=\begin{cases} |a| & (n\text{이 짝수}) \\ a & (n\text{이 홀수}) \end{cases}$

02-2 $\sqrt[4]{256}-\sqrt[5]{16}\sqrt[5]{64}$의 값은?

① -2 　　② -1 　　③ 0 　　④ 1 　　⑤ 2

02-3 $\sqrt[3]{\dfrac{\sqrt{2}}{\sqrt[4]{2}}}\times\sqrt[12]{2}=\sqrt[12]{2^k}$을 만족시키는 정수 k의 값을 구하시오.

개념 ③ 지수의 확장 (1)

(1) 0 또는 음의 정수인 지수

$a \neq 0$이고 n이 양의 정수일 때

$$a^0 = 1, \quad a^{-n} = \frac{1}{a^n}$$

(2) 유리수인 지수

$a > 0$이고 m, n $(n \geq 2)$이 정수일 때

$$a^{\frac{1}{n}} = \sqrt[n]{a}, \quad a^{\frac{m}{n}} = \sqrt[n]{a^m}$$

(3) 지수가 유리수일 때의 지수법칙 유형 03

$a > 0$, $b > 0$이고 r, s가 유리수일 때

① $a^r a^s = a^{r+s}$

② $a^r \div a^s = a^{r-s}$

③ $(a^r)^s = a^{rs}$

④ $(ab)^r = a^r b^r$

참고 지수가 정수가 아닌 유리수일 때, 밑이 음수이면

$-2 = (-2)^{2 \times \frac{1}{2}} = \{(-2)^2\}^{\frac{1}{2}} = (2^2)^{\frac{1}{2}} = 2$와 같은 모순이 생기므로 밑이 음수이면 지수

법칙이 성립하지 않음에 주의한다.

개념 Plus ➕

- 0^0은 정의하지 않는다.

- $a \neq 0$, $b \neq 0$이고 두 정수 m, n에 대하여 다음 지수법칙이 성립한다.
  ① $a^m a^n = a^{m+n}$
  ② $a^m \div a^n = a^{m-n}$
  ③ $(a^m)^n = a^{mn}$
  ④ $(ab)^n = a^n b^n$

개념 Check

1. 다음 값을 구하시오.

(1) 3^0

(2) $(-4)^{-3}$

(3) $\left(\frac{2}{3}\right)^{-2}$

2. 다음을 a^r 꼴로 나타내시오. (단, $a > 0$이고, r는 유리수이다.)

(1) $\sqrt[4]{a^3}$

(2) $\frac{1}{\sqrt[5]{a^2}}$

(3) $\frac{1}{\sqrt[3]{a^{-4}}}$

유형 ⑬ 지수가 유리수일 때의 지수법칙

$4^{\frac{5}{4}} \times 4^{\frac{1}{4}}$의 값은?

① 2   ② 4   ③ 8   ④ 16   ⑤ 32

03-1 $(25^{\frac{1}{3}})^{\frac{3}{2}} + 8^{-\frac{1}{2}} \times 8^{\frac{5}{6}}$의 값은?

① 5   ② 6   ③ 7   ④ 8   ⑤ 9

03-2 $a = \sqrt{3}$, $b = \sqrt[3]{2}$일 때, $\sqrt[6]{6}$을 a, b로 나타낸 것은?

① $a^{\frac{1}{2}} b^{\frac{1}{3}}$ ② $a^{\frac{1}{3}} b^{\frac{1}{2}}$ ③ $a^{\frac{1}{3}} b^{\frac{1}{6}}$ ④ $a^{\frac{1}{6}} b^{\frac{1}{3}}$ ⑤ $a^{\frac{1}{6}} b^{\frac{1}{6}}$

해결 Point

$\sqrt[n]{a^m} = a^{\frac{m}{n}}$임을 이용하여 거듭제곱근을 유리수인 지수로 나타낸 후, 지수법칙을 이용한다.

개념 **4** 지수의 확장 (2)

(1) 지수가 실수일 때의 지수법칙

$a>0$, $b>0$이고 x, y가 실수일 때

① $a^x a^y = a^{x+y}$

② $a^x \div a^y = a^{x-y}$

③ $(a^x)^y = a^{xy}$

④ $(ab)^x = a^x b^x$

(2) 거듭제곱근의 대소 비교 [유형 04]

거듭제곱근의 대소는 다음과 같은 순서로 비교한다.

① 거듭제곱근을 유리수인 지수 꼴로 고친다.

② 유리수인 지수의 분모의 최소공배수를 구하여 통분한다.

③ 지수를 같게 하여 밑이 큰 쪽이 크다고 결정한다.

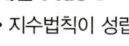

개념 Plus

• 지수법칙이 성립하기 위한 지수의 범위에 따른 밑의 조건

지수	밑
자연수	$a \neq 0$
정수	$a \neq 0$
유리수	$a > 0$
실수	$a > 0$

• $a>0$, $b>0$이고 n이 2 이상의 정수일 때

$$a<b \iff \sqrt[n]{a} < \sqrt[n]{b}$$

가 성립한다.

개념 Check

1. 다음 값을 구하시오.

(1) $3^{\sqrt{2}} \times 9^{\sqrt{2}}$

(2) $5^{\sqrt{3}+1} \div 5^{\sqrt{3}-1}$

(3) $(2^{\sqrt{2}})^{\sqrt{2}}$

(4) $(4^{\frac{\sqrt{3}}{2}} \times 2^{\sqrt{3}})^{\sqrt{3}}$

유형 **04** 거듭제곱근의 대소 비교

다음 중 세 수 $A=\sqrt{3}$, $B=\sqrt[3]{5}$, $C=\sqrt[6]{26}$의 대소 관계를 바르게 나타낸 것은?

① $A<B<C$

② $A<C<B$

③ $B<A<C$

④ $B<C<A$

⑤ $C<A<B$

• 해결 Point •

$\sqrt[n]{a^m} = a^{\frac{m}{n}}$임을 이용하여 거듭제곱근을 유리수인 지수 꼴로 나타낸 후, 지수를 같게 하여 밑을 비교한다.

04-1 다음 중 세 수 $A=\sqrt[3]{3}$, $B=\sqrt[4]{5}$, $C=\sqrt[6]{10}$의 대소 관계를 바르게 나타낸 것은?

① $A<B<C$

② $A<C<B$

③ $B<A<C$

④ $B<C<A$

⑤ $C<A<B$

04-2 다음 네 수의 대소를 비교하시오.

$$\sqrt{2}, \quad \sqrt[3]{4}, \quad \sqrt[4]{6}, \quad \sqrt[6]{12}$$

대표 유형 다지기

01

9의 제곱근 중 양수인 것을 a, -125의 세제곱근 중 실수인 것을 b라 할 때, $a-b$의 값은?

① -8 ② -2 ③ 0
④ 2 ⑤ 8

02

2의 세제곱근 중 실수인 것의 개수를 a, 4의 네제곱근 중 실수인 것의 개수를 b라 할 때, $a+b$의 값은?

① 1 ② 2 ③ 3
④ 4 ⑤ 5

03 중요

다음 설명 중 옳은 것은?

① 1의 제곱근은 1이다.
② 27의 세제곱근 중 실수인 것의 개수는 1이다.
③ $\sqrt[4]{81}$의 제곱근의 개수는 1이다.
④ n이 홀수일 때, 1의 n제곱근 중 실수인 것의 개수는 n이다.
⑤ n이 짝수일 때, -1의 n제곱근 중 실수인 것의 개수는 1이다.

04

실수 x의 네제곱근 중 실수인 것의 개수를 $f(x)$라 할 때, $f(5)+f(-16)$의 값은?

① 1 ② 2 ③ 3
④ 4 ⑤ 5

05

$\sqrt[3]{-64}+\sqrt[4]{81}-\sqrt[5]{32}$의 값은?

① -3 ② -1 ③ 1
④ 3 ⑤ 5

06

$\sqrt[3]{3} \times \sqrt[3]{\sqrt{81}}$의 값은?

① 1 ② 2 ③ 3
④ 4 ⑤ 5

07 중요

$(\sqrt{3\sqrt[3]{2}})^3$보다 큰 자연수 중 가장 작은 것은?

① 6 ② 7 ③ 8
④ 9 ⑤ 10

08

$a>0$일 때, $\sqrt[4]{\dfrac{16\sqrt{a}}{\sqrt[3]{a}}} \times \sqrt{\dfrac{9\sqrt[6]{a}}{\sqrt[4]{a}}}$를 간단히 하시오.

09

$\sqrt[3]{2} \times \sqrt[3]{2^2} \times \sqrt[3]{2^3} = 2^n$일 때, 유리수 n의 값은?

① 2 ② $\dfrac{7}{3}$ ③ $\dfrac{8}{3}$

④ 3 ⑤ $\dfrac{10}{3}$

10

$a = \sqrt{3}$, $b^3 = \sqrt{2}$일 때, $(ab)^2$의 값은? (단, b는 실수이다.)

① $2 \times 3^{\frac{1}{3}}$ ② $2 \times 3^{\frac{2}{3}}$ ③ $2^{\frac{1}{3}} \times 3^{\frac{1}{2}}$

④ $3 \times 2^{\frac{1}{3}}$ ⑤ $3 \times 2^{\frac{2}{3}}$

11 중요

$a > 0$, $a \neq 1$일 때, 등식

$$\sqrt{\dfrac{\sqrt[4]{a^3 \times \sqrt{a^5}}}{a}} = a^{\frac{q}{p}}$$

이 성립한다. $p+q$의 값을 구하시오.

(단, p와 q는 서로소인 자연수이다.)

12

$\left(11^{\frac{1}{4}} - 5^{\frac{1}{4}}\right)\left(11^{\frac{1}{4}} + 5^{\frac{1}{4}}\right)\left(11^{\frac{1}{2}} + 5^{\frac{1}{2}}\right)$의 값은?

① 4 ② 6 ③ 10

④ 14 ⑤ 16

13 중요

$4^x = 3^y = 12$인 두 실수 x, y에 대하여 $\dfrac{1}{x} + \dfrac{1}{y}$의 값은?

① $\dfrac{1}{2}$ ② 1 ③ $\dfrac{3}{2}$

④ 2 ⑤ $\dfrac{5}{2}$

14

실수 a에 대하여 $\dfrac{2^a + 2^{-a}}{2^a - 2^{-a}} = -2$일 때, 4^a의 값은?

① 1 ② $\dfrac{1}{2}$ ③ $\dfrac{1}{3}$

④ $\dfrac{1}{4}$ ⑤ $\dfrac{1}{5}$

15

다음 중 세 수 $A = \sqrt{2}$, $B = \sqrt[3]{3}$, $C = \sqrt[4]{5}$의 대소 관계를 바르게 나타낸 것은?

① $A < B < C$ ② $A < C < B$

③ $B < A < C$ ④ $B < C < A$

⑤ $C < A < B$

16

세 수 2, $3^{\frac{1}{2}}$, $4^{\frac{1}{3}}$ 중 가장 큰 수를 M, 가장 작은 수를 m이라 할 때, $M^6 - m^6$의 값을 구하시오.

개념 ① 로그의 정의

(1) 로그의 정의 유형 01

$a>0$, $a\neq1$, $N>0$일 때, 등식 $a^x=N$을 만족시키는 실수 x는 오직 하나 존재한다. 이 실수 x를 기호로 $\log_a N$과 같이 나타내고, a를 밑으로 하는 N의 로그라 한다. 이때, N을 $\log_a N$의 진수라 한다. 즉,

$$a^x=N \iff x=\log_a N \ (\text{단, } a>0, \ a\neq1, \ N>0)$$

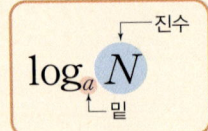

(2) 로그의 밑과 진수의 조건 유형 02

$\log_a N$이 정의되려면 다음 두 조건을 모두 만족시켜야 한다.

(ⅰ) 밑의 조건 : $a>0$, $a\neq1$ (즉, a는 1이 아닌 양수이다.)

(ⅱ) 진수의 조건 : $N>0$ (즉, N은 양수이다.)

> **개념 Plus +**
> • log는 logarithm의 약자이다.
>
> • 특별한 언급없이 $\log_a N$을 사용할 때에는 $a>0$, $a\neq1$, $N>0$을 모두 만족시키는 것으로 본다.

개념 Check

1. 다음 등식을 로그를 사용하여 나타내시오.

(1) $2^3=8$ (2) $4^{-2}=\dfrac{1}{16}$ (3) $10^2=100$ (4) $3^{\frac{1}{2}}=\sqrt{3}$

2. 다음 값을 구하시오.

(1) $\log_3 9$ (2) $\log_2 \dfrac{1}{32}$ (3) $\log_{\frac{1}{5}} 25$ (4) $\log_4 \sqrt{64}$

유형 ① 로그의 정의

다음 등식을 만족시키는 실수 x의 값을 구하시오.

(1) $\log_{16} x=\dfrac{1}{2}$ (2) $\log_2 (\log_{25} x)=-1$

> **해결 Point**
> 로그의 정의 $a>0$, $a\neq1$, $N>0$일 때, $\log_a N=x$이면 $N=a^x$임을 이용한다.

01-1 다음 등식을 만족시키는 실수 x의 값을 구하시오.

(1) $\log_x 3\sqrt{3}=\dfrac{3}{2}$ (2) $\log_2 (\log_3 x)=2$

유형 ② 로그의 밑과 진수의 조건

다음이 정의되도록 하는 실수 x의 값의 범위를 구하시오.

(1) $\log_2 (x^2-3x+2)$ (2) $\log_{2x-1} 5$

02-1 $\log_{\frac{x}{2}} (25-x^2)$이 정의되도록 하는 정수 x의 개수는?

① 1   ② 2   ③ 3   ④ 4   ⑤ 5

> **해결 Point**
> 밑의 조건을 만족시키는 x의 값의 범위와 진수의 조건을 만족시키는 x의 값의 범위를 구한 후, 공통 범위를 구한다.

개념 ② 로그의 성질 〔중요〕

(1) **로그의 성질** 〔유형 03〕

$a>0$, $a\neq1$, $M>0$, $N>0$일 때

① $\log_a 1=0$, $\log_a a=1$

② $\log_a MN=\log_a M+\log_a N$

③ $\log_a \dfrac{M}{N}=\log_a M-\log_a N$

④ $\log_a N^k=k\log_a N$ (단, k는 실수이다.)

(2) **로그의 밑의 변환** 〔유형 04〕

$a>0$, $a\neq1$, $b>0$, $c>0$, $c\neq1$일 때

① $\log_a b=\dfrac{\log_c b}{\log_c a}$

② $\log_a c=\dfrac{1}{\log_c a}$

(3) **로그의 여러 가지 성질** 〔유형 04〕

$a>0$, $a\neq1$, $b>0$일 때

① $\log_{a^m} b^n=\dfrac{n}{m}\log_a b$ (단, m, n은 실수이고, $m\neq0$이다.)

② $a^{\log_c b}=b^{\log_c a}$ (단, $c>0$, $c\neq1$)

개념 Plus

• 로그의 성질을 다음과 같이 혼동 하지 않도록 주의한다.

① $\log_a M+\log_a N$
$\qquad\neq\log_a(M+N)$

② $\log_a M-\log_a N$
$\qquad\neq\log_a(M-N)$

③ $\log_a MN\neq\log_a M\times\log_a N$

④ $\dfrac{\log_a M}{\log_a N}\neq\log_a M-\log_a N$

⑤ $\log_a M^k\neq(\log_a M)^k$

• a, b는 1이 아닌 양수이고, $c>0$ 일 때

① $\log_a b\times\log_b c=\log_a c$

② $\log_a b\times\log_b a=1$

• $a^{\log_a b}=b^{\log_a a}=b$

1. 다음 값을 구하시오.

(1) $\log_2 1$　　　　(2) $\log_5 5$　　　　(3) $\log_{10} 1000$　　　　(4) $\log_3\sqrt{3}+\log_3 9$

유형 03 로그의 성질

$\dfrac{1}{2}\log_6 72-\log_6\sqrt{2}$의 값을 구하시오.

03-1 $\dfrac{1}{2}\log_2\dfrac{8}{5}+\log_2\sqrt{5}$의 값은?

① $\dfrac{1}{2}$　　　　② $\dfrac{3}{2}$　　　　③ $\sqrt{5}$　　　　④ $2\sqrt{2}$　　　　⑤ $2\sqrt{3}$

03-2 $a=\log_{10} 3$, $b=\log_{10} 5$일 때, $\log_{10} 6$을 a, b로 나타내시오.

〔해결 Point〕

$\log_{10} 2=\log_{10}\dfrac{10}{5}$
$\qquad=\log_{10} 10-\log_{10} 5$
임을 이용한다.

유형 04 로그의 밑의 변환

$\log_2 25\times\log_5 9\times\log_3 2$의 값을 구하시오.

〔해결 Point〕

로그의 밑을 10으로 통일하여 푼다.

04-1 $(\log_3 2+2\log_9 4)\times\log_2 27$의 값을 구하시오.

개념 **3** 상용로그

(1) 상용로그

밑이 10인 로그를 상용로그라 하고, 상용로그 $\log_{10} N$은 보통 밑 10을 생략하여 $\log N$과 같이 나타낸다. 즉,

$$\log_{10} N = \log N$$

(2) 상용로그의 값 유형 05

① 상용로그표는 0.01의 간격으로 1.00에서 9.99까지
의 수에 대한 상용로그의 값을 반올림하여 소수점
아래 넷째 자리까지 나타낸 것이다.

예 상용로그표에서 $\log 3.11$의 값을 찾으려면 3.1의
가로줄과 1의 세로줄이 만나는 곳의 수를 찾으면 된다. 즉, $\log 3.11 = 0.4928$

수	0	1	2
1.0	.0000	.0043	.0086
1.1	.0414	.0453	.0492
⋮	⋮	⋮	⋮
3.1	.4914	.4928	.4942

② 상용로그표에 나와 있지 않은 양수, 즉 1.00에서 9.99까지의 범위를 벗어난 양수의 상용로
그의 값은 로그의 성질을 이용하여 진수의 범위를 1.00 이상 9.99 이하로 바꾸어 주면 상용
로그표를 이용하여 그 값을 구할 수 있다.

(3) 상용로그의 표현

양수 N의 상용로그는

$$\log N = n + \alpha \ (n\text{은 정수},\ 0 \le \alpha < 1)$$

와 같이 나타낼 수 있다.

개념
Check

1. 다음 값을 구하시오.

(1) $\log 1000$ (2) $\log 0.01$ (3) $\log 10\sqrt{10}$

2. 다음 $\log N$의 정수 부분과 소수 부분을 각각 구하시오.

(1) $\log N = 2.7396$ (2) $\log N = 0.2014$ (3) $\log N = -5.2933$

유형 **05** 상용로그의 값과 계산

$\log 2.28 = 0.3579$임을 이용하여 다음 값을 구하시오.

(1) $\log 22.8$ (2) $\log 0.0228$

해결 Point

양수 N에 대하여 $\log N = k$일 때
$\log(10^n \times N)$
$= \log 10^n + \log N$
$= n + k$ (단, n은 정수이다.)

05-1 $\log 8.76 = 0.9425$임을 이용하여 다음 값을 구하시오.

(1) $\log 876$ (2) $\log 0.00876$

05-2 오른쪽 상용로그표를 이용하여 다음 물음에
답하시오.

(1) $\log\sqrt{4200}$의 값을 구하시오.

(2) $\log 4.43 = a$일 때, $\log b = -0.3536$이
다. $a + b$의 값을 구하시오.

수	0	1	2	3
⋮	⋮	⋮	⋮	⋮
4.2	.6232	.6243	.6253	.6263
4.3	.6335	.6345	.6355	.6365
4.4	.6435	.6444	.6454	.6464
⋮	⋮	⋮	⋮	⋮

개념 ④ 상용로그의 정수 부분과 소수 부분의 성질

(1) **상용로그의 정수 부분** 유형 06

양수 N에 대하여 $\log N = n + \alpha$ (n은 정수, $0 \le \alpha < 1$)일 때

① $n \ge 0$이면 $N \ge 1$이고 N은 정수 부분이 $(n+1)$자리인 수이다.

② $n < 0$이면 $0 < N < 1$이고 N은 소수점 아래 $-n$째 자리에서 처음으로 0이 아닌 숫자가 나타나는 수이다.

  예 $\log 319 = \log 10^2 + \log 3.19 = 2 + 0.5038$ ➡ 319는 정수 부분이 $2 + 1 = 3$자리인 수이다.

  $\log 0.319 = \log 10^{-1} + \log 3.19 = -1 + 0.5038$

  ➡ 0.319는 소수점 아래 $-(-1) = 1$째 자리에서 처음으로 0이 아닌 숫자가 나타난다.

(2) **상용로그의 소수 부분** 유형 07

숫자의 배열이 같고 소수점의 위치만 다른 양수의 상용로그의 소수 부분은 모두 같다.

  예 $\log 31.9 = \log 10 + \log 3.19 = 1 + 0.5038$

  $\log 0.0319 = \log 10^{-2} + \log 3.19 = -2 + 0.5038$

> **개념 Plus**
> - $\log N$ ($N > 1$)의 정수 부분이 n일 때
> $\iff n \le \log N < n + 1$
> $\iff 10^n \le N < 10^{n+1}$
> - $\log A$의 소수 부분과 $\log B$의 소수 부분이 같다.
>   ➡ $\log A - \log B$는 정수이다.
>
> - 자연수 n에 대하여 양수 A의 상용로그의 값의 소수 부분이 α일 때,
> $\log n \le \alpha < \log(n+1)$
>   이 성립하면 양수 A의 최고 자리의 숫자는 n이다.

1. 다음 상용로그의 정수 부분을 구하시오.

(1) $\log 6.38$ (2) $\log 387000$

유형 06 상용로그의 정수 부분

$\left(\dfrac{1}{3}\right)^{15}$은 소수점 아래 n째 자리에서 처음으로 0이 아닌 숫자가 나타날 때, 자연수 n의 값은?

(단, $\log 3 = 0.48$로 계산한다.)

① 5   ② 6   ③ 7   ④ 8   ⑤ 9

06-1 5^{30}이 m자리의 정수일 때, 자연수 m의 값은? (단, $\log 2 = 0.3010$으로 계산한다.)

① 19   ② 20   ③ 21   ④ 22   ⑤ 23

> **해결 Point**
> $\log 5 = 1 - \log 2$임을 이용한다.

유형 07 상용로그의 소수 부분

$\log 0.002$, $\log 20$, $\log 20000$의 소수 부분을 각각 a, b, c라 할 때, $a + b + c$의 값은?

① $\log 2$ ② $2\log 2$ ③ $3\log 2$ ④ $4\log 2$ ⑤ $5\log 2$

07-1 $\log 20$의 정수 부분을 a, 소수 부분을 b라 할 때, $10^a + 10^b$의 값을 구하시오.

대표 유형 다지기

01

$a=\log_5 16$일 때, $5^{\frac{a}{4}}$의 값은?

① 1   ② 2   ③ 3

④ 4   ⑤ 5

02

$\log_a 27=-2$, $\log_{\sqrt{3}} b=3$일 때, $(ab)^2$의 값을 구하시오.

03 중요

모든 실수 x에 대하여 $\log_k (x^2-2kx+9)$가 정의되기 위한 정수 k의 개수는?

① 1   ② 2   ③ 3

④ 4   ⑤ 5

04

$\log_2 (\sqrt{5}+1)^2+\log_2 (6-2\sqrt{5})$의 값은?

① 1   ② 2   ③ 3

④ 4   ⑤ 5

05

$a=\log_2 6+\log_4 9$일 때, $(\sqrt{2})^a$의 값은?

① $\sqrt{2}$ ② $\sqrt{3}$ ③ $2\sqrt{2}$

④ $2\sqrt{3}$ ⑤ $3\sqrt{2}$

06

$\log_2 12=a$일 때, $\log_2 18$을 a로 나타낸 것은?

① $a+3$ ② $a+6$ ③ $2a-3$

④ $2a+6$ ⑤ $3a+2$

07

1보다 큰 세 실수 a, b, c에 대하여 $\log_a c=3\log_b c$일 때, $\log_a b$의 값은?

① -3 ② -2 ③ 1

④ 2   ⑤ 3

08

$a=\log_3 10$, $b=27\sqrt{3}$일 때, $a\log b$의 값은?

① 2   ② $\dfrac{5}{2}$ ③ 3

④ $\dfrac{7}{2}$ ⑤ 4

09

두 실수 a, b에 대하여

$$ab=\log_3 5, \quad \frac{1}{a}-\frac{1}{b}=\log_2 3$$

일 때, $b-a$의 값은?

① $\log_5 2$ ② $\log_3 2$ ③ $\log_3 5$

④ $\log_2 3$ ⑤ $\log_2 5$

10

$a>1$, $b>1$일 때, $(\log_2 a+2\log_4 b)\times \log_{ab} 8$의 값을 구하시오.

11 _{중요}

$\log 13.5=1.1303$일 때, $\log x=-1.8697$을 만족시키는 x의 값은?

① 1.35 ② 0.135 ③ 0.0135

④ 0.00135 ⑤ 0.000135

12

$\log 500$의 정수 부분을 n, 소수 부분을 α라 할 때, 이차방정식 $x^2-px+q=0$의 두 근이 n, α이다. 10^{p-q}의 값을 구하시오.

13

$\log 20$의 소수 부분을 α, $\log 300$의 소수 부분을 β라 할 때, $\log 1200$의 소수 부분을 α, β로 나타낸 것은?

① $\alpha+\beta-1$ ② $\alpha+2\beta-1$ ③ $2\alpha+\beta-1$

④ $2\alpha+2\beta-1$ ⑤ $2\alpha+3\beta-2$

14

$\log m$의 정수 부분이 4가 되도록 하는 자연수 m의 개수를 a, $\log \dfrac{1}{n}$의 정수 부분이 -2가 되도록 하는 자연수 n의 개수를 b라 할 때, $\log \dfrac{a}{b}$의 값은?

① 2 ② 3 ③ 4

④ 5 ⑤ 6

15

$\log 2=0.3010$, $\log 3=0.4771$일 때, 6^{50}은 몇 자리의 정수인가?

① 30자리   ② 37자리   ③ 38자리

④ 39자리   ⑤ 41자리

16

$100<x<1000$이고, $\log \sqrt{x}$와 $\log \dfrac{1}{x}$의 소수 부분이 같을 때, $\log x$의 값은?

① $\dfrac{5}{3}$ ② 2 ③ $\dfrac{7}{3}$

④ $\dfrac{8}{3}$ ⑤ 3

Ⅰ. 지수함수와 로그함수 | **교과서 핵심 개념별 대표 유형 익히기**

개념 ① 지수함수

(1) 지수함수

1이 아닌 양수 a에 대하여 실수 x에 a^x을 대응시키는 함수 $y=a^x$ ($a>0$, $a\neq1$)을 a를 밑으로 하는 지수함수라 한다.

(2) 지수함수 $y=a^x$ ($a>0$, $a\neq1$)의 성질 유형 01, 02

① 정의역은 실수 전체의 집합이고, 치역은 양의 실수 전체의 집합이다.

② 그래프는 두 점 $(0, 1)$, $(1, a)$를 지난다.

③ 그래프의 점근선은 x축 (직선 $y=0$)이다.

④ $a>1$일 때, x의 값이 증가하면 y의 값도 증가한다.
  $0<a<1$일 때, x의 값이 증가하면 y의 값은 감소한다.

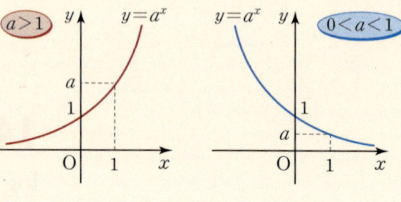

개념 Plus ⊕

• $y=a^x$에서 $a=1$이면 $y=1$인 상수함수가 된다. 따라서 지수함수에서는 밑이 1이 아닌 양수인 경우만 생각한다.

• 지수함수 $y=a^x$ ($a>0$, $a\neq1$)의 그래프를 x축의 방향으로 m만큼, y축의 방향으로 n만큼 평행이동시킨 그래프의 식은 $y=a^{x-m}+n$이고, x축, y축, 원점에 대하여 대칭이동시킨 그래프의 식은 차례대로 $y=-a^x$, $y=\left(\dfrac{1}{a}\right)^x$, $y=-\left(\dfrac{1}{a}\right)^x$이다.

개념 Feedback

• 점근선이란?
  곡선이 어떤 직선에 한없이 가까워질 때, 이 직선을 그 곡선의 점근선이라 한다.

개념 Check

1. ⟨보기⟩에서 지수함수인 것만을 있는 대로 고르시오.

보기
ㄱ. $y=3^x$ ㄴ. $y=(-2)^x$ ㄷ. $y=x^2$ ㄹ. $y=(\sqrt{3})^x$

 **유형 ① 지수함수 $y=a^x$ ($a>0$, $a\neq1$)의 성질**

함수 $y=2^x$에 대한 설명으로 옳은 것은?

① 정의역은 양의 실수 전체의 집합이다. ② 치역은 실수 전체의 집합이다.

③ 그래프는 점 $(0, 1)$을 지난다. ④ 점근선의 방정식은 $y=1$이다.

⑤ x의 값이 증가하면 y의 값은 감소한다.

01-1 함수 $y=2^x$의 그래프를 x축의 방향으로 m만큼, y축의 방향으로 n만큼 평행이동시킨 그래프는 함수 $y=\dfrac{1}{8}\times2^x+2$의 그래프와 일치한다. m^2+n^2의 값을 구하시오.

 유형 ② 지수함수를 이용한 대소 비교

지수함수를 이용하여 다음 두 수의 대소를 비교하시오.

(1) $\sqrt[3]{5^2}$, $\sqrt[8]{25^3}$

(2) $\sqrt{\left(\dfrac{1}{9}\right)^3}$, $\left(\dfrac{1}{3}\right)^2$

해결 Point

지수함수 $y=a^x$ ($a>0$, $a\neq1$)에서
(i) $a>1$일 때
  $x_1<x_2\Longleftrightarrow a^{x_1}<a^{x_2}$
(ii) $0<a<1$일 때
  $x_1<x_2\Longleftrightarrow a^{x_1}>a^{x_2}$

02-1 세 수 $A=\sqrt{2}$, $B=\sqrt[3]{4}$, $C=\sqrt[4]{8}$의 대소 관계를 바르게 나타낸 것은?

① $A<B<C$ ② $A<C<B$ ③ $B<A<C$

④ $C<A<B$ ⑤ $C<B<A$

개념 ② 지수함수의 최대, 최소

(1) 지수함수의 최대, 최소 유형 03, 04
정의역이 $\{x|m\leq x\leq n\}$인 지수함수 $y=a^x\ (a>0,\ a\neq1)$은
① $a>1$이면 $x=m$일 때 최솟값 a^m, $x=n$일 때 최댓값 a^n을 갖는다.
② $0<a<1$이면 $x=m$일 때 최댓값 a^m, $x=n$일 때 최솟값 a^n을 갖는다.

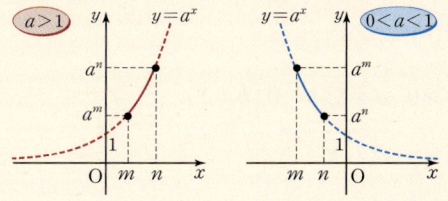

> **개념 Plus+**
> • 지수함수에서 a^x 꼴이 반복될 때에는 $a^x=t\ (t>0)$로 치환한 후 t의 값의 범위에서 최대, 최소를 구한다.

유형 03 지수함수의 최대, 최소

정의역이 $\{x|1\leq x\leq4\}$인 함수 $y=3^x$의 최댓값을 M, 최솟값을 m이라 할 때, $M-m$의 값을 구하시오.

03-1 $-1\leq x\leq3$에서 함수 $y=2^x$의 최댓값을 M, 최솟값을 m이라 할 때, $\dfrac{M}{m}$의 값을 구하시오.

03-2 정의역이 $\{x|-1\leq x\leq1\}$인 함수 $y=\left(\dfrac{1}{2}\right)^{x-1}+3$의 최댓값과 최솟값의 합은?
① 7 ② 8 ③ 9 ④ 10 ⑤ 11

> **해결 Point**
> 함수 $y=\left(\dfrac{1}{2}\right)^{x-1}+3$의 그래프는 함수 $y=\left(\dfrac{1}{2}\right)^{x}$의 그래프를 평행이동시킨 것이므로 x의 값이 증가할 때 y의 값은 감소한다.

유형 04 a^x 꼴이 반복되는 지수함수의 최대, 최소

정의역이 $\{x|-1\leq x\leq1\}$인 함수 $y=4^x-2^{x+1}+4$가 $x=a$에서 최솟값 b를 가질 때, $a+b$의 값은?
① 1 ② 2 ③ 3 ④ 4 ⑤ 5

04-1 $-1\leq x\leq2$에서 함수 $y=\left(\dfrac{1}{9}\right)^x-2\left(\dfrac{1}{3}\right)^x+5$의 최댓값과 최솟값의 합을 구하시오.

> **해결 Point**
> 지수함수의 밑이 0보다 크고 1보다 작으면 x의 값이 증가할 때 y의 값은 감소함을 이용한다.

개념 ③ 지수방정식

(1) 지수방정식의 풀이 · 유형 05, 06

① 밑을 같게 할 수 있는 경우

밑을 같게 한 다음 지수를 비교한다.

$$a^{f(x)}=a^{g(x)} \iff f(x)=g(x) \ (\text{단, } a>0, \ a\neq1)$$

② 지수가 같은 경우

밑을 비교하거나 지수가 0임을 이용한다.

$$a^{f(x)}=b^{f(x)} \iff a=b \ \text{또는} \ f(x)=0 \ (\text{단, } a>0, \ a\neq1, \ b>0, \ b\neq1)$$

③ a^x 꼴이 반복되는 경우

$a^x=t \ (t>0)$로 치환하여 t에 대한 방정식을 푼다.

개념 Plus ➕

· 지수에 미지수가 있는 방정식을 지수방정식이라 한다.

· 밑에 미지수가 있는 지수방정식은 (밑)＝1일 때와 (밑)≠1일 때로 나누어 푼다.

· a^x+a^{-x} 꼴이 반복되는 경우는 산술평균과 기하평균을 이용하여 범위를 구할 수 있다.

유형 ⑤ 밑을 같게 할 수 있는 지수방정식

방정식 $16^x=32$의 해는?

① $\dfrac{1}{2}$　　② $\dfrac{3}{4}$　　③ 1　　④ $\dfrac{5}{4}$　　⑤ $\dfrac{3}{2}$

05-1 방정식 $4 \times 2^x=\left(\dfrac{1}{2}\right)^{2x}$의 해는?

① $-\dfrac{2}{3}$　　② $-\dfrac{1}{2}$　　③ $-\dfrac{1}{3}$　　④ $-\dfrac{1}{4}$　　⑤ $-\dfrac{1}{6}$

05-2 방정식 $3^{x+5}=\left(\dfrac{1}{3}\right)^{2x+1}$의 해를 구하시오.

유형 ⑥ a^x 꼴이 반복되는 지수방정식

방정식 $5^x-5^{-x+1}=4$의 해를 구하시오.

· **해결 Point** ·

$5^x=t \ (t>0)$로 치환하여 t에 대한 방정식을 푼다.

06-1 방정식 $4^x-18 \times 2^x+32=0$의 두 근의 합은?

① 2　　② 5　　③ 10　　④ 18　　⑤ 26

개념 ④ 지수부등식

(1) 지수부등식의 풀이 유형 07, 08

① 밑을 같게 할 수 있는 경우

밑을 같게 한 다음 지수를 비교한다.

(i) $a>1$일 때, $a^{f(x)}<a^{g(x)} \iff f(x)<g(x)$ ← 부등호 방향 그대로

(ii) $0<a<1$일 때, $a^{f(x)}<a^{g(x)} \iff f(x)>g(x)$ ← 부등호 방향 반대로

② a^x 꼴이 반복되는 경우

$a^x=t\ (t>0)$로 치환하여 t에 대한 부등식을 푼다.

개념 Plus ⊕

• 지수에 미지수가 있는 부등식을 지수부등식이라 한다.

• 지수부등식을 풀 때에는 밑이 1보다 큰지 작은지에 따라 부등호의 방향을 결정한다.

• 밑에 미지수가 있는 지수부등식은 $0<(밑)<1$, $(밑)=1$, $(밑)>1$ 일 때로 나누어 푼다.

유형 07   밑을 같게 할 수 있는 지수부등식

부등식 $2^{2x+1}\leq 32$를 만족시키는 모든 자연수 x의 값의 합을 구하시오.

07-1 부등식 $\left(\dfrac{1}{3}\right)^{5x-17} \geq \left(\dfrac{1}{3}\right)^{-4x+10}$을 만족시키는 모든 자연수 x의 값의 합을 구하시오.

07-2 부등식 $3^{x^2-4} \leq \left(\dfrac{1}{27}\right)^x$을 만족시키는 모든 정수 x의 개수는?

   ① 2   ② 3   ③ 4   ④ 5   ⑤ 6

유형 08 a^x 꼴이 반복되는 지수부등식

부등식 $4^x-5\times 2^x+4<0$의 해는?

   ① $-1<x<0$ ② $-1<x<1$ ③ $-1<x<2$

   ④ $0<x<2$ ⑤ $1<x<3$

• 해결 Point •

$2^x=t\ (t>0)$로 치환하여 t에 대한 부등식을 푼다.

08-1 부등식 $\left(\dfrac{1}{9}\right)^x-12\left(\dfrac{1}{3}\right)^x+27<0$의 해는?

   ① $-2<x<-1$ ② $-2<x<0$ ③ $-2<x<1$

   ④ $1<x<2$ ⑤ $1<x<5$

대표 유형 **다지기**

01

함수 $y=3^x$의 그래프의 점근선의 방정식은 $y=a$이고, 함수 $y=3^x$의 그래프가 y축과 만나는 점의 좌표는 $(0, b)$이다. 두 상수 a, b에 대하여 $a+b$의 값은?

① 1   ② 2   ③ 3
④ 4   ⑤ 5

02

함수 $y=2^{x-3}+1$의 그래프는 함수 $y=2^x$의 그래프를 x축의 방향으로 a만큼, y축의 방향으로 b만큼 평행이동시킨 것일 때, $a-b$의 값은?

① -4 ② -2 ③ 0
④ 2   ⑤ 4

03

함수 $f(x)=2^x$에 대하여 $y=f(x)$의 그래프가 그림과 같을 때, 두 실수 a, b에 대하여 $a+b$의 값을 구하시오.

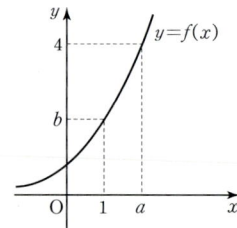

04

그림과 같이 두 함수 $y=k\times 2^x$ $(k>0)$, $y=-2^{x+1}+6$의 그래프가 점 $A(a, 1)$에서 만날 때, k의 값은? (단, $a>0$)

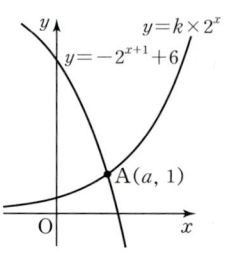

① $\dfrac{1}{5}$ ② $\dfrac{2}{5}$
③ $\dfrac{3}{5}$ ④ $\dfrac{4}{5}$
⑤ 1

05

세 수 $A=\sqrt{0.2}$, $B=\sqrt[5]{0.04}$, $C=\sqrt[4]{0.008}$의 대소 관계를 바르게 나타낸 것은?

① $A<B<C$ ② $A<C<B$
③ $B<A<C$ ④ $C<A<B$
⑤ $C<B<A$

06 중요

$-1\leq x\leq 1$에서 함수 $y=3^x$의 최댓값을 M, $-1\leq x\leq 1$에서 함수 $y=\left(\dfrac{1}{3}\right)^{x+1}$의 최솟값을 m이라 할 때, $9(M+m)$의 값을 구하시오.

07

함수 $y=5^{2x}$의 그래프를 x축의 방향으로 -1만큼, y축의 방향으로 n만큼 평행이동시켰더니 함수 $y=f(x)$의 그래프와 일치하였다. $x\geq 0$에서 함수 $f(x)$의 최솟값이 27일 때, 실수 n의 값은?

① 1   ② 2   ③ 3
④ 4   ⑤ 5

08

함수 $y=4^x+4^{-x}-2(2^x+2^{-x})$의 최솟값은?

① -2 ② -1 ③ 0
④ 1   ⑤ 2

09

정의역이 $\{x \mid 0 \leq x \leq 1\}$인 함수 $y = \dfrac{4^x}{4^x + 2}$의 최댓값을 M, 최솟값을 m이라 할 때, $M + m$의 값은?

① $\dfrac{1}{3}$ ② $\dfrac{2}{3}$ ③ 1

④ $\dfrac{4}{3}$ ⑤ $\dfrac{5}{3}$

10

방정식 $3^{x^2} = \left(\dfrac{1}{9}\right)^{4-3x}$의 두 근을 α, β라 할 때, $\alpha^2 + \beta^2$의 값은?

① 20 ② 24 ③ 28

④ 32 ⑤ 36

11

방정식 $3^{2x} - 9 \times 3^x = 3^{x-2} - 1$의 모든 실근의 합을 구하시오.

12

x에 대한 방정식 $a^{2x} - 20a^x + 36 = 0$의 두 근의 합이 4일 때, 실수 a의 값은? (단, $a > 1$)

① $\sqrt{5}$ ② $\sqrt{6}$ ③ $\sqrt{7}$

④ $2\sqrt{2}$ ⑤ 3

13

그림과 같이 두 점 $A(k, a)$, $B(k+m, b)$가 함수 $y = 2^x$의 그래프 위에 있고, 점 A에서 직선 $y = b$에 내린 수선의 발 C에 대하여 삼각형 ABC의 넓이가 15이다. $b = 16a$일 때, ab의 값을 구하시오.

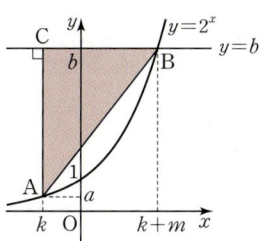

14

부등식 $4 \leq 2^{x+1} \leq 16\sqrt{2}$의 해가 $\alpha \leq x \leq \beta$일 때, $\alpha + \beta$의 값은?

① $\dfrac{7}{2}$ ② $\dfrac{9}{2}$ ③ $\dfrac{11}{2}$

④ $\dfrac{13}{2}$ ⑤ $\dfrac{15}{2}$

15

부등식 $3^{2x-1} - 10 \times 3^x + 27 \leq 0$을 만족시키는 자연수 x의 개수는?

① 1 ② 2 ③ 3

④ 4 ⑤ 5

16 중요

부등식 $25^x - a \times 5^x + b < 0$의 해가 $0 < x < 2$일 때, 두 상수 a, b에 대하여 $a+b$의 값을 구하시오.

04 | 로그함수

개념 ① 로그함수

(1) 로그함수

지수함수 $y=a^x$ $(a>0,\ a\neq1)$의 역함수
$$y=\log_a x\ (a>0,\ a\neq1)$$
를 a를 밑으로 하는 로그함수라 한다.

(2) 로그함수 $y=\log_a x$ $(a>0,\ a\neq1)$의 성질 〔유형 01, 02〕

① 정의역은 양의 실수 전체의 집합이고, 치역은 실수 전체의 집합이다.
② 그래프는 두 점 $(1,\ 0)$, $(a,\ 1)$을 지난다.
③ 그래프의 점근선은 y축 (직선 $x=0$)이다.
④ $a>1$일 때, x의 값이 증가하면 y의 값도 증가한다.
$0<a<1$일 때, x의 값이 증가하면 y의 값은 감소한다.

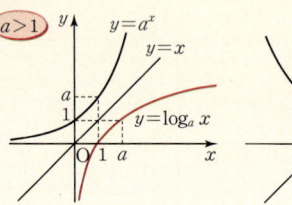
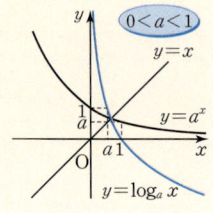

개념 Plus➕

• $y=\log_a x$는 $y=a^x$의 역함수이므로 두 함수의 그래프는 직선 $y=x$에 대하여 서로 대칭이다.

• 로그함수 $y=\log_a x$의 그래프를 x축의 방향으로 m만큼, y축의 방향으로 n만큼 평행이동시킨 그래프의 식은 $y=\log_a(x-m)+n$이고, x축, y축, 원점, 직선 $y=x$에 대하여 대칭이동시킨 그래프의 식은 차례대로 $y=-\log_a x$, $y=\log_a(-x)$, $y=-\log_a(-x)$, $y=a^x$이다.

개념 Check

1. 다음 함수의 역함수를 구하시오.
　(1) $y=5^x$　　　　(2) $y=\log_{\frac{1}{3}}x$

2. 다음 함수의 정의역을 구하시오.
　(1) $y=\log_2(x-2)$　　　　(2) $y=\log_2 4x$

유형 01 로그함수 $y=\log_a x$ $(a>0,\ a\neq1)$의 성질

함수 $y=\log_2 x$에 대한 설명으로 옳은 것은?

① 정의역은 실수 전체의 집합이다.
② 치역은 양의 실수 전체의 집합이다.
③ 그래프는 점 $(0,\ 1)$을 지난다.
④ 점근선의 방정식은 $y=0$이다.
⑤ x의 값이 증가하면 y의 값도 증가한다.

01-1 함수 $y=\log_3 x$의 그래프를 x축의 방향으로 a만큼 평행이동시킨 그래프가 함수 $y=\log_b x$의 그래프와 점 $(16,\ 2)$에서 만날 때, $a+b$의 값을 구하시오. (단, $b>0$, $b\neq1$)

유형 02 로그함수의 역함수

함수 $y=\log_a x+m$ $(a>1)$의 그래프와 그 역함수의 그래프가 두 점에서 만나고, 두 교점의 x좌표가 1과 2일 때, $a+m$의 값을 구하시오. (단, m은 상수이다.)

· 해결 Point ·

로그함수 $y=f(x)$의 그래프와 그 역함수의 그래프의 교점은 함수 $y=f(x)$의 그래프와 직선 $y=x$의 교점과 같다.

02-1 함수 $f(x)=\log_2(x-a)+3$의 역함수가 $f^{-1}(x)=b^{x-3}+4$일 때, 두 상수 a, b에 대하여 $a+b$의 값을 구하시오.

개념 ② 로그함수의 최대, 최소

(1) 로그함수의 최대, 최소 유형 03, 04

정의역이 $\{x \mid m \leq x \leq n\}$인 로그함수 $y = \log_a x \, (a > 0, \ a \neq 1)$는

① $a > 1$이면 $x = m$일 때 최솟값 $\log_a m$, $x = n$일 때 최댓값 $\log_a n$을 갖는다.

② $0 < a < 1$이면 $x = m$일 때 최댓값 $\log_a m$, $x = n$일 때 최솟값 $\log_a n$을 갖는다.

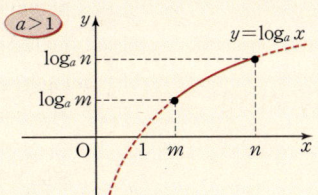 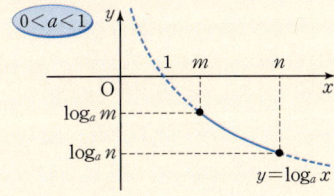

> **개념 Plus ⊕**
>
> • 로그함수에서 $\log_a x$ 꼴이 반복될 때에는 $\log_a x = t$로 치환한 후 t의 값의 범위에서 최대, 최소를 구한다.

유형 ③ 로그함수의 최대, 최소

정의역이 $\{x \mid 3 \leq x \leq 7\}$인 함수 $y = \log_2 (x+1)$의 최댓값을 M, 최솟값을 m이라 할 때, $M + m$의 값을 구하시오.

> **해결 Point**
>
> 함수 $y = \log_2 (x+1)$의 그래프는 함수 $y = \log_2 x$의 그래프를 평행이동시킨 것이므로 x의 값이 증가할 때 y의 값도 증가한다.

03-1 정의역이 $\{x \mid -1 \leq x \leq 1\}$인 함수 $y = \log_{\frac{1}{9}} (x+2)$의 최댓값을 M, 최솟값을 m이라 할 때, $M - m$의 값은?

① $\dfrac{1}{4}$ 　　　　② $\dfrac{1}{2}$ 　　　　③ $\dfrac{3}{4}$ 　　　　④ 1 　　　　⑤ $\dfrac{5}{4}$

03-2 함수 $y = 3 + \log_3 (-x^2 + 2x + 8)$의 최댓값을 구하시오.

> **해결 Point**
>
> (밑) > 1이므로 $-x^2 + 2x + 8$이 최대일 때 주어진 함수도 최대이다.

유형 ④ $\log_a x$ 꼴이 반복되는 로그함수의 최대, 최소

정의역이 $\{x \mid 1 \leq x \leq 8\}$인 함수 $y = -(\log_2 x)^2 + 4\log_2 x + 5$의 최댓값을 M, 최솟값을 m이라 할 때, $M + m$의 값을 구하시오.

04-1 함수 $y = (\log_2 x)^2 - 2a\log_2 x + b$가 $x = 4$에서 최솟값 6을 가질 때, 두 상수 a, b에 대하여 ab의 값을 구하시오.

개념 ③ 로그방정식

(1) 로그방정식의 풀이 · 유형 05, 06

① $\log_a f(x)=b$ 꼴인 경우

로그의 정의를 이용한다.

$$\log_a f(x)=b \Longleftrightarrow f(x)=a^b \ (단, \ a>0, \ a\neq1, \ f(x)>0)$$

② 밑을 같게 할 수 있는 경우

밑을 같게 한 다음 진수를 비교한다.

$$\log_a f(x)=\log_a g(x) \Longleftrightarrow f(x)=g(x) \ (단, \ a>0, \ a\neq1, \ f(x)>0, \ g(x)>0)$$

③ 진수가 같은 경우

밑을 비교하거나 진수가 1임을 이용한다.

$$\log_a f(x)=\log_b f(x)$$
$$\Longleftrightarrow a=b \ 또는 \ f(x)=1 \ (단, \ a>0, \ a\neq1, \ b>0, \ b\neq1, \ f(x)>0)$$

④ $\log_a f(x)$ 꼴이 반복되는 경우

$\log_a f(x)=t$로 치환하여 t에 대한 방정식을 푼다.

⑤ 지수에 로그가 있는 경우

양변에 로그를 취하여 푼다.

개념 Plus ⊕

• 로그의 진수 또는 밑에 미지수가 있는 방정식을 로그방정식이라 한다.

• 로그방정식을 풀 때, 구한 미지수의 값이 밑과 진수의 조건을 만족시키는지 확인한다.

• $\log_a f(x)=b \Longleftrightarrow f(x)=a^b$에서 $a^b>0$이므로 $f(x)>0$이다. 즉, 진수의 조건을 항상 만족시키므로 ①의 경우에는 구한 해가 진수의 조건을 만족시키는지 확인하지 않아도 된다.

• $a^{\log x}=b$
$\Longleftrightarrow \log_a a^{\log x}=\log_a b$
$\Longleftrightarrow \log x=\log_a b$

유형 ⑤ 밑을 같게 할 수 있는 로그방정식

방정식 $\log_3 x=\log_9 (x+2)$의 해를 구하시오.

• 해결 Point •

구한 해가 진수의 조건을 만족시키는지 확인한다.

05-1 방정식 $\log_3 (x-5)+\log_3 (x+3)=2$의 해를 구하시오.

유형 ⑥ $\log_a x$ 꼴이 반복되는 로그방정식

방정식 $(\log_2 x)^2-2\log_2 x-8=0$의 두 근의 곱은?

① $\dfrac{1}{4}$　　② $\dfrac{1}{2}$　　③ 1　　④ 2　　⑤ 4

• 해결 Point •

$\log_2 x=t$로 치환하여 t에 대한 방정식을 푼다.

06-1 방정식 $\left(\log_{\frac{1}{3}} x\right)^2+2\log_{\frac{1}{3}} x-3=0$의 두 근의 곱을 구하시오.

개념 ④ 로그부등식

(1) **로그부등식의 풀이** 유형 07, 08

① 밑을 같게 할 수 있는 경우

밑을 같게 한 다음 진수를 비교한다.

(i) $a>1$일 때, $\log_a f(x)<\log_a g(x) \iff f(x)<g(x)$ (단, $f(x)>0$, $g(x)>0$)

(ii) $0<a<1$일 때, $\log_a f(x)<\log_a g(x) \iff f(x)>g(x)$ (단, $f(x)>0$, $g(x)>0$)

② $\log_a f(x)$ 꼴이 반복되는 경우

$\log_a f(x)=t$로 치환하여 t에 대한 부등식을 푼다.

③ 지수에 로그가 있는 경우

양변에 로그를 취하여 푼다.

개념 Plus⊕

• 로그의 진수 또는 밑에 미지수가 있는 부등식을 로그부등식이라 한다.

• 로그부등식을 풀기 전에 (진수)>0, (밑)>0, (밑)≠1의 조건을 모두 구해 놓고, 로그부등식을 푼 후 이 조건을 만족시키는지 확인한다.

유형 07 밑을 같게 할 수 있는 로그부등식

부등식 $\log_2 x \leq \log_4 (x+2)$를 만족시키는 정수 x의 개수는?

① 1 ② 2 ③ 3 ④ 4 ⑤ 5

해결 Point

진수의 조건도 생각해야 한다.

07-1 부등식 $\log_{\frac{1}{2}} (x-1) > \log_{\frac{1}{4}} (x+5)$를 만족시키는 모든 자연수 x의 값의 합을 구하시오.

유형 08 $\log_a x$ 꼴이 반복되는 로그부등식

부등식 $(\log_2 x)^2 - 2\log_2 x - 15 < 0$의 해가 $\alpha < x < \beta$일 때, $\alpha\beta$의 값은?

① $\dfrac{1}{4}$ ② $\dfrac{1}{2}$ ③ 2 ④ 4 ⑤ 8

해결 Point

$\log_2 x = t$로 치환하여 t에 대한 부등식을 푼다.

08-1 부등식 $(\log_{\frac{1}{3}} x)^2 - \log_{\frac{1}{3}} x^3 < 4$의 해가 $\alpha < x < \beta$일 때, $\alpha\beta$의 값은?

① $\dfrac{1}{27}$ ② $\dfrac{1}{9}$ ③ $\dfrac{1}{3}$ ④ 3 ⑤ 9

개념 **5** 지수함수와 로그함수의 실생활에의 활용

(1) **지수함수와 로그함수를 이용한 실생활에의 활용 문제** 유형 09

① 관계식이 주어진 경우

관계식이 주어진 활용 문제는 다음과 같은 순서로 푼다.

(i) 주어진 관계식에 주어진 조건을 대입하여 식을 세우고 정리한다.

(ii) (i)의 식을 이용하여 값 또는 값의 범위를 구한다.

② 일정한 비율로 증가하거나 감소하는 경우

일정한 비율로 증가하거나 감소하는 경우의 문제는 다음과 같은 순서로 푼다.

(i) 주어진 조건을 이용하여 방정식 또는 부등식을 세운다.

(ii) (i)의 방정식 또는 부등식을 풀어 해를 구한다.

개념 Plus⁺

• 올해의 양이 A이고, 매년 $a\%$씩 일정한 비율로 증가할 때, n년 후의 양은 $A\left(1+\dfrac{a}{100}\right)^{n}$

• 올해의 양이 A이고, 매년 $a\%$씩 일정한 비율로 감소할 때, n년 후의 양은 $A\left(1-\dfrac{a}{100}\right)^{n}$

유형 **09** 로그함수의 실생활에의 활용

어떤 용액의 수소 이온 농도를 $[H^{+}]$라 할 때, 이 용액의 산성도를 나타내는 pH는

$$pH=-\log[H^{+}]$$

로 정의된다. 어느 강의 상류에서 채취한 강물의 pH는 5이었다. 이 강의 하류에서 채취한 강물의 수소 이온 농도가 상류에서 채취한 강물의 10배이었다면 이 강의 하류에서 채취한 강물의 pH를 구하시오.

09-1 아열대 해역에 서식하는 수명이 짧은 어류의 성장 정도를 알아보는 방법 중 하나는 길이(cm)를 측정하는 것이다. 이 해역에 서식하는 어떤 물고기의 연령 t에 따른 길이 $f(t)$를 근사적으로 추정하면 다음과 같다고 한다.

$$f(t)=10(1-a^{-0.5t})\ (단,\ a는\ a>1인\ 상수이다.)$$

이 물고기의 길이가 5 cm 이상이 되기 위한 최소 연령을 구하시오.

(단, 연령은 정수이고, $\log_a 2=2.6$으로 계산한다.)

09-2 어느 도시의 인구 수는 매년 10%씩 증가한다고 한다. 2018년의 인구 수의 3배가 되는 해는 몇 년 후인가? (단, $\log 1.1=0.04$, $\log 3=0.48$로 계산한다.)

① 8년   ② 9년   ③ 10년   ④ 11년   ⑤ 12년

해결 **Point**

$A\left(1+\dfrac{a}{100}\right)^{n}$을 이용한다.

09-3 올해 1000만 원인 어떤 자동차는 매년 20%씩 가격이 떨어진다고 한다. 이 자동차가 처음으로 200만 원 이하가 될 때, 몇 년 후인가? (단, $\log 2=0.3$으로 계산한다.)

① 3년   ② 4년   ③ 5년   ④ 6년   ⑤ 7년

해결 **Point**

$A\left(1-\dfrac{a}{100}\right)^{n}$을 이용한다.

대표 유형 다지기

정답과 풀이 23쪽

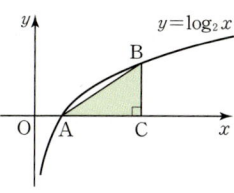

01

함수 $f(x)=\dfrac{4}{3}\log_a x$에서 $f(2\sqrt{2})=4$일 때, $f(4)-f(32)$의 값은? (단, $a>0$, $a\neq 1$)

① -8 ② -4 ③ 1
④ 4 ⑤ 8

02

함수 $y=\log_5(x-2)+3$의 그래프는 함수 $y=\log_5 x$의 그래프를 x축의 방향으로 a만큼, y축의 방향으로 b만큼 평행이동시킨 것이다. $a+b$의 값은?

① 3 ② 4 ③ 5
④ 6 ⑤ 7

03

세 함수 $y=\log_a x$, $y=\log_b x$, $y=\log_c x$의 그래프가 그림과 같을 때, 세 상수 a, b, c의 대소 관계는? (단, a, b, c는 모두 1이 아닌 양수이다.)

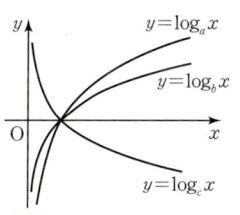

① $a<b<c$ ② $a<c<b$
③ $b<a<c$ ④ $c<a<b$
⑤ $c<b<a$

04

두 함수 $y=a^{-x-1}$, $y=\log_a(x-3)$의 그래프가 직선 $y=1$과 만나는 두 점을 각각 A, B라 하자. $\overline{AB}=10$일 때, a의 값은? (단, $a>1$)

① 2 ② 4 ③ 6
④ 8 ⑤ 10

05

그림과 같이 함수 $y=\log_2 x$의 그래프 위에 두 점 A, B가 있다. 점 A는 x축 위의 점이고, 점 B에서 x축에 내린 수선의 발을 C라 하면 $\overline{BC}=2$이다. 삼각형 ACB의 넓이는?

(단, 점 B는 제1사분면 위의 점이다.)

① 2 ② $\dfrac{5}{2}$ ③ 3
④ $\dfrac{7}{2}$ ⑤ 4

06

세 수 $A=-\log_2\dfrac{1}{3}$, $B=\log_2\sqrt[3]{7}$, $C=\dfrac{1}{3}\log_2 5$의 대소 관계를 바르게 나타낸 것은?

① $A<B<C$ ② $A<C<B$ ③ $B<A<C$
④ $C<A<B$ ⑤ $C<B<A$

07 중요

함수 $y=\log_2(-x^2+x)+7$이 $x=a$에서 최댓값 b를 가질 때, $10ab$의 값을 구하시오.

08

정의역이 $\left\{x \middle| \dfrac{1}{3}\leq x\leq 27\right\}$인 함수 $y=(\log_3 9x)\left(\log_3\dfrac{x}{3}\right)$의 최댓값과 최솟값의 합은?

① 4 ② $\dfrac{21}{4}$ ③ $\dfrac{13}{2}$
④ $\dfrac{31}{4}$ ⑤ 9

09

방정식 $\log_2(x+1)=\log_4(x^2-2x-3)+\frac{1}{2}$을 만족시키는 x의 값은?

① 5   ② $\frac{11}{2}$ ③ 6

④ $\frac{13}{2}$ ⑤ 7

10

방정식 $\log_x(x+2)+\log_x(2x-4)=2$를 만족시키는 x의 값은?

① $\sqrt{2}$ ② 2   ③ $2\sqrt{2}$

④ 4   ⑤ $4\sqrt{2}$

11

방정식 $\log_2 x+\log_x 8=4$의 모든 실근의 합은?

① 2   ② 4   ③ 6

④ 8   ⑤ 10

12

방정식 $x^{\log_5 x}=\dfrac{25}{x}$의 두 근의 곱은?

① $\frac{1}{25}$ ② $\frac{1}{5}$ ③ 1

④ 5   ⑤ 25

13

부등식 $\log_{\frac{1}{2}}(1-x)\geq\log_2(4-x)-2$를 만족시키는 정수 x의 개수는?

① 1   ② 2   ③ 3

④ 4   ⑤ 5

14

연립부등식 $\begin{cases}\log_2|x-12|<5 \\ \log_3 x+\log_3(x-6)\geq3\end{cases}$을 만족시키는 정수 x의 개수를 구하시오.

15

부등식 $\log_3 x\times\log_3 9x\leq3$의 해가 $\alpha\leq x\leq\beta$일 때, $\alpha\beta$의 값은?

① $\frac{1}{9}$ ② $\frac{1}{3}$ ③ 3

④ 9   ⑤ 27

16 중요

빛이 어떤 유리창을 한 번 통과하면 빛 속의 자외선의 농도의 $\frac{3}{5}$이 줄어든다고 한다. 이 유리창을 여러 장 겹쳐서 설치하여 빛 속의 자외선의 농도가 처음 자외선의 농도의 $\frac{1}{1000}$ 이하가 되도록 하려면 유리창이 최소 몇 장 필요한지 구하시오.

(단, $\log 2=0.3$으로 계산한다.)

II

삼각함수

01 | 삼각함수

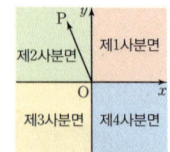

개념 ① 일반각과 호도법

(1) 일반각과 호도법 유형 01

① 일반각 : 시초선 OX에 대하여 동경 OP가 나타내는 한 각의 크기를 $a°$라 하면 $\angle$XOP의 크기는

$$360° \times n + a° \ (n은 \ 정수) \ \leftarrow 0° \leq a° < 360° \ 또는 \ -180° < a° \leq 180°$$

꼴로 나타낼 수 있고, 이것을 동경 OP가 나타내는 일반각이라 한다.

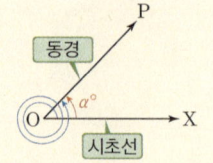

② 호도법 : 반지름의 길이와 호의 길이가 같은 부채꼴의 중심각의 크기를 1라디안이라 하고, 라디안을 단위로 하여 각의 크기를 나타내는 방법을 호도법이라 한다.

③ 호도법과 육십분법의 관계

$$1라디안 = \frac{180°}{\pi}, \ 1° = \frac{\pi}{180}라디안$$

(2) 부채꼴의 호의 길이와 넓이 유형 02

반지름의 길이가 r, 중심각의 크기가 θ(라디안)인 부채꼴의 호의 길이를 l, 넓이를 S라 하면

$$l = r\theta, \ S = \frac{1}{2}r^2\theta = \frac{1}{2}rl$$

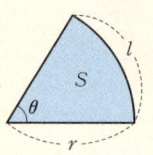

개념 Plus ➕

· 각 사분면에 있는 동경 OP가 나타내는 각을 각각 '제○사분면의 각'이라 한다.

· 각의 크기를 호도법으로 나타낼 때에는 단위인 라디안은 생략하고 각의 크기를 실수처럼 쓴다.

· 부채꼴의 중심각의 크기 θ는 호도법으로 나타낸 각임에 유의한다. 중심각의 크기가 육십분법으로 주어지면 호도법으로 고쳐서 계산한다.

개념 Feedback

· 육십분법이란?

원의 둘레를 360등분 하여 각 호에 대한 중심각의 크기를 1도($°$), 1도의 $\frac{1}{60}$을 1분($'$), 1분의 $\frac{1}{60}$을 1초($''$)로 정의하여 각의 크기를 나타내는 방법

개념 Check

1. 다음 각을 호도법은 육십분법으로, 육십분법은 호도법으로 나타내시오.

(1) $135°$ (2) $-240°$ (3) $\frac{2}{3}\pi$ (4) $-\frac{5}{4}\pi$

유형 01 일반각과 호도법

〈보기〉에서 각을 나타내는 동경이 제2사분면에 존재하는 것만을 있는 대로 고르시오.

> 보기
>
> ㄱ. $100°$ ㄴ. $-250°$ ㄷ. $800°$ ㄹ. $\frac{7}{5}\pi$ ㅁ. $\frac{11}{4}\pi$

01-1 $2\pi < \theta < 4\pi$이고 θ가 제3사분면의 각일 때, $\frac{\theta}{2}$는 어느 사분면의 각인지 말하시오.

유형 02 부채꼴의 호의 길이와 넓이

반지름의 길이가 4, 중심각의 크기가 $\frac{\pi}{6}$인 부채꼴의 호의 길이와 넓이를 각각 구하시오.

02-1 다음을 각각 구하시오.

(1) 반지름의 길이가 10, 중심각의 크기가 $\frac{\pi}{3}$인 부채꼴의 호의 길이와 넓이

(2) 반지름의 길이가 4인 부채꼴의 호의 길이가 8일 때, 중심각의 크기와 부채꼴의 넓이

개념 **2** 삼각함수의 정의

(1) **삼각함수의 정의** ·유형 03·

오른쪽 그림과 같이 동경 OP가 나타내는 일반각의 크기를 θ라 할 때

$$\sin\theta=\frac{y}{r}, \ \cos\theta=\frac{x}{r}, \ \tan\theta=\frac{y}{x} \ (x\neq 0)$$

이 함수들을 차례대로 θ의 사인함수, 코사인함수, 탄젠트함수라 한다.
이와 같은 함수들을 θ에 대한 삼각함수라 한다.

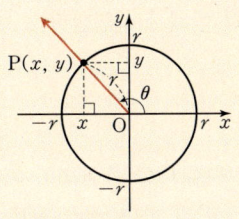

(2) **삼각함수의 값의 부호** ·유형 04·

삼각함수의 값의 부호는 삼각함수의 정의에 의하여 각 θ를 나타내는 동경이 위치하는 사분면에 따라 다음과 같이 정해진다.

① $\sin\theta$의 값의 부호　　② $\cos\theta$의 값의 부호　　③ $\tan\theta$의 값의 부호

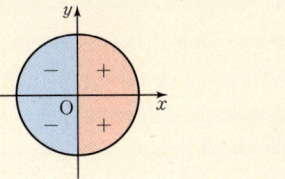

개념 Plus ➕

· sin, cos, tan는 각각 sine, cosine, tangent의 약자이다.

· 각 사분면에서 삼각함수의 값의 부호가 +인 것을 나타내면 다음 그림과 같다.

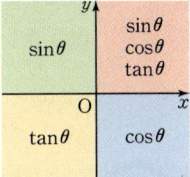

개념 Feedback

· **삼각비**
$\angle B=90°$인 직각삼각형 ABC에서

$\sin A=\dfrac{(높이)}{(빗변의 길이)}=\dfrac{a}{b}$

$\cos A=\dfrac{(밑변의 길이)}{(빗변의 길이)}=\dfrac{c}{b}$

$\tan A=\dfrac{(높이)}{(밑변의 길이)}=\dfrac{a}{c}$

· **30°, 45°, 60°의 삼각비의 값**

삼각비 \\ A	30°	45°	60°
$\sin A$	$\dfrac{1}{2}$	$\dfrac{\sqrt{2}}{2}$	$\dfrac{\sqrt{3}}{2}$
$\cos A$	$\dfrac{\sqrt{3}}{2}$	$\dfrac{\sqrt{2}}{2}$	$\dfrac{1}{2}$
$\tan A$	$\dfrac{\sqrt{3}}{3}$	1	$\sqrt{3}$

개념 Check

1. 오른쪽 그림과 같이 원점 O와 점 $P(-3, -4)$에 대하여 동경 OP가 나타내는 각의 크기를 θ라 할 때, 다음 값을 구하시오.

(1) $\sin\theta$　　　　(2) $\cos\theta$　　　　(3) $\tan\theta$

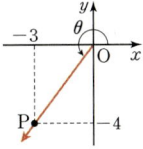

유형 **03** 삼각함수의 값

$\sin\dfrac{3}{4}\pi, \ \cos\dfrac{3}{4}\pi, \ \tan\dfrac{3}{4}\pi$의 값을 각각 구하시오.

03-1 각 θ의 크기가 다음과 같을 때, $\sin\theta, \cos\theta, \tan\theta$의 값을 각각 구하시오.

(1) $\dfrac{7}{6}\pi$　　　　　　　　　　　　(2) $-\dfrac{\pi}{3}$

유형 **04** 삼각함수의 값의 부호

다음 조건을 만족시키는 각 θ는 제몇 사분면의 각인지 구하시오.

(1) $\sin\theta>0, \ \tan\theta<0$　　　　　　(2) $\dfrac{\cos\theta}{\tan\theta}<0$

04-1 다음 조건을 만족시키는 각 θ는 제몇 사분면의 각인지 구하시오.

(1) $\sin\theta<0, \ \cos\theta<0$　　　　　　(2) $\dfrac{\sin\theta}{\cos\theta}<0$

개념 ③ 삼각함수 사이의 관계 중요

(1) **삼각함수 사이의 관계** 유형 05, 06

삼각함수 사이에는 다음과 같은 관계가 성립한다.

① $\tan\theta = \dfrac{\sin\theta}{\cos\theta}$

② $\sin^2\theta + \cos^2\theta = 1$

참고 각 θ를 나타내는 동경과 원점 O를 중심으로 하고 반지름의 길이

가 1인 원의 교점을 $P(x,\, y)$라 하면 $x=\cos\theta$, $y=\sin\theta$이므로

① $\tan\theta = \dfrac{y}{x} = \dfrac{\sin\theta}{\cos\theta}$

② 점 P는 원 $x^2+y^2=1$ 위의 점이므로

$\cos^2\theta + \sin^2\theta = 1$

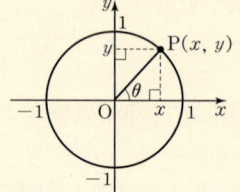

개념 Plus

- $(\sin\theta)^2$은 $\sin^2\theta$,
  $(\cos\theta)^2$은 $\cos^2\theta$,
  $(\tan\theta)^2$은 $\tan^2\theta$
  와 같이 간단히 나타낸다.
- $(\sin\theta)^2 \neq \sin\theta^2$임에 주의한다.

유형 ⑤ 삼각함수 사이의 관계

다음 식을 간단히 하시오.

(1) $\dfrac{\cos^2\theta}{1+\sin\theta} + \dfrac{\cos^2\theta}{1-\sin\theta}$

(2) $(\sin^2\theta - 1)(\tan^2\theta + 1)$

05-1 $\sin\theta = \dfrac{1}{3}$일 때, $\dfrac{1}{\tan\theta} + \dfrac{\sin\theta}{1+\cos\theta}$의 값은?

① $\dfrac{1}{3}$　　　② $\dfrac{1}{2}$　　　③ 1　　　④ 2　　　⑤ 3

유형 ⑥ 삼각함수를 포함한 식의 값 구하기

$\sin\theta + \cos\theta = \dfrac{1}{7}$일 때, $\sin\theta\cos\theta$의 값은?

① $-\dfrac{48}{49}$　　② $-\dfrac{24}{49}$　　③ $-\dfrac{12}{49}$　　④ $-\dfrac{9}{49}$　　⑤ $-\dfrac{1}{49}$

•해결 Point•

$\sin\theta + \cos\theta = \dfrac{1}{7}$의 양변을 제곱

한다.

06-1 $\sin\theta + \cos\theta = \dfrac{7}{5}$일 때, $\tan\theta + \dfrac{1}{\tan\theta}$의 값을 구하시오.

06-2 $\sin\theta\cos\theta = -\dfrac{1}{4}$일 때, $\sin\theta - \cos\theta$의 값은? $\left(\text{단, } \dfrac{\pi}{2} < \theta < \pi\right)$

① $\dfrac{\sqrt{2}}{2}$　　　② $\dfrac{\sqrt{3}}{2}$　　　③ 1　　　④ $\dfrac{\sqrt{5}}{2}$　　　⑤ $\dfrac{\sqrt{6}}{2}$

대표 유형 다지기

정답과 풀이 27쪽

01

각 θ를 나타내는 동경과 각 7θ를 나타내는 동경이 일치할 때, 모든 θ의 값의 합을 구하시오. (단, $0 < \theta < \pi$)

02

그림과 같이 반지름의 길이가 6이고 중심각의 크기가 $\frac{2}{3}\pi$인 부채꼴의 호의 길이와 넓이를 각각 구하시오.

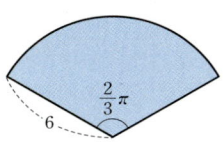

03

$\frac{\pi}{2} < \theta < \pi$일 때, $\sqrt{\sin^2\theta} - \sqrt{(\sin\theta-\cos\theta)^2} + \sqrt{\cos^2\theta}$를 간단히 하시오.

04

$\cos\theta = \frac{2}{3}$일 때, $\sin\theta\tan\theta$의 값은?

① $\frac{1}{6}$　　　② $\frac{1}{3}$　　　③ $\frac{1}{2}$

④ $\frac{2}{3}$　　　⑤ $\frac{5}{6}$

05

$\sin\theta + \cos\theta = \frac{1}{3}$일 때, $\sin\theta - \cos\theta$의 값은?

$\left(단, \frac{3}{2}\pi < \theta < 2\pi\right)$

① $-\sqrt{2}$　　　② $-\frac{\sqrt{17}}{3}$　　　③ 0

④ $\frac{\sqrt{17}}{3}$　　　⑤ $\sqrt{2}$

06 중요

이차방정식 $2x^2 - x + k = 0$의 두 근이 $\sin\theta$, $\cos\theta$일 때, 상수 k의 값은?

① $-\frac{3}{4}$　　　② $-\frac{1}{2}$　　　③ $\frac{1}{2}$

④ 2　　　⑤ $\frac{5}{2}$

07 중요

$\left(\frac{1}{\cos\theta}-\cos\theta\right)^2 - \left(\frac{1}{\tan\theta}-\tan\theta\right)^2 + \left(\frac{1}{\sin\theta}-\sin\theta\right)^2$을 간단히 한 것은?

① $\cos\theta$　　　② $\frac{1}{\cos\theta}$　　　③ 1

④ $\frac{1}{\sin\theta}$　　　⑤ $\frac{1}{\sin^2\theta}$

08

$\sin\theta + \cos\theta = \sqrt{2}$일 때, $\frac{1}{\cos\theta}\left(\tan\theta + \frac{1}{\tan^2\theta}\right)$의 값은?

① $\sqrt{2}$　　　② $\frac{3\sqrt{2}}{2}$　　　③ $2\sqrt{2}$

④ $\frac{5\sqrt{2}}{2}$　　　⑤ $3\sqrt{2}$

02 | 삼각함수의 그래프

개념 ① 사인함수의 그래프

(1) 주기함수

함수 $f(x)$의 정의역에 속하는 모든 실수 x에 대하여
$$f(x+p)=f(x)$$
를 만족시키는 0이 아닌 상수 p가 존재할 때, 이 함수 $f(x)$를 주기함수라 한다. 이때, 상수 p 중에서 최소인 양수를 함수 $f(x)$의 주기라 한다.

(2) 함수 $y=\sin x$의 성질 　유형 01, 02

① 정의역은 실수 전체의 집합이고,
치역은 $\{y\,|-1\le y\le 1\}$이다.

② 함수의 그래프는 원점에 대하여 대칭이다. 즉,
$$\sin(-x)=-\sin x$$

③ 주기가 2π인 주기함수이다. 즉,
$$\sin(x+2n\pi)=\sin x \ (단, n은 정수이다.)$$

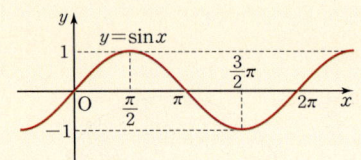

개념 Plus

- $-1\le \sin x \le 1$
- 삼각함수 $y=k\sin ax$의 최댓값, 최솟값, 주기
➡ 최댓값 : $|k|$
최솟값 : $-|k|$
주기 : $\dfrac{2\pi}{|a|}$

개념 Check

1. 함수 $f(x)$의 주기가 5이고 $f(1)=2$일 때, $f(16)$의 값을 구하시오.

유형 ① 사인함수의 그래프

다음 함수의 그래프를 그리고, 최댓값, 최솟값, 주기를 각각 구하시오.

(1) $y=2\sin x$
(2) $y=\sin 2x$

01-1 다음 함수의 그래프를 그리고, 최댓값, 최솟값, 주기를 각각 구하시오.

(1) $y=3\sin x$
(2) $y=3\sin x-1$

해결 Point

삼각함수 $y=a\sin(bx+c)+d$
의 최댓값, 최솟값
➡ 최댓값 : $|a|+d$
최솟값 : $-|a|+d$

유형 ② 사인함수의 미정계수 구하기

함수 $y=a\sin bx$의 그래프가 그림과 같을 때, 다음 물음에 답하시오.

(1) 이 함수의 최댓값과 최솟값을 구하시오.
(2) 이 함수의 주기를 구하시오.
(3) $a>0$, $b>0$일 때, 두 상수 a, b의 값을 각각 구하시오.

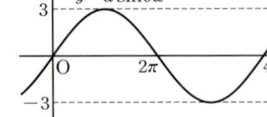

02-1 함수 $y=a\sin bx$의 그래프가 그림과 같을 때, 두 상수 a, b에 대하여 ab의 값을 구하시오. (단, $a>0$, $b>0$)

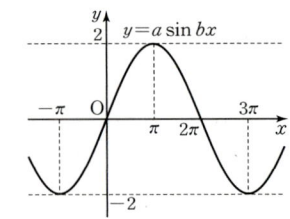

개념 ② 코사인함수의 그래프

(1) 함수 $y=\cos x$의 성질 [유형 03, 04]

① 정의역은 실수 전체의 집합이고,
치역은 $\{y\,|\,-1\leq y\leq 1\}$이다.

② 함수의 그래프는 y축에 대하여 대칭이다. 즉,
$$\cos(-x)=\cos x$$

③ 주기가 2π인 주기함수이다. 즉,
$$\cos(x+2n\pi)=\cos x \;(\text{단, } n\text{은 정수이다.})$$

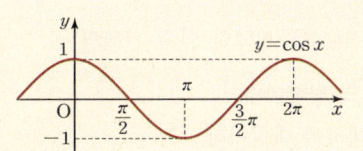

[참고] 코사인함수 $y=\cos x$의 그래프는 사인함수 $y=\sin x$의 그래프를 x축의 방향으로 $-\dfrac{\pi}{2}$만큼 평행이동시킨 것과 같다.

> **개념 Plus+**
> • $-1\leq\cos x\leq 1$
> • 삼각함수 $y=k\cos ax$의 최댓값, 최솟값, 주기
> → 최댓값 : $|k|$
>   최솟값 : $-|k|$
>   주기 : $\dfrac{2\pi}{|a|}$

유형 ③ 코사인함수의 그래프

다음 함수의 그래프를 그리고, 최댓값, 최솟값, 주기를 각각 구하시오.

(1) $y=\cos 2x$ (2) $y=2\cos x$

03-1 다음 함수의 그래프를 그리고, 최댓값, 최솟값, 주기를 각각 구하시오.

(1) $y=3\cos x+1$ (2) $y=\cos\left(x-\dfrac{\pi}{2}\right)$

> **•해결 Point•**
> 삼각함수 $y=a\cos(bx+c)+d$의 최댓값, 최솟값
> → 최댓값 : $|a|+d$
>   최솟값 : $-|a|+d$

유형 ④ 코사인함수의 미정계수 구하기

함수 $y=a\cos bx$의 그래프가 그림과 같을 때, 두 상수 a, b의 값을 각각 구하시오. (단, $a>0$, $b>0$)

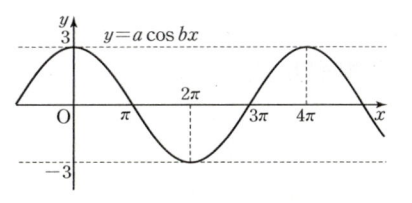

04-1 함수 $y=a\cos bx+c$의 그래프가 그림과 같을 때, 세 상수 a, b, c의 값을 각각 구하시오. (단, $a>0$, $b>0$)

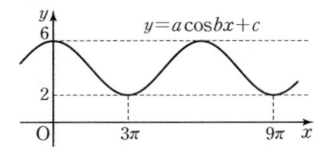

개념 **3** 탄젠트함수의 그래프 중요

(1) 함수 $y=\tan x$의 성질 유형 05, 06

① 정의역은 $n\pi+\dfrac{\pi}{2}$ (n은 정수)를 제외한 실수 전체의 집
   합이고, 치역은 실수 전체의 집합이다.

② 함수의 그래프는 원점에 대하여 대칭이다. 즉,
$$\tan(-x)=-\tan x$$

③ 주기가 π인 주기함수이다. 즉,
$$\tan(x+n\pi)=\tan x \text{ (단, n은 정수이다.)}$$

④ 함수의 그래프의 점근선은 직선 $x=n\pi+\dfrac{\pi}{2}$ (n은 정수)이다.

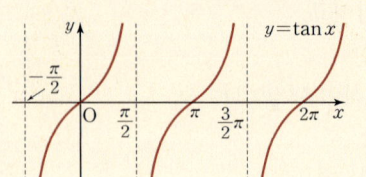

개념 Plus ➕

• 삼각함수 $y=k\tan ax$의 최댓값, 최솟값, 주기
 ➡ 최댓값, 최솟값 : 없다.
   주기 : $\dfrac{\pi}{|a|}$

개념 Feedback

• 점근선이란?
 곡선 위의 점이 어떤 직선에 한없이 가까워질 때, 이 직선을 그 곡선의 점근선이라 한다.

유형 **05** 탄젠트함수의 그래프

다음 함수의 그래프를 그리고, 주기와 점근선의 방정식을 각각 구하시오.

(1) $y=3\tan x$ (2) $y=\tan 2x$

05-1 다음 함수의 그래프를 그리고, 주기와 점근선의 방정식을 각각 구하시오.

(1) $y=2\tan x+1$ (2) $y=\tan\left(x-\dfrac{\pi}{2}\right)$

유형 **06** 탄젠트함수의 주기와 최댓값, 최솟값

함수 $y=\tan\dfrac{x}{2}$의 그래프를 그리고, 최댓값, 최솟값, 주기를 각각 구하시오.

해결 Point

함수 $y=\tan ax$의 주기는 $\dfrac{\pi}{|a|}$이다.

06-1 함수 $y=|\tan x|$의 그래프를 그리고, 최댓값, 최솟값, 주기를 각각 구하시오.

개념 ④ 일반각에 대한 삼각함수의 성질

(1) 일반각에 대한 삼각함수의 성질 유형 07

① $2n\pi+x$의 삼각함수 (단, n은 정수이다.) ← $y=\sin x$, $y=\cos x$의 주기는 2π, $y=\tan x$의 주기는 π이다.

$$\sin(2n\pi+x)=\sin x,\ \cos(2n\pi+x)=\cos x,\ \tan(2n\pi+x)=\tan x$$

② $-x$의 삼각함수 ← $y=\sin x$, $y=\tan x$는 원점에 대하여 대칭, $y=\cos x$는 y축에 대하여 대칭이다.

$$\sin(-x)=-\sin x,\ \cos(-x)=\cos x,\ \tan(-x)=-\tan x$$

③ $\pi\pm x$의 삼각함수

$$\sin(\pi+x)=-\sin x,\ \cos(\pi+x)=-\cos x,\ \tan(\pi+x)=\tan x$$
$$\sin(\pi-x)=\sin x,\ \cos(\pi-x)=-\cos x,\ \tan(\pi-x)=-\tan x$$

④ $\dfrac{\pi}{2}\pm x$의 삼각함수

$$\sin\left(\dfrac{\pi}{2}+x\right)=\cos x,\ \cos\left(\dfrac{\pi}{2}+x\right)=-\sin x,\ \tan\left(\dfrac{\pi}{2}+x\right)=-\dfrac{1}{\tan x}$$
$$\sin\left(\dfrac{\pi}{2}-x\right)=\cos x,\ \cos\left(\dfrac{\pi}{2}-x\right)=\sin x,\ \tan\left(\dfrac{\pi}{2}-x\right)=\dfrac{1}{\tan x}$$

개념 Plus +

· 삼각함수의 변환 방법

$\dfrac{n}{2}\pi\pm\theta$ (n은 정수)의 삼각함수는 다음과 같은 방법으로 θ의 삼각함수로 고친다.

① n이 홀수이면
$\sin\to\cos$, $\cos\to\sin$, $\tan\to\dfrac{1}{\tan}$로 고친다.

② n이 짝수이면
$\sin\to\sin$, $\cos\to\cos$, $\tan\to\tan$로 그대로 쓴다.

③ θ를 예각으로 생각하고 $\dfrac{n}{2}\pi\pm\theta$가 속한 사분면에서의 처음 주어진 삼각함수의 값의 부호를 붙인다.

개념 Check

1. 다음 삼각함수의 값을 구하시오.

(1) $\sin\dfrac{9}{4}\pi$ (2) $\cos\left(-\dfrac{7}{6}\pi\right)$ (3) $\tan\left(-\dfrac{5}{6}\pi\right)$

유형 ⑦ 일반각에 대한 삼각함수의 성질

다음 식을 간단히 하시오.

(1) $\cos\left(\dfrac{\pi}{2}-\theta\right)+\sin(-\theta)+\tan(\pi+\theta)\tan\left(\dfrac{\pi}{2}+\theta\right)$

(2) $\sin\left(\theta-\dfrac{\pi}{2}\right)\cos(\pi+\theta)+\sin^2(3\pi+\theta)$

07-1 다음 식을 간단히 하시오.

(1) $\sin(\pi+\theta)+\cos\left(\dfrac{3}{2}\pi+\theta\right)$

(2) $\sin^2\theta+\sin^2\left(\dfrac{\pi}{2}+\theta\right)+\sin^2(\pi+\theta)+\sin^2\left(\dfrac{3}{2}\pi+\theta\right)$

07-2 $\dfrac{\cos\dfrac{3}{4}\pi+\sin\dfrac{9}{4}\pi+\tan\dfrac{7}{4}\pi}{\cos\left(-\dfrac{\pi}{3}\right)\sin\left(-\dfrac{5}{6}\pi\right)}$의 값은?

① -4 ② -1 ③ 1 ④ 2 ⑤ 4

07-3 $\sin^2 10°+\sin^2 20°+\sin^2 30°+\cdots+\sin^2 80°$의 값을 구하시오.

해결 Point

$\sin(90°-\theta)=\cos\theta$
임을 이용한다.

개념 5 삼각방정식과 삼각부등식

(1) 삼각방정식의 풀이 유형 08
① 주어진 방정식을 $\sin x = k$ (또는 $\cos x = k$, $\tan x = k$) 꼴로 고친다.
② 함수 $y = \sin x$ (또는 $y = \cos x$, $y = \tan x$)의 그래프와 직선 $y = k$를 그린다.
③ 주어진 범위에서 함수의 그래프와 직선의 교점의 x좌표를 구한다.

(2) 삼각부등식의 풀이 유형 09
① 주어진 부등식을 $\sin x > k$ (또는 $\cos x > k$, $\tan x > k$) 꼴로 고친다.
② 삼각함수의 그래프를 이용하여 주어진 부등식을 만족시키는 x의 값의 범위를 구한다.

> **개념 Plus ➕**
> • 두 종류 이상의 삼각함수를 포함하는 삼각방정식은 한 종류의 삼각함수로 고친다.
>
> • 삼각방정식과 삼각부등식은 단위원을 이용하여 풀 수도 있다.

1. 다음 삼각방정식 또는 삼각부등식의 해를 구하시오. $\left(단, 0 \le x < \dfrac{\pi}{2} \right)$

(1) $\sin x = \dfrac{\sqrt{2}}{2}$ 　　　　　　(2) $\tan x = \sqrt{3}$

(3) $\sin x > \dfrac{1}{2}$ 　　　　　　(4) $2\cos x > \sqrt{3}$

유형 08 삼각방정식

$0 \le x < 2\pi$일 때, 다음 방정식의 해를 구하시오.

(1) $2\sin x + 1 = 0$ 　　　　　　(2) $2\cos x + \sqrt{3} = 0$

(3) $\tan x = 1$ 　　　　　　(4) $2\sin 2x = 1$

> **해결 Point**
> 방정식 $f(x) = g(x)$의 실근은 두 함수 $y = f(x)$, $y = g(x)$의 그래프의 교점의 x좌표와 같다.

08-1 $0 \le x < 2\pi$일 때, 다음 방정식의 해를 구하시오.

(1) $\sqrt{2}\cos x + 1 = 0$ 　　　　　　(2) $\sin \dfrac{x}{2} = \dfrac{1}{2}$

유형 09 삼각부등식

$0 \le x < 2\pi$일 때, 다음 부등식의 해를 구하시오.

(1) $2\sin x + \sqrt{3} < 0$ 　　　　　　(2) $-\dfrac{1}{2} \le \cos x \le \dfrac{\sqrt{2}}{2}$

(3) $\tan x < \dfrac{\sqrt{3}}{3}$ 　　　　　　(4) $\tan x > 1$

09-1 $0 \le x < 2\pi$일 때, 다음 부등식의 해를 구하시오.

(1) $\cos x \ge -\dfrac{1}{2}$ 　　　　　　(2) $0 \le \tan x < \sqrt{3}$

대표 유형 **다지기**

정답과 풀이 33쪽

01

〈보기〉의 함수 중 주기가 π인 것만을 있는 대로 고르시오.

보기
ㄱ. $y=\sin 2x$ ㄴ. $y=|\tan x|$

ㄷ. $y=2\cos x-1$ ㄹ. $y=\cos \pi x$

ㅁ. $y=\sin \sqrt{2}\pi x$

02

함수 $y=\tan ax$의 주기와 함수 $y=5\sin 3x+1$의 주기가 같을 때, 양수 a의 값은?

① $\dfrac{1}{2}$ ② 1 ③ $\dfrac{3}{2}$

④ 2 ⑤ $\dfrac{5}{2}$

03 중요

다음 중 함수 $y=3\sin\left(2x-\dfrac{\pi}{2}\right)+1$에 대한 설명으로 옳지 않은 것은?

① 주기는 π이다.
② 최댓값은 4이다.
③ 최솟값은 -2이다.
④ $y=-3\cos 2x+1$과 같은 함수이다.
⑤ 그래프는 함수 $y=3\sin x$의 그래프를 평행이동시킨 것이다.

04

함수 $y=a\sin bx+3$의 최댓값이 8이고 주기가 $\dfrac{\pi}{4}$일 때, 두 양수 a, b에 대하여 $a+b$의 값을 구하시오.

05

$\left(2+2\sin\dfrac{8}{3}\pi\right)\left(2+\tan\dfrac{8}{3}\pi\right)$의 값은?

① 1 ② $\dfrac{1}{2}$ ③ $\dfrac{1}{3}$

④ $\dfrac{1}{4}$ ⑤ $\dfrac{1}{5}$

06

$$\dfrac{\sin\left(\dfrac{3}{2}\pi-\theta\right)}{\sin^2\left(\dfrac{3}{2}\pi+\theta\right)\cos(\pi-\theta)}+\dfrac{\cos(\pi+\theta)\tan^2(\pi-\theta)}{\sin\left(\dfrac{\pi}{2}+\theta\right)}$$

를 간단히 한 것은?

① -2 ② -1 ③ 0
④ 1 ⑤ 2

07

함수 $y=\dfrac{-3\sin x+2}{\sin x-2}$의 최댓값을 M, 최솟값을 m이라 할 때, $M-m$의 값을 구하시오.

08 중요

함수 $y=\cos^2 x-3\cos x+9$의 최솟값은?

① 6 ② 7 ③ 8
④ 9 ⑤ 10

09

$0 \le x \le \pi$일 때, 방정식 $2\cos\left(2x+\dfrac{\pi}{6}\right)=1$의 모든 실근의 합은?

① $\dfrac{2}{3}\pi$ ② $\dfrac{5}{6}\pi$ ③ π

④ $\dfrac{7}{6}\pi$ ⑤ $\dfrac{4}{3}\pi$

10

$0 \le x < 2\pi$일 때, 방정식 $2\cos^2 x+3\sin x=3$의 모든 실근의 합은?

① $\dfrac{\pi}{2}$ ② π ③ $\dfrac{3}{2}\pi$

④ 2π ⑤ $\dfrac{5}{2}\pi$

11

그림은 $0 \le x < \pi$일 때, 함수
$y=\sin x$의 그래프이다.
$\sin\alpha=\sin\beta=\dfrac{2}{3}$일 때,
$\cos(\alpha+\beta)$의 값을 구하시오.

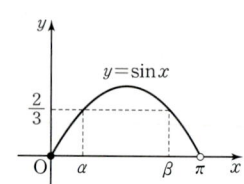

12

$0 \le x < 2\pi$일 때, 부등식 $\cos\left(x-\dfrac{\pi}{4}\right) \le \dfrac{1}{2}$의 해는?

① $\dfrac{\pi}{12} \le x \le \dfrac{13}{12}\pi$ ② $\dfrac{5}{12}\pi \le x \le \dfrac{23}{12}\pi$

③ $\dfrac{7}{12}\pi \le x \le \dfrac{23}{12}\pi$ ④ $\dfrac{\pi}{3} \le x \le \dfrac{4}{3}\pi$

⑤ $\dfrac{\pi}{3} \le x \le \dfrac{5}{3}\pi$

13

$0 \le x < 2\pi$일 때, 부등식 $2\sin^2 x < 3\cos x$의 해가 $\alpha \le x < \beta$ 또는 $\gamma < x < \omega$이다. $\alpha+\beta+4\gamma+\omega$의 값을 구하시오.

14

$-\dfrac{\pi}{2} < x < \dfrac{\pi}{2}$일 때, 부등식 $-1 \le \tan x \le \sqrt{3}$의 해는?

① $-\dfrac{\pi}{3} \le x \le \dfrac{\pi}{4}$ ② $-\dfrac{\pi}{3} \le x \le \dfrac{\pi}{3}$

③ $-\dfrac{\pi}{3} \le x < \dfrac{\pi}{2}$ ④ $-\dfrac{\pi}{4} \le x \le \dfrac{\pi}{3}$

⑤ $-\dfrac{\pi}{4} \le x < \dfrac{\pi}{2}$

15 중요

$0 \le x < 2\pi$에서 부등식 $\sin x > \cos x$의 해가 $\alpha < x < \beta$일 때, $\alpha+\beta$의 값을 구하시오.

16

$0 \le x < 2\pi$에서 부등식 $\sin x \le -\dfrac{1}{3}$을 만족시키는 x의 값의 범위가 $\alpha \le x \le \beta$일 때, $\sin\dfrac{\alpha+\beta}{4}$의 값을 구하시오.

03 삼각함수의 활용

개념 ① 사인법칙

정답과 풀이 36쪽

(1) 사인법칙 [유형 01]

삼각형 ABC에서 외접원의 반지름의 길이를 R라 할 때

$$\frac{a}{\sin A} = \frac{b}{\sin B} = \frac{c}{\sin C} = 2R$$

(2) 사인법칙의 활용 [유형 02]

삼각형 ABC에서 외접원의 반지름의 길이를 R라 할 때

① $\sin A = \dfrac{a}{2R}$, $\sin B = \dfrac{b}{2R}$, $\sin C = \dfrac{c}{2R}$

② $a = 2R \sin A$, $b = 2R \sin B$, $c = 2R \sin C$

③ $a : b : c = \sin A : \sin B : \sin C$

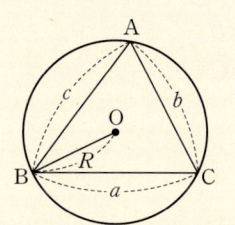

개념 Plus ➕

• 일반적으로 삼각형 ABC에서 세 내각 ∠A, ∠B, ∠C의 크기를 각각 A, B, C로 나타내고 이들의 대변의 길이를 각각 a, b, c로 나타낸다.

• 삼각형 ABC의 외접원의 반지름의 길이를 R라 하면
$a : b : c$
$= 2R\sin A : 2R\sin B$
$\qquad\qquad : 2R\sin C$
$= \sin A : \sin B : \sin C$

유형 01 사인법칙

삼각형 ABC에서 $b = \sqrt{3}$, $A = 45°$, $B = 60°$일 때, a는?

① 1   ② $\sqrt{2}$ ③ $\sqrt{3}$ ④ 2   ⑤ $\sqrt{5}$

01-1 삼각형 ABC에서 $a = \sqrt{3}$, $A = 60°$일 때, 이 삼각형의 외접원의 반지름의 길이를 구하시오.

01-2 삼각형 ABC에서 $a = 6$, $b = 2\sqrt{3}$, $A = 60°$일 때, B는?

① 30°   ② 45°   ③ 60°   ④ 75°   ⑤ 90°

유형 02 사인법칙의 활용

외접원의 반지름의 길이가 3인 이등변삼각형 ABC에서 $A = 120°$일 때, 삼각형 ABC의 둘레의 길이를 구하시오.

02-1 반지름의 길이가 4인 원에 내접하는 삼각형 ABC에 대하여 $a + b + c = 20$일 때, $\sin A + \sin B + \sin C$의 값을 구하시오.

02-2 삼각형 ABC에서 다음 물음에 답하시오.

(1) $A : B : C = 1 : 4 : 1$일 때, $\dfrac{b^2 \sin C}{ac}$의 값을 구하시오.

(2) $a = 6$, $b = 4$, $c = 3$일 때, $\sin(A+B) : \sin(B+C) : \sin(C+A) = 3 : \alpha : \beta$이다. $\alpha - \beta$의 값을 구하시오.

해결 Point

삼각형의 세 내각의 크기의 합은 180°이다.

개념 ② 코사인법칙

(1) 코사인법칙 [유형 03]

삼각형 ABC에서
$$a^2 = b^2 + c^2 - 2bc\cos A$$
$$b^2 = c^2 + a^2 - 2ca\cos B$$
$$c^2 = a^2 + b^2 - 2ab\cos C$$

(2) **코사인법칙의 활용** [유형 04]

삼각형 ABC에서
$$\cos A = \frac{b^2+c^2-a^2}{2bc}, \ \cos B = \frac{c^2+a^2-b^2}{2ca}, \ \cos C = \frac{a^2+b^2-c^2}{2ab}$$

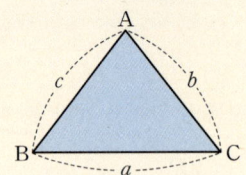

개념 Plus ➕

• 사인법칙을 이용하는 경우
 ① 한 변의 길이와 두 각의 크기를 알 때
 ② 두 변의 길이와 끼인각이 아닌 한 각의 크기를 알 때
• 코사인법칙을 이용하는 경우
 ① 두 변의 길이와 그 끼인각의 크기를 알 때
 ② 세 변의 길이를 알 때

개념 Feedback

• 삼각형의 변의 길이에 대한 각의 크기
 삼각형 ABC에서 c가 가장 긴 변의 길이일 때
 (1) $c^2 < a^2 + b^2$이면 $C < \frac{\pi}{2}$
 (2) $c^2 = a^2 + b^2$이면 $C = \frac{\pi}{2}$
 (3) $c^2 > a^2 + b^2$이면 $C > \frac{\pi}{2}$
 변의 길이가 길어지면 그 대각의 크기도 커진다.

유형 03 코사인법칙

삼각형 ABC에서 다음 물음에 답하시오.

(1) $a=2$, $c=3$, $B=60°$일 때, b를 구하시오.
(2) $b=c=\sqrt{3}$, $B=75°$일 때, a^2의 값을 구하시오.

03-1 그림과 같이 삼각형 ABC에서 $a=2\sqrt{7}$, $c=4$, $A=60°$일 때, b는?

① $2\sqrt{7}$　　② $\sqrt{30}$　　③ $4\sqrt{2}$
④ $\sqrt{34}$　　⑤ 6

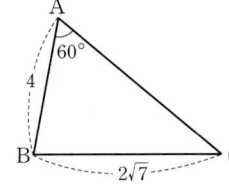

유형 04 코사인법칙의 활용

삼각형 ABC의 세 변의 길이가 3, $2\sqrt{3}$, $3\sqrt{2}$이고 삼각형 ABC의 세 내각 중 가장 큰 각의 크기를 θ라 할 때, $\cos\theta$의 값은?

① $-\frac{\sqrt{6}}{12}$　　② $-\frac{\sqrt{2}}{8}$　　③ $-\frac{\sqrt{3}}{12}$　　④ $\frac{\sqrt{3}}{12}$　　⑤ $\frac{\sqrt{2}}{8}$

• 해결 Point •
삼각형에서 길이가 가장 긴 변의 대각의 크기가 세 내각 중 가장 크다.

04-1 그림과 같이 삼각형 ABC의 세 변의 길이가 $a=\sqrt{2}$, $b=2\sqrt{2}$, $c=2$일 때, $\sin C$의 값은?

① $\frac{\sqrt{5}}{4}$　　② $\frac{\sqrt{6}}{4}$　　③ $\frac{\sqrt{7}}{4}$
④ $\frac{\sqrt{2}}{2}$　　⑤ $\frac{3}{4}$

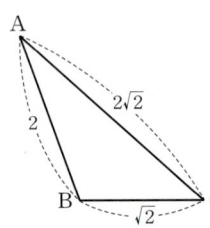

• 해결 Point •
$\sin^2 C + \cos^2 C = 1$임을 이용한다.

개념 ③ 삼각형의 넓이

(1) 삼각형 모양의 결정 유형 05

주어진 조건을 사인법칙과 코사인법칙을 이용하여 각의 크기 사이의 관계를 변의 길이 사이의 관계로 고쳐서 어떤 삼각형인지 판단한다.

(2) 삼각형의 넓이 유형 06

삼각형 ABC의 넓이를 S라 하면

① 두 변의 길이와 그 끼인각의 크기를 알 때

$$S=\frac{1}{2}ab\sin C=\frac{1}{2}bc\sin A=\frac{1}{2}ca\sin B$$

② 삼각형 ABC의 내접원의 반지름의 길이 r를 알 때

$$S=\frac{1}{2}r(a+b+c)$$

③ 삼각형 ABC의 외접원의 반지름의 길이 R를 알 때

$$S=\frac{abc}{4R}=2R^2\sin A\sin B\sin C$$

참고 삼각형 ABC의 세 변의 길이를 알 때 (헤론의 공식)

$$S=\sqrt{s(s-a)(s-b)(s-c)}\left(단, s=\frac{a+b+c}{2}\right)$$

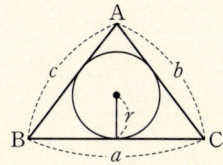

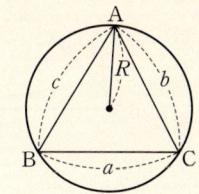

개념 Plus ⊕

- 사각형의 넓이
  (1) 평행사변형의 넓이
  평행사변형 ABCD에서 이웃하는 두 변의 길이가 a, b이고, 그 끼인각의 크기가 θ일 때, 평행사변형 ABCD의 넓이 S는
  $$S=ab\sin\theta$$
  (2) 사각형의 넓이
  사각형 ABCD에서 두 대각선의 길이가 p, q이고, 두 대각선이 이루는 각의 크기가 θ일 때, 사각형 ABCD의 넓이 S는
  $$S=\frac{1}{2}pq\sin\theta$$

유형 ⑤ 삼각형 모양의 결정

삼각형 ABC에서 등식 $a\sin A+b\sin B=c\sin C$가 성립할 때, 삼각형 ABC는 어떤 삼각형인지 말하시오.

해결 Point
사인법칙을 이용하여 주어진 조건을 삼각형의 변의 길이로 나타낸다.

05-1 다음 등식을 만족시키는 삼각형 ABC는 어떤 삼각형인지 말하시오.

(1) $a\cos A=b\cos B$

(2) $\dfrac{\sin A}{\sin B}=\cos C$

유형 ⑥ 삼각형의 넓이

삼각형 ABC에서 다음 물음에 답하시오.

(1) $a=4$, $c=3$, $B=45°$일 때, 삼각형 ABC의 넓이를 구하시오.
(2) $b=\sqrt{3}$, $c=4$이고 삼각형 ABC의 넓이가 3일 때, A를 구하시오.

06-1 삼각형 ABC에서 $a=2\sqrt{3}$, $b=3$, $c=1$일 때, 삼각형 ABC의 넓이를 구하시오.

해결 Point
삼각형의 세 변의 길이가 주어진 경우 코사인법칙을 이용하여 한 내각에 대한 cos의 값을 구하고, $\sin^2\theta+\cos^2\theta=1$에서 sin의 값을 구한다.

06-2 삼각형 ABC의 둘레의 길이가 $12\sqrt{3}$이고 $c=5\sqrt{3}$, $C=60°$일 때, 삼각형 ABC의 넓이를 구하시오.

대표 유형 **다지기**

정답과 풀이 38쪽

01 중요

둔각삼각형 ABC에서 $a=6$, $b=2\sqrt{6}$, $B=45°$일 때, C는?

① $15°$ ② $30°$ ③ $45°$

④ $60°$ ⑤ $75°$

02

그림과 같이 $\overline{AB}=\overline{AC}$이고 $\overline{BC}=4$인 직각이등변삼각형 ABC에서 선분 AB를 3 : 1로 내분하는 점을 D라 하자. 삼각형 BCD의 외접원의 둘레의 길이를 구하시오.

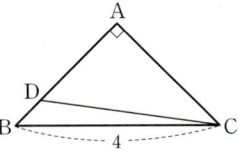

03

삼각형 ABC에서 $a=5$, $b=4$, $c=8$일 때, $\dfrac{\sin(A+B)}{\sin(B+C)}+\dfrac{\sin(A+C)}{\sin(A+B)}$의 값은?

① $\dfrac{6}{5}$ ② $\dfrac{3}{2}$ ③ $\dfrac{9}{5}$

④ $\dfrac{21}{10}$ ⑤ $\dfrac{12}{5}$

04 중요

삼각형 ABC에서 $b=\sqrt{2}$, $c=3$, $A=45°$일 때, $\sin B$의 값은?

① $\dfrac{\sqrt{3}}{5}$ ② $\dfrac{\sqrt{14}}{10}$ ③ $\dfrac{2}{5}$

④ $\dfrac{3\sqrt{2}}{10}$ ⑤ $\dfrac{\sqrt{5}}{5}$

05

삼각형 ABC에서 $\dfrac{\sin A}{2}=\dfrac{\sin B}{3}=\dfrac{\sin C}{4}$일 때, $\cos(A+B)$의 값을 구하시오.

06

〈보기〉에서 주어진 등식을 만족시키는 삼각형 ABC 중 이등변삼각형인 것만을 있는 대로 고른 것은?

> **보기**
> ㄱ. $\sin(A+B)=\sin(B+C)$
> ㄴ. $b\cos A=a\cos B$
> ㄷ. $a\cos A=b\cos B+c\cos C$

① ㄱ   ② ㄷ   ③ ㄱ, ㄴ

④ ㄴ, ㄷ   ⑤ ㄱ, ㄴ, ㄷ

07 중요

그림과 같이 삼각형 ABC에서 $\overline{AB}=2$이고 선분 BC 위의 점 D에 대하여 $\overline{AD}=\overline{CD}$이다. $\angle BAD=15°$, $\angle ADC=45°$일 때, 삼각형 ADC의 넓이는?

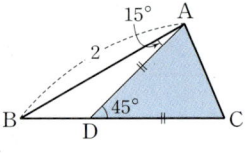

① $\dfrac{1}{2}$ ② $\dfrac{\sqrt{2}}{2}$ ③ $\dfrac{\sqrt{3}}{2}$

④ $\sqrt{2}$ ⑤ $\sqrt{3}$

08

그림과 같이 삼각형 ABC에서 $\overline{AB}=3$, $\overline{BC}=\sqrt{6}$, $\overline{AC}=1$일 때, 선분 AB를 한 변으로 하는 정사각형 ADEB에 대하여 삼각형 ADC의 넓이는?

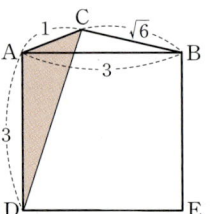

① 1 ② $\sqrt{2}$

③ $\sqrt{3}$ ④ 2

⑤ $\sqrt{5}$

III

수열

개념 ① 등차수열 중요

(1) 수열

① 차례대로 나열된 수의 열을 수열이라 하고, 수열을 이루고 있는 각 수를 그 수열의 항이라 한다. 이때, 각 항을 앞에서부터 차례대로 첫째항, 둘째항, 셋째항, … 또는 제1항, 제2항, 제3항, …이라 한다.

② 일반적으로 수열을 나타낼 때에는 각 항에 번호를 붙여 a_1, a_2, a_3, …, a_n, …과 같이 나타내고, 제n항 a_n을 이 수열의 일반항이라 한다. 또한 수열을 간단히 나타낼 때에는 일반항 a_n을 이용하여 $\{a_n\}$과 같이 나타낸다.

(2) 등차수열 유형 01, 02

① 첫째항부터 차례대로 일정한 수를 더하여 만든 수열을 등차수열이라 하고, 더하는 일정한 수를 공차라 한다.

② 첫째항이 a, 공차가 d인 등차수열의 일반항 a_n은
$$a_n = a + (n-1)d \ (\text{단, } n=1, 2, 3, \cdots)$$

③ 등차중항 : 세 수 a, b, c가 이 순서대로 등차수열을 이룰 때, b를 a와 c의 등차중항이라 한다. 이때, $b-a=c-b$, 즉 $b=\dfrac{a+c}{2}$인 관계가 성립한다.
（공차）

개념 Plus

- 일정한 규칙 없이 수를 나열한 것도 수열이지만, 여기서는 규칙이 있는 실수의 수열을 다룬다.
- 수열 $\{a_n\}$의 제n항 a_n이 n에 대한 식으로 주어지면 n에 1, 2, 3, …을 차례대로 대입하여 수열의 각 항을 구할 수 있다.

- 등차수열을 이루는 세 수는
$$a-d, a, a+d$$
로 놓는 것이 편리하다.

개념 Check

1. 다음 수열 $\{a_n\}$의 첫째항부터 제3항까지를 차례대로 나열하시오.

(1) $a_n = 2n+1$ (2) $a_n = 5^{n+1}$

2. 다음 등차수열의 일반항 a_n을 구하시오.

(1) 첫째항이 3, 공차가 2인 수열 (2) -1, 3, 7, 11, 15, …

유형 01 등차수열

등차수열 $\{a_n\}$에 대하여 $a_2=1$, $a_5+a_7=26$일 때, a_{10}의 값을 구하시오.

해결 Point

첫째항을 a, 공차를 d라 하고 a_2, a_5, a_7을 a와 d를 이용하여 나타낸다.

01-1 등차수열 $\{a_n\}$에 대하여 $a_2+a_5=-14$, $a_3+a_7=-26$일 때, a_6의 값을 구하시오.

유형 02 등차중항

세 수 3, $2a$, $a+1$이 이 순서대로 등차수열을 이룰 때, 실수 a의 값은?

① $\dfrac{1}{3}$ ② $\dfrac{2}{3}$ ③ 1 ④ $\dfrac{4}{3}$ ⑤ $\dfrac{5}{3}$

02-1 세 수 a, a^2+a, 3이 이 순서대로 등차수열을 이룰 때, 모든 실수 a의 값의 합은?

① $-\dfrac{3}{2}$ ② $-\dfrac{1}{2}$ ③ 0 ④ $\dfrac{1}{2}$ ⑤ $\dfrac{3}{2}$

정답과 풀이 40쪽

개념 ② 등차수열의 합

(1) **등차수열의 합** 유형 03

등차수열 $\{a_n\}$의 첫째항부터 제n항까지의 합을 S_n이라 하면

① 첫째항이 a이고 제n항이 l일 때

$$S_n = \frac{n(a+l)}{2}$$ ← n번째 항 l을 아는 경우

② 첫째항이 a이고 공차가 d일 때

$$S_n = \frac{n\{2a+(n-1)d\}}{2}$$ ← 공차 d를 아는 경우

(2) **수열의 합과 일반항 사이의 관계** 유형 04

수열 $\{a_n\}$의 첫째항부터 제n항까지의 합을 S_n이라 하면

$$\begin{cases} a_1 = S_1 \\ a_n = S_n - S_{n-1} \ (단, \ n \geq 2) \end{cases}$$

개념 Plus+

· $S_n = \dfrac{n(a+l)}{2}$에서

$l = a+(n-1)d$이므로

$S_n = \dfrac{n\{2a+(n-1)d\}}{2}$

· 수열의 합과 일반항 사이의 관계는 등차수열뿐만 아니라 모든 수열에서 성립한다.

개념 Check

1. 다음을 구하시오.

(1) 첫째항이 2, 제10항이 10인 등차수열의 첫째항부터 제10항까지의 합

(2) 첫째항이 6, 공차가 -2인 등차수열의 첫째항부터 제5항까지의 합

2. 수열 $\{a_n\}$의 첫째항부터 제n항까지의 합 S_n이 $S_n = 2n^2 + n$일 때, 일반항 a_n을 구하시오.

유형 03 등차수열의 합

등차수열 $\{a_n\}$에 대하여 $a_2 = 6$, $a_7 = 31$일 때, 이 수열의 첫째항부터 제12항까지의 합을 구하시오.

03-1 등차수열 $\{a_n\}$의 첫째항부터 제n항까지의 합을 S_n이라 하자. $S_5 = 10$, $S_{10} = 70$일 때, S_{15}의 값을 구하시오.

유형 04 수열의 합과 일반항 사이의 관계

수열 $\{a_n\}$의 첫째항부터 제n항까지의 합 S_n이 $S_n = n^2 + n$일 때, $a_1 + a_{10}$의 값은?

① 22 ② 24 ③ 26 ④ 28 ⑤ 30

해결 Point

$a_1 = S_1$임을 이용하여 a_1을 구하고, $n \geq 2$일 때에는 $a_n = S_n - S_{n-1}$임을 이용한다.

04-1 수열 $\{a_n\}$의 첫째항부터 제n항까지의 합 S_n이 $S_n = n^2 - 2n + 3$일 때, $a_7 - a_1$의 값을 구하시오.

개념 ③ 등비수열

(1) 등비수열 유형 05, 06
① 첫째항부터 차례대로 일정한 수를 곱하여 만든 수열을 등비수열이라 하고, 곱하는 일정한 수를 공비라 한다.
② 첫째항이 a, 공비가 r $(r \neq 0)$인 등비수열의 일반항 a_n은
$$a_n = ar^{n-1} \text{ (단, } n = 1, 2, 3, \cdots)$$
③ 등비중항 : 0이 아닌 세 수 a, b, c가 이 순서대로 등비수열을 이룰 때, b를 a와 c의 등비중항이라 한다. 이때, $\dfrac{b}{a} = \dfrac{c}{b}$, 즉 $b^2 = ac$인 관계가 성립한다.
└─ 공비 ─┘

> **개념 Plus⁺**
>
> • 등비수열을 이루는 세 수는
> $$a, ar, ar^2 \ (ar \neq 0)$$
> 으로 놓는 것이 편리하다.

개념 Check

1. 다음 등비수열의 일반항 a_n을 구하시오.

(1) 첫째항이 4, 공비가 3

(2) $1, -3, 9, -27, \cdots$

2. 다음 세 수가 이 순서대로 등비수열을 이룰 때, 양수 a의 값을 구하시오.

(1) $2, a, 32$

(2) $-6, a, -\dfrac{2}{3}$

유형 ⑤ 등비수열

모든 항이 실수인 등비수열 $\{a_n\}$에 대하여 $a_2 = 3$, $a_5 = 24$일 때, a_7의 값은?

① 90 ② 92 ③ 94 ④ 96 ⑤ 98

> **• 해결 Point •**
> 첫째항을 a, 공비를 r라 하고 a_2, a_5를 a와 r를 이용하여 나타낸다.

05-1 공비가 양수인 등비수열 $\{a_n\}$에 대하여 $a_3 = 3$, $a_4 + a_5 = 18$일 때, a_7의 값을 구하시오.

유형 ⑥ 등비중항

네 수 3, a, 27, b가 이 순서대로 등비수열을 이룰 때, 두 양수 a, b에 대하여 $a + b$의 값을 구하시오.

06-1 세 수 $x+3$, $2x-2$, $3x+1$이 이 순서대로 등비수열을 이룰 때, 모든 실수 x의 값의 합을 구하시오.

개념 4 등비수열의 합

(1) 등비수열의 합 유형 07

첫째항이 a, 공비가 r인 등비수열의 첫째항부터 제n항까지의 합을 S_n이라 하면

① $r=1$일 때, $S_n=na$

② $r \neq 1$일 때, $S_n=\dfrac{a(1-r^n)}{1-r}=\dfrac{a(r^n-1)}{r-1}$

(2) 원리합계 유형 08

연이율이 r이고 1년마다 복리로 매년 a원씩 n년 동안 적립할 때, n년 후 말의 원리합계 S는

① 매년 초에 적립할 때

$$S=\dfrac{a(1+r)\{(1+r)^n-1\}}{r} \,(원)$$ ← 첫째항이 $a(1+r)$, 공비가 $1+r$인 등비수열의 첫째항부터 제n항까지의 합

② 매년 말에 적립할 때

$$S=\dfrac{a\{(1+r)^n-1\}}{r} \,(원)$$ ← 첫째항이 a, 공비가 $1+r$인 등비수열의 첫째항부터 제n항까지의 합

개념 Plus

• 수열의 합과 일반항 사이의 관계

$$\begin{cases} a_1=S_1 \\ a_n=S_n-S_{n-1} \,(n \geq 2) \end{cases}$$

은 등비수열에서도 성립한다.

• 원금에 이자를 합한 금액을 원리합계라 한다.

• 원금 a원을 연이율 r로 n년 동안 예금할 때, 원리합계는

① 단리법 : $a(1+nr)\,(원)$

② 복리법 : $a(1+r)^n\,(원)$

개념 Check

1. 첫째항이 -2, 공비가 2인 등비수열의 첫째항부터 제5항까지의 합을 구하시오.

2. 등비수열 $2, 1, \dfrac{1}{2}, \cdots$의 첫째항부터 제7항까지의 합을 구하시오.

유형 07 등비수열의 합

모든 항이 실수인 등비수열 $\{a_n\}$에 대하여 $a_3=12$, $a_6=96$일 때, 이 수열의 첫째항부터 제8항까지의 합은?

① 745　　　② 755　　　③ 765　　　④ 775　　　⑤ 785

07-1 등비수열 $\{a_n\}$의 첫째항부터 제n항까지의 합을 S_n이라 하자. $S_4=12$, $S_8=60$일 때, S_{12}의 값을 구하시오.

해결 Point

S_{12}의 값 즉 등비수열의 첫째항부터 제12항까지의 합을 구하기 위해서는 공비를 알아야 하므로 등비수열의 합을 이용하여 공비를 먼저 구한다.

유형 08 원리합계

원금 200만 원을 연이율 10 %로 5년 동안 다음과 같이 예금할 때, 그 원리합계를 구하시오.
(단, $1.1^5=1.6$으로 계산한다.)

(1) 단리로 예금할 경우　　　　(2) 복리로 예금할 경우

08-1 연이율이 10 %이고 1년마다 복리로 매년 초에 50만 원씩 10년 동안 적립할 때, 10년 후 연말의 원리합계를 구하시오. (단, $1.1^{10}=2.6$으로 계산한다.)

대표 유형 다지기

01

다음 수열의 일반항 a_n을 구하시오.

(1) $\dfrac{1}{2}, \dfrac{1}{4}, \dfrac{1}{8}, \dfrac{1}{16}, \cdots$

(2) $1 \times 3, 2 \times 4, 3 \times 5, 4 \times 6, \cdots$

02

제2항이 13이고, 제6항이 21인 등차수열 $\{a_n\}$에 대하여 a_{10}의 값을 구하시오.

03

등차수열을 이루는 세 수의 합이 9이고 곱이 15일 때, 이 세 수를 구하시오.

04

두 수 -3과 41 사이에 10개의 수를 넣어 등차수열을 만들 때, 이 수열의 공차는?

① 1   ② 2   ③ 3
④ 4   ⑤ 5

05

등차수열 $\{a_n\}$에 대하여 $a_7 = 37$, $a_{10} = 28$일 때, 제k항에서 처음으로 음수가 나온다. 자연수 k의 값을 구하시오.

06

두 양수 x, y에 대하여 세 수 x^2, 30, y^2이 이 순서대로 등차수열을 이루고, 세 수 $\log_2 y$, $\log_2 x$, 2도 이 순서대로 등차수열을 이룰 때, xy의 값은?

① $6\sqrt{2}$ ② $6\sqrt{3}$ ③ 12
④ $6\sqrt{6}$ ⑤ $12\sqrt{6}$

07

등차수열 $\{a_n\}$에 대하여 $a_1 + a_5 + a_{12} = 24$일 때, 등차수열 $\{a_n\}$의 첫째항부터 제11항까지의 합을 구하시오.

08

첫째항이 a, 공차가 d인 등차수열 $\{a_n\}$의 첫째항부터 제n항까지의 합 S_n이 $S_n = 3n^2 + 5n$일 때, $a - d$의 값은?

① -4 ② -2 ③ 0
④ 2   ⑤ 4

09

모든 항이 실수인 등비수열 $\{a_n\}$에 대하여 $a_1+a_3=4$, $a_2+a_4=8$일 때, a_4+a_6의 값을 구하시오.

10

수열 5, a_1, a_2, a_3, $\cdots$, a_7, 42가 등비수열을 이룰 때, a_1a_7의 값은?

① 200 ② 210 ③ 220
④ 230 ⑤ 240

11

등비수열을 이루는 세 수의 합이 14이고 곱이 64일 때, 이 세 수 중 가장 작은 수는?

① 2 ② 4 ③ 6
④ 8 ⑤ 10

12 중요

4, a, 12가 이 순서대로 등차수열을 이루고, 2, a, b는 이 순서대로 등비수열을 이룰 때, $a+b$의 값은?

① 24 ② 28 ③ 32
④ 36 ⑤ 40

13

첫째항이 $\frac{1}{2}$, 공비가 3인 등비수열 $\{a_n\}$의 첫째항부터 제n항까지의 합을 S_n이라 하자. 수열 $\left\{\frac{1}{a_n}\right\}$의 첫째항부터 제$n$항까지의 합을 T_n이라 할 때, $\frac{S_k}{T_k}>100$을 만족시키는 자연수 k의 최솟값을 구하시오.

14

등비수열 $\{a_n\}$의 첫째항부터 제n항까지의 합을 S_n이라 하자. $S_5=4$, $S_{10}=12$일 때, S_{20}의 값은?

① 20 ② 30 ③ 40
④ 50 ⑤ 60

15 중요

수열 $\{a_n\}$의 첫째항부터 제n항까지의 합 S_n이 $S_n=3^n-2$일 때, a_2+a_5의 값은?

① 54 ② 103 ③ 168
④ 183 ⑤ 241

16

260만 원짜리 TV를 사기 위해 매달 말 x만 원씩 24개월 동안 월이율 0.5 %의 복리로 적립하기로 하였다. x의 최솟값은?
(단, $1.005^{24}=1.13$으로 계산한다.)

① 9 ② 10 ③ 11
④ 12 ⑤ 13

02 | 수열의 합

개념 ① 합의 기호 $\sum$

(1) 합의 기호 $\sum$ 유형 01

수열 $\{a_n\}$의 첫째항부터 제n항까지의 합을 기호 $\sum$를 사용하여 다음과 같이 나타낸다.

$$a_1+a_2+a_3+\cdots+a_n=\sum_{k=1}^{n}a_k$$

제n항까지
$$\sum_{k=1}^{n}a_k \leftarrow 일반항$$
제1항부터

(2) $\sum$의 기본 성질 유형 02

두 수열 $\{a_n\}$, $\{b_n\}$에 대하여

① $\sum_{k=1}^{n}(a_k+b_k)=\sum_{k=1}^{n}a_k+\sum_{k=1}^{n}b_k$ ② $\sum_{k=1}^{n}(a_k-b_k)=\sum_{k=1}^{n}a_k-\sum_{k=1}^{n}b_k$

③ $\sum_{k=1}^{n}ca_k=c\sum_{k=1}^{n}a_k$ (단, c는 상수이다.)   ④ $\sum_{k=1}^{n}c=cn$ (단, c는 상수이다.)

참고 $\sum_{k=1}^{n}(pa_k+qb_k+r)=p\sum_{k=1}^{n}a_k+q\sum_{k=1}^{n}b_k+rn$ (단, p, q, r는 상수이다.)

개념 Plus +

- $\sum_{k=1}^{n}a_k$에서 k 대신 i 또는 j 등의 다른 문자를 사용해도 된다. 즉,
$$\sum_{k=1}^{n}a_k=\sum_{i=1}^{n}a_i=\sum_{j=1}^{n}a_j$$

- 수열 $\{a_n\}$의 제m항부터 제n항까지의 합 (단, $m \leq n$)
$$\Rightarrow \sum_{k=m}^{n}a_k$$

개념 Check

1. 다음을 합의 기호 $\sum$를 사용하여 나타내시오.

(1) $2+4+6+\cdots+18$

(2) $1+\dfrac{1}{2}+\dfrac{1}{3}+\cdots+\dfrac{1}{n}$

2. 다음을 합의 꼴로 나타내시오.

(1) $\sum_{k=1}^{8}k^2$

(2) $\sum_{j=2}^{n}(5-j)$

유형 01 합의 기호 $\sum$

$\sum_{k=2}^{50}a_k=7$, $\sum_{k=1}^{49}a_k=4$일 때, $a_{50}-a_1$의 값은?

① -6 ② -4 ③ 0 ④ 3 ⑤ 4

01-1 첫째항이 5인 수열 $\{a_n\}$에 대하여 $\sum_{k=1}^{10}a_{k+1}-\sum_{k=2}^{11}a_{k-1}=40$일 때, a_{11}의 값을 구하시오.

해결 Point

$\sum_{k=1}^{10}a_{k+1}=a_2+a_3+a_4+\cdots+a_{11}$

$\sum_{k=2}^{11}a_{k-1}=a_1+a_2+a_3+\cdots+a_{10}$

유형 02 $\sum$의 기본 성질

두 수열 $\{a_n\}$, $\{b_n\}$에 대하여 $\sum_{k=1}^{10}a_k=10$, $\sum_{k=1}^{10}b_k=20$일 때, $\sum_{k=1}^{10}(a_k-2b_k+3)$의 값은?

① -27 ② -10 ③ 0 ④ 10 ⑤ 27

02-1 수열 $\{a_n\}$에 대하여 $\sum_{k=1}^{10}a_k=10$, $\sum_{k=1}^{10}a_k^2=35$일 때, $\sum_{k=1}^{10}(2a_k+1)^2$의 값을 구하시오.

해결 Point

$\sum_{k=1}^{n}(pa_k+qb_k+r)$

$=p\sum_{k=1}^{n}a_k+q\sum_{k=1}^{n}b_k+rn$

임을 이용한다.

(단, p, q, r는 상수이다.)

개념 ② 자연수의 거듭제곱의 합 〔중요〕

(1) 자연수의 거듭제곱의 합 〔유형 03, 04〕

① $\displaystyle\sum_{k=1}^{n} k = 1+2+3+\cdots+n = \frac{n(n+1)}{2}$ ← 자연수의 합

② $\displaystyle\sum_{k=1}^{n} k^2 = 1^2+2^2+3^2+\cdots+n^2 = \frac{n(n+1)(2n+1)}{6}$ ← 자연수의 제곱의 합

③ $\displaystyle\sum_{k=1}^{n} k^3 = 1^3+2^3+3^3+\cdots+n^3 = \left\{\frac{n(n+1)}{2}\right\}^2$ ← 자연수의 세제곱의 합

개념 Plus ⊕

$\cdot\; \displaystyle\sum_{k=1}^{n} k^3 = \left\{\frac{n(n+1)}{2}\right\}^2$
$= \left(\displaystyle\sum_{k=1}^{n} k\right)^2$

개념 Check

1. 다음 값을 구하시오.

(1) $1+2+3+\cdots+7$

(2) $1^2+2^2+3^2+\cdots+7^2$

(3) $1^3+2^3+3^3+\cdots+7^3$

2. $\displaystyle\sum_{k=1}^{5} (3k+5)$의 값을 구하시오.

유형 03 자연수의 거듭제곱의 합

$1\times2+2\times3+3\times4+\cdots+9\times10$의 값은?

① 310   ② 320   ③ 330   ④ 340   ⑤ 350

• 해결 Point •
일반항을 구한다.

03-1 $1\times1+2\times3+3\times5+\cdots+7\times13$의 값은?

① 246   ② 248   ③ 250   ④ 252   ⑤ 254

03-2 $\displaystyle\sum_{k=1}^{6} k(k^2-1)$의 값은?

① 420   ② 430   ③ 440   ④ 450   ⑤ 460

유형 04 ∑를 여러 개 포함한 식의 계산

$\displaystyle\sum_{j=1}^{5}\left\{\sum_{i=1}^{10}(i+j)\right\}$의 값은?

① 395   ② 405   ③ 415   ④ 425   ⑤ 435

• 해결 Point •
$\displaystyle\sum_{i=1}^{10} j = 10j$

04-1 $\displaystyle\sum_{n=1}^{8}\left(\sum_{m=1}^{6} mn\right)$의 값은?

① 748   ② 756   ③ 764   ④ 772   ⑤ 780

개념 ③ 여러 가지 수열의 합

(1) 분수 꼴인 수열의 합 유형 05

$$\sum_{k=1}^{n} \frac{1}{k(k+1)} = \sum_{k=1}^{n}\left(\frac{1}{k}-\frac{1}{k+1}\right) = 1-\frac{1}{n+1}$$

(2) 분모에 근호가 포함된 수열의 합 유형 06

$$\sum_{k=1}^{n} \frac{1}{\sqrt{k+1}+\sqrt{k}} = \sum_{k=1}^{n}(\sqrt{k+1}-\sqrt{k}) = \sqrt{n+1}-1$$

개념 Plus

• $\dfrac{1}{AB} = \dfrac{1}{B-A}\left(\dfrac{1}{A}-\dfrac{1}{B}\right)$
(단, $A \neq B$)

• 분모에 근호가 있을 때에는 먼저 분모를 유리화한다.

개념 Check

1. 다음 식의 값을 구하시오.

(1) $\displaystyle\sum_{k=1}^{6}\left(\frac{1}{k}-\frac{1}{k+1}\right)$

(2) $\displaystyle\sum_{k=2}^{8}(\sqrt{k+2}-\sqrt{k+1})$

유형 ⑤ 분수 꼴인 수열의 합

$\displaystyle\sum_{k=1}^{99} \frac{1}{k(k+1)} = \frac{q}{p}$ 일 때, $p+q$의 값을 구하시오. (단, p와 q는 서로소인 자연수이다.)

•해결 Point•

$\dfrac{1}{k(k+1)} = \dfrac{1}{k}-\dfrac{1}{k+1}$
임을 이용한다.

05-1 $\dfrac{1}{1\times3}+\dfrac{1}{3\times5}+\dfrac{1}{5\times7}+\cdots+\dfrac{1}{99\times101} = \dfrac{q}{p}$ 일 때, $p+q$의 값을 구하시오.

(단, p와 q는 서로소인 자연수이다.)

•해결 Point•

$\dfrac{1}{k(k+2)} = \dfrac{1}{2}\left(\dfrac{1}{k}-\dfrac{1}{k+2}\right)$
임을 이용한다.

유형 ⑥ 분모에 근호가 포함된 수열의 합

$\displaystyle\sum_{k=1}^{8} \frac{1}{\sqrt{k+1}+\sqrt{k}}$ 의 값은?

① 1 　　② 2 　　③ 3 　　④ 4 　　⑤ 5

•해결 Point•

$\dfrac{1}{\sqrt{k+1}+\sqrt{k}} = \sqrt{k+1}-\sqrt{k}$
임을 이용한다.

06-1 $\dfrac{1}{1+\sqrt{3}}+\dfrac{1}{\sqrt{2}+\sqrt{4}}+\dfrac{1}{\sqrt{3}+\sqrt{5}}+\cdots+\dfrac{1}{\sqrt{48}+\sqrt{50}}$ 의 값은?

① $4\sqrt{2}-1$ 　　② $3+2\sqrt{2}$ 　　③ $5\sqrt{2}-1$ 　　④ $5+3\sqrt{2}$ 　　⑤ $6+4\sqrt{2}$

•해결 Point•

분모에 근호가 있는 경우에는 분모를 유리화하여 식을 변형한다.

$\dfrac{1}{\sqrt{k}+\sqrt{k+2}}$
$= \dfrac{\sqrt{k+2}-\sqrt{k}}{(\sqrt{k+2}+\sqrt{k})(\sqrt{k+2}-\sqrt{k})}$
$= \dfrac{1}{2}(\sqrt{k+2}-\sqrt{k})$

대표 유형 다지기

정답과 풀이 47쪽

01

함수 $f(x)=2\sqrt{x+1}$에 대하여 $\sum\limits_{n=3}^{11} f(n) - \sum\limits_{n=2}^{10} f(n)$의 값은?

① $\sqrt{10}$ ② $2\sqrt{3}$ ③ $\sqrt{14}$
④ 4 ⑤ $3\sqrt{2}$

02

$f(x)=\log\dfrac{x+1}{x}$일 때, $\sum\limits_{n=1}^{99} f(n)$의 값은?

① $\dfrac{1}{2}$ ② 1 ③ $\dfrac{3}{2}$
④ 2 ⑤ $\dfrac{5}{2}$

03

$\sum\limits_{k=1}^{90}\left(\sin^2\dfrac{k}{180}\pi\right)$의 값은?

① $\dfrac{91}{2}$ ② $\dfrac{93}{2}$ ③ $\dfrac{95}{2}$
④ $\dfrac{97}{2}$ ⑤ $\dfrac{99}{2}$

04

수열 $\{a_n\}$에 대하여 $\sum\limits_{k=1}^{10} a_k{}^2 = 20$일 때, $\sum\limits_{k=1}^{10}(a_k+1)(a_k-1)$의 값은?

① 5 ② 10 ③ 15
④ 20 ⑤ 25

05 중요

두 수열 $\{a_n\}$, $\{b_n\}$에 대하여

$$\sum\limits_{k=1}^{10}(a_k+b_k)^2 = 45,\quad \sum\limits_{k=1}^{10}(a_k{}^2+b_k{}^2) = 25$$

일 때, $\sum\limits_{k=1}^{10} a_k b_k$의 값은?

① 6 ② 8 ③ 10
④ 12 ⑤ 14

06

$\sum\limits_{k=1}^{10}(k^2-2k+3) - \sum\limits_{k=1}^{9}(k^2-2k)$의 값은?

① 100 ② 110 ③ 120
④ 130 ⑤ 140

07

$\sum\limits_{k=1}^{6}(2^k+5k+1)$의 값은?

① 229 ② 231 ③ 233
④ 235 ⑤ 237

08

첫째항이 -5, 공차가 4인 등차수열 $\{a_n\}$에 대하여 $\sum\limits_{k=1}^{10} a_{2k-1}$의 값을 구하시오.

09

$\dfrac{1}{8}\{(1^3-2)+(3^3-4)+(5^3-6)+\cdots+(15^3-16)\}$의 값은?

① 991 ② 999 ③ 1007
④ 1015 ⑤ 1023

10 중요

$\sum\limits_{n=1}^{6}\left\{\sum\limits_{m=1}^{n}(2m+1)\right\}$의 값은?

① 118 ② 123 ③ 128
④ 133 ⑤ 138

11

$f(k)=2k+n$일 때, $\sum\limits_{n=1}^{7}\left[\sum\limits_{k=1}^{n}\{f(k)+1\}\right]$의 값을 구하시오.

12 중요

$\dfrac{1}{1\times 4}+\dfrac{1}{4\times 7}+\dfrac{1}{7\times 10}+\cdots+\dfrac{1}{19\times 22}$의 값은?

① $\dfrac{7}{22}$ ② $\dfrac{9}{22}$ ③ $\dfrac{1}{2}$
④ $\dfrac{13}{22}$ ⑤ $\dfrac{15}{22}$

13

$1+\dfrac{1}{1+2}+\dfrac{1}{1+2+3}+\cdots+\dfrac{1}{1+2+3+\cdots+20}$의 값을 S라 할 때, $S=\dfrac{q}{p}$이다. $p+q$의 값을 구하시오.

(단, p와 q는 서로소인 자연수이다.)

14

$f(x)=\sqrt{2x+1}+\sqrt{2x-1}$일 때, $\sum\limits_{k=1}^{24}\dfrac{1}{f(k)}$의 값은?

① 1 ② 2 ③ 3
④ 4 ⑤ 5

03 수학적 귀납법

Ⅲ. 수열 **교과서 핵심 개념별 대표 유형 익히기**

개념 ① 수열의 귀납적 정의 중요

(1) 수열의 귀납적 정의

일반적으로 수열 $\{a_n\}$을

① 첫째항 a_1의 값

② 두 항 a_n, a_{n+1} ($n=1, 2, 3, \cdots$) 사이의 관계식

과 같이 처음 몇 개의 항과 이웃하는 여러 항들 사이의 관계식으로 정의하는 것을 수열의 귀납적 정의라 한다.

(2) 등차수열과 등비수열의 귀납적 정의 유형 01, 02

수열 $\{a_n\}$에서 $n=1, 2, 3, \cdots$일 때

① $a_{n+1}-a_n=d$ (일정) ➡ 공차가 d인 등차수열

② $a_{n+1} \div a_n = r$ (일정) ➡ 공비가 r인 등비수열

③ $2a_{n+1}=a_n+a_{n+2}$, 즉 $a_{n+1}-a_n=a_{n+2}-a_{n+1}$ ➡ 등차수열

④ $a_{n+1}{}^2=a_n a_{n+2}$, 즉 $a_{n+1} \div a_n = a_{n+2} \div a_{n+1}$ ➡ 등비수열

개념 Plus⁺

• ②의 관계식에 $n=1, 2, 3, \cdots$을 대입하면 수열 $\{a_n\}$의 모든 항을 구할 수 있다.

 개념 Check

1. 다음과 같이 귀납적으로 정의된 수열 $\{a_n\}$의 제5항을 구하시오. (단, $n=1, 2, 3, \cdots$)

(1) $a_1=2$, $a_{n+1}=2a_n+n+1$

(2) $a_1=1$, $a_{n+1}=a_n+2^n$

2. 다음 수열을 $\{a_n\}$이라 할 때, 수열 $\{a_n\}$을 귀납적으로 정의하시오.

(1) 3, 5, 7, 9, 11, $\cdots$

(2) 4, -8, 16, -32, 64, $\cdots$

유형 01 등차수열의 귀납적 정의

수열 $\{a_n\}$이 $a_1=3$, $a_{n+1}-a_n=2$ ($n=1, 2, 3, \cdots$)로 정의될 때, a_7의 값은?

① 13　　② 15　　③ 17　　④ 19　　⑤ 21

01-1 수열 $\{a_n\}$이 $a_1=3$, $a_2=7$, $2a_{n+1}=a_n+a_{n+2}$ ($n=1, 2, 3, \cdots$)로 정의될 때, a_{10}의 값을 구하시오.

유형 02 등비수열의 귀납적 정의

수열 $\{a_n\}$이 $a_1=2$, $a_{n+1}=4a_n$ ($n=1, 2, 3, \cdots$)으로 정의될 때, a_4의 값을 구하시오.

02-1 수열 $\{a_n\}$이 $a_1=1$, $a_2=2$, $a_{n+1}{}^2=a_n a_{n+2}$ ($n=1, 2, 3, \cdots$)로 정의될 때, a_8의 값은?

① 124　　② 128　　③ 132　　④ 136　　⑤ 140

● 해결 Point

$a_{n+1}{}^2=a_n a_{n+2}$
$\Longleftrightarrow a_{n+1}$은 a_n과 a_{n+2}의 등비중항
$\Longleftrightarrow$ 수열 $\{a_n\}$은 등비수열

개념 ② 여러 가지 수열의 귀납적 정의

(1) 여러 가지 수열의 귀납적 정의 유형 03, 04

① $a_{n+1}=a_n+f(n)$ 꼴

➡ n에 1, 2, 3, $\cdots$, $n-1$을 차례대로 대입한 후 변끼리 더한다.

$$a_n=a_1+f(1)+f(2)+f(3)$$
$$+\cdots+f(n-1)$$
$$=a_1+\sum_{k=1}^{n-1}f(k)$$

$a_2=a_1+f(1)$
$a_3=a_2+f(2)$
$a_4=a_3+f(3)$
$\vdots$
$+)\ a_n=a_{n-1}+f(n-1)$
$a_n=a_1+f(1)+f(2)+\cdots+f(n-1)$

② $a_{n+1}=a_nf(n)$ 꼴

➡ n에 1, 2, 3, $\cdots$, $n-1$을 차례대로 대입한 후 변끼리 곱한다.

$$a_n=a_1f(1)f(2)\cdots f(n-1)$$

$a_2=a_1f(1)$
$a_3=a_2f(2)$
$a_4=a_3f(3)$
$\vdots$
$\times)\ a_n=a_{n-1}f(n-1)$
$a_n=a_1f(1)f(2)f(3)\cdots f(n-1)$

개념 Plus⁺

· $f(n)$이 상수이면 (공차)$=f(n)$인 등차수열이다.

· $f(n)$이 상수이면 (공비)$=f(n)$인 등비수열이다.

유형 ③ 여러 가지 수열의 귀납적 정의 – $a_{n+1}=a_n+f(n)$ 꼴

수열 $\{a_n\}$이 $a_1=4$, $a_{n+1}=a_n+2n$ ($n=1, 2, 3, \cdots$)으로 정의될 때, a_8의 값을 구하시오.

03-1 수열 $\{a_n\}$이 $a_1=1$, $a_{n+1}=a_n+\dfrac{1}{n(n+1)}$ ($n=1, 2, 3, \cdots$)로 정의될 때, a_{10}의 값은?

① $\dfrac{3}{2}$ ② $\dfrac{8}{5}$ ③ $\dfrac{17}{10}$ ④ $\dfrac{9}{5}$ ⑤ $\dfrac{19}{10}$

유형 ④ 여러 가지 수열의 귀납적 정의 – $a_{n+1}=a_nf(n)$ 꼴

수열 $\{a_n\}$이 $a_1=3$, $a_{n+1}=\dfrac{n}{n+1}a_n$ ($n=1, 2, 3, \cdots$)으로 정의될 때, a_{24}의 값은?

① $\dfrac{1}{16}$ ② $\dfrac{1}{8}$ ③ $\dfrac{3}{16}$ ④ $\dfrac{1}{4}$ ⑤ $\dfrac{5}{16}$

04-1 수열 $\{a_n\}$이 $a_1=\dfrac{1}{8}$, $a_{n+1}=2^{n-1}a_n$ ($n=1, 2, 3, \cdots$)으로 정의될 때 a_8의 값은?

① 2^{16} ② 2^{18} ③ 2^{20} ④ 2^{22} ⑤ 2^{24}

개념 ③ 수학적 귀납법

(1) 수학적 귀납법 유형 05

자연수 n에 대한 명제 $p(n)$이 모든 자연수 n에 대하여 성립함을 증명하려면 다음 두 가지를 보이면 된다.

(i) $n=1$일 때, 명제 $p(n)$이 성립한다.

(ii) $n=k$일 때, 명제 $p(n)$이 성립한다고 가정하면 $n=k+1$일 때에도 명제 $p(n)$이 성립한다.

이와 같이 증명하는 방법을 수학적 귀납법이라 한다.

참고 (i), (ii)를 보이면

$n=1$일 때, 성립하므로 (ii)에 의하여 $n=2$일 때에도 성립한다.

$n=2$일 때, 성립하므로 (ii)에 의하여 $n=3$일 때에도 성립한다.

$n=3$일 때, 성립하므로 (ii)에 의하여 $n=4$일 때에도 성립한다.

$\vdots$

따라서 모든 자연수 n에 대하여 성립하게 된다.

개념 Plus ➕

· 자연수 n에 대한 명제 $p(n)$이 m 이상의 모든 자연수 n에 대하여 성립함을 증명하려면 다음 두 가지를 보인다.

(i) $n=m$일 때, 명제 $p(n)$이 성립한다.

(ii) $n=k$ $(k \geq m)$일 때, 명제 $p(n)$이 성립한다고 가정하면 $n=k+1$일 때에도 명제 $p(n)$이 성립한다.

유형 ⑤ 수학적 귀납법

다음은 모든 자연수 n에 대하여 등식

$$\frac{1}{1 \times 2} + \frac{1}{2 \times 3} + \frac{1}{3 \times 4} + \cdots + \frac{1}{n(n+1)} = \frac{n}{n+1}$$

이 성립함을 수학적 귀납법으로 증명하는 과정이다.

증명

(i) $n=1$일 때

$$(좌변) = \frac{1}{1 \times 2} = \frac{1}{2}, \quad (우변) = \frac{1}{1+1} = \frac{1}{2}$$

따라서 $n=1$일 때 주어진 등식이 성립한다.

(ii) $n=k$일 때, 주어진 등식이 성립한다고 가정하면

$$\frac{1}{1 \times 2} + \frac{1}{2 \times 3} + \cdots + \frac{1}{k(k+1)} = \frac{\boxed{(가)}}{k+1}$$

이 식의 양변에 $\dfrac{1}{(k+1)(k+2)}$을 더하면

$$\frac{1}{1 \times 2} + \frac{1}{2 \times 3} + \cdots + \frac{1}{k(k+1)} + \frac{1}{(k+1)(k+2)}$$

$$= \frac{\boxed{(나)}}{k+2}$$

따라서 $n=k+1$일 때에도 주어진 등식이 성립한다.

(i), (ii)에 의하여 모든 자연수 n에 대하여 주어진 등식은 성립한다.

위의 (가), (나)에 알맞은 식을 각각 $f(k)$, $g(k)$라 할 때, $f(5)+g(5)$의 값은?

① 9　　　　② 11　　　　③ 13　　　　④ 15　　　　⑤ 17

05-1 다음은 모든 자연수 n에 대하여 등식

$$1 \times 2 + 2 \times 3 + 3 \times 4 + \cdots + n(n+1) = \frac{n(n+1)(n+2)}{3}$$

가 성립함을 수학적 귀납법으로 증명하는 과정이다.

> **증명**
>
> (i) $n=1$일 때
>
> $$(좌변) = 1 \times 2 = 2, \quad (우변) = \frac{1 \times 2 \times 3}{3} = 2$$
>
> 따라서 $n=1$일 때 주어진 등식이 성립한다.
>
> (ii) $n=k$일 때, 주어진 등식이 성립한다고 가정하면
>
> $$1 \times 2 + 2 \times 3 + 3 \times 4 + \cdots + k(k+1) = \frac{k(k+1)(k+2)}{3}$$
>
> 양변에 $\boxed{(가)}$ 를 더하면
>
> $$1 \times 2 + 2 \times 3 + 3 \times 4 + \cdots + k(k+1) + \boxed{(가)} = \frac{\boxed{(나)}}{3}$$
>
> 따라서 $n=k+1$일 때에도 주어진 등식이 성립한다.
>
> (i), (ii)에 의하여 모든 자연수 n에 대하여 주어진 등식은 성립한다.

위의 (가), (나)에 알맞은 식을 각각 $f(k)$, $g(k)$라 할 때, $f(5) + g(3)$의 값은?

① 132 ② 147 ③ 162 ④ 177 ⑤ 192

05-2 다음은 2 이상의 모든 자연수 n에 대하여 부등식

$$1 + \frac{1}{2^2} + \frac{1}{3^2} + \cdots + \frac{1}{n^2} < 2 - \frac{1}{n}$$

이 성립함을 수학적 귀납법으로 증명하는 과정이다.

> **증명**
>
> (i) $n=2$일 때
>
> $$(좌변) = 1 + \frac{1}{2^2} = \frac{5}{4}, \quad (우변) = 2 - \frac{1}{2} = \frac{3}{2}$$
>
> $\frac{5}{4} < \frac{3}{2}$이므로 $n=2$일 때 주어진 부등식이 성립한다.
>
> (ii) $n=k \ (k \geq 2)$일 때, 주어진 부등식이 성립한다고 가정하면
>
> $$1 + \frac{1}{2^2} + \frac{1}{3^2} + \cdots + \frac{1}{k^2} < 2 - \frac{1}{k}$$
>
> 이 식의 양변에 $\dfrac{1}{(k+1)^2}$ 을 더하면
>
> $$1 + \frac{1}{2^2} + \frac{1}{3^2} + \cdots + \frac{1}{k^2} + \frac{1}{(k+1)^2} < 2 - \frac{1}{k} + \frac{1}{(k+1)^2}$$
>
> 이때, $k \geq 2$인 k에 대하여
>
> $$\left(2 - \frac{1}{k+1}\right) - \left\{2 - \frac{1}{k} + \frac{1}{(k+1)^2}\right\} = \frac{1}{\boxed{(가)}} > 0$$
>
> 이므로
>
> $$1 + \frac{1}{2^2} + \frac{1}{3^2} + \cdots + \frac{1}{(k+1)^2} < 2 - \frac{1}{\boxed{(나)}}$$
>
> 따라서 주어진 부등식은 $n=k+1$일 때에도 성립한다.
>
> (i), (ii)에 의하여 2 이상의 모든 자연수 n에 대하여 주어진 부등식은 성립한다.

위의 (가), (나)에 알맞은 식을 각각 $f(k)$, $g(k)$라 할 때, $f(2)g(3)$의 값은?

① 64 ② 66 ③ 68 ④ 70 ⑤ 72

대표 유형 다지기

정답과 풀이 51쪽

01

수열 $\{a_n\}$이

$$a_1 = -3, \ a_{n+1} = a_n + 5 \ (n=1, 2, 3, \cdots)$$

로 정의될 때, a_6의 값을 구하시오.

02

수열 $\{a_n\}$이

$$a_1 = 9, \ \frac{a_{n+1}}{a_n} = \frac{1}{3} \ (n=1, 2, 3, \cdots)$$

로 정의될 때, $a_k = \dfrac{1}{3^5}$을 만족시키는 자연수 k의 값을 구하시오.

03

수열 $\{a_n\}$이 모든 자연수 n에 대하여

$$a_{n+1} - a_n = 3n$$

으로 정의된다. $a_9 = 120$일 때, a_1의 값은?

① 12   ② 14   ③ 16

④ 18   ⑤ 20

04

수열 $\{a_n\}$이

$$a_1 = 3, \ a_{n+1} - a_n = \frac{1}{\sqrt{n+1} + \sqrt{n}} \ (n=1, 2, 3, \cdots)$$

로 정의될 때, a_{49}의 값은?

① 5   ② 7   ③ 9

④ 11   ⑤ 13

05

수열 $\{a_n\}$이

$$a_1 = 5, \ a_{n+1} = a_n + \log \frac{n}{n+1} \ (n=1, 2, 3, \cdots)$$

으로 정의될 때, a_{100}의 값을 구하시오.

06

수열 $\{a_n\}$이

$$a_1 = 1, \ a_2 = 3, \ a_{n+1} = \frac{n^2-1}{n^2} a_n \ (n=2, 3, 4, \cdots)$$

으로 정의될 때, a_{16}의 값은?

① $\dfrac{6}{5}$ ② $\dfrac{13}{10}$ ③ $\dfrac{7}{5}$

④ $\dfrac{3}{2}$ ⑤ $\dfrac{8}{5}$

07

수열 $\{a_n\}$이

$$a_1 = 1, \ a_{n+1} = -4a_n - 15 \ (n=1, 2, 3, \cdots)$$

로 정의될 때, a_4의 값은?

① -259 ② -257 ③ -255

④ 255   ⑤ 257

08

수열 $\{a_n\}$이

$$a_1=1,\ a_2=3,\ a_{n+2}-5a_{n+1}+4a_n=0$$
$$(n=1,\ 2,\ 3,\ \cdots)$$

으로 정의될 때, a_6-a_4의 값을 구하시오.

09

수열 $\{a_n\}$이

$$a_1=2,\ a_{n+1}=\dfrac{a_n}{6a_n+1}\ (n=1,\ 2,\ 3,\ \cdots)$$

으로 정의될 때, a_5의 값은?

① $\dfrac{2}{49}$ ② $\dfrac{3}{49}$ ③ $\dfrac{1}{25}$

④ $\dfrac{2}{56}$ ⑤ $\dfrac{3}{56}$

10

수열 $\{a_n\}$의 첫째항이 4이고 모든 자연수 n에 대하여

$$a_{n+1}=\begin{cases} \dfrac{a_n}{2} & (a_n \text{은 짝수}) \\ a_n+n & (a_n \text{은 홀수}) \end{cases}$$

이 성립할 때, a_8의 값은?

① 10 ② 11 ③ 12
④ 13 ⑤ 14

11

수열 $\{a_n\}$이

$$a_1=3,\ a_{n+1}=\dfrac{2a_n-3}{a_n-1}\ (n=1,\ 2,\ 3,\ \cdots)$$

으로 정의될 때, $\displaystyle\sum_{n=1}^{30} a_n$의 값은?

① 30 ② 35 ③ 40
④ 45 ⑤ 50

12

다음은 모든 자연수 n에 대하여 등식

$$1+3+5+\cdots+(2n-1)=n^2$$

이 성립함을 수학적 귀납법으로 증명하는 과정이다.

증명

(i) $n=1$일 때

(좌변)$=2\times 1-1=1$, (우변)$=1^2=1$

따라서 $n=1$일 때 주어진 등식이 성립한다.

(ii) $n=k$일 때, 주어진 등식이 성립한다고 가정하면

$$1+3+5+\cdots+(2k-1)=k^2$$

이 식의 양변에 $\boxed{\text{(가)}}$ 를 더하면

$$1+3+5+\cdots+(2k-1)+(\boxed{\text{(가)}})$$
$$=(\boxed{\text{(나)}})^2$$

따라서 $n=k+1$일 때에도 주어진 등식이 성립한다.

(i), (ii)에 의하여 모든 자연수 n에 대하여 주어진 등식은 성립한다.

위의 (가), (나)에 알맞은 식을 각각 $f(k)$, $g(k)$라 할 때, $f(4)g(4)$의 값은?

① 40 ② 45 ③ 50
④ 55 ⑤ 60

13 ⦿중요

다음은 2 이상인 자연수 n에 대하여 부등식

$$1+\frac{1}{2}+\frac{1}{3}+\cdots+\frac{1}{n}>\frac{2n}{n+1}$$

이 성립함을 수학적 귀납법으로 증명하는 과정이다.

증명

(i) $n=2$일 때

$$(\text{좌변})=1+\frac{1}{2}=\frac{3}{2}, \quad (\text{우변})=\frac{2\times 2}{2+1}=\frac{4}{3}$$

$\frac{3}{2}>\frac{4}{3}$이므로 주어진 부등식이 성립한다.

(ii) $n=k$ $(k\geq 2)$일 때 주어진 부등식이 성립한다고 가정하면

$$1+\frac{1}{2}+\frac{1}{3}+\cdots+\frac{1}{k}>\frac{2k}{k+1}$$

양변에 $\boxed{(\text{가})}$ 를 더하면

$$1+\frac{1}{2}+\frac{1}{3}+\cdots+\frac{1}{k}+\boxed{(\text{가})}>\frac{2k}{k+1}+\boxed{(\text{가})}$$

한편, 2 이상인 자연수 k에 대하여

$$\frac{2k+1}{k+1}-\boxed{(\text{나})}=\frac{k}{(k+1)(k+2)}>0$$

이므로 $\frac{2k+1}{k+1}>\boxed{(\text{나})}$

따라서 $n=k+1$일 때에도 주어진 부등식이 성립한다.

(i), (ii)에 의하여 2 이상인 자연수 n에 대하여 주어진 부등식은 성립한다.

위의 (가), (나)에 알맞은 식을 각각 $f(k)$, $g(k)$라 할 때, $\dfrac{g(3)}{f(4)}$ 의 값은?

① 5 ② 6 ③ 7
④ 8 ⑤ 9

14

다음은 모든 자연수 n에 대하여 $3^{2n+1}-2^{2n-1}$이 5의 배수임을 수학적 귀납법으로 증명하는 과정이다.

증명

(i) $n=1$일 때, $3^3-2^1=25$이므로 5의 배수이다.

(ii) $n=k$일 때

$3^{2k+1}-2^{2k-1}$이 5의 배수라 가정하면

$$3^{2k+1}-2^{2k-1}=5m \ (\text{단, } m\text{은 자연수이다.})$$

이때,

$$3^{2(k+1)+1}-2^{2(k+1)-1}$$
$$=9\times(3^{2k+1}-2^{2k-1})+\boxed{(\text{가})}-2^{2k+1}$$
$$=\boxed{(\text{나})}+5\times 2^{2k-1}$$

따라서 $n=k+1$일 때에도 주어진 식의 값은 5의 배수이다.

(i), (ii)에 의하여 모든 자연수 n에 대하여 주어진 식의 값은 5의 배수이다.

위의 (가), (나)에 알맞은 식을 각각 $f(k)$, $g(m)$이라 할 때, $f(2)+g(4)$의 값은?

① 228 ② 236 ③ 244
④ 252 ⑤ 260

15

수열 $\{a_n\}$의 첫째항부터 제n항까지의 합을 S_n이라 할 때,

$$a_1=2, \ nS_{n+1}-2a_n=n(S_n+2a_n) \ (n=1, 2, 3, \cdots)$$

이 성립한다. 다음은 수열 $\{a_n\}$의 일반항을 구하는 과정이다.

$S_{n+1}=S_n+a_{n+1}$을 $nS_{n+1}-2a_n=n(S_n+2a_n)$에 대입하면

$$n(S_n+a_{n+1})-2a_n=nS_n+2na_n$$
$$na_{n+1}=2(n+1)a_n$$

양변을 $\boxed{(\text{가})}$ 로 나누면

$$\frac{a_{n+1}}{n+1}=\frac{2a_n}{n}$$

$b_n=\dfrac{a_n}{n}$이라 하면 $b_{n+1}=2b_n$이므로

$$b_1=\boxed{(\text{나})}, \ b_n=\boxed{(\text{다})}$$

따라서 $a_n=n\times\boxed{(\text{다})}$이다.

위의 (가), (다)에 알맞은 식을 각각 $f(n)$, $g(n)$, (나)에 알맞은 수를 k라 할 때, $\dfrac{f(k+2)}{g(k)}$의 값은?

① 1 ② 3 ③ 5
④ 7 ⑤ 9

수	0	1	2	3	4	5	6	7	8	9
1.0	.0000	.0043	.0086	.0128	.0170	.0212	.0253	.0294	.0334	.0374
1.1	.0414	.0453	.0492	.0531	.0569	.0607	.0645	.0682	.0719	.0755
1.2	.0792	.0828	.0864	.0899	.0934	.0969	.1004	.1038	.1072	.1106
1.3	.1139	.1173	.1206	.1239	.1271	.1303	.1335	.1367	.1399	.1430
1.4	.1461	.1492	.1523	.1553	.1584	.1614	.1644	.1673	.1703	.1732
1.5	.1761	.1790	.1818	.1847	.1875	.1903	.1931	.1959	.1987	.2014
1.6	.2041	.2068	.2095	.2122	.2148	.2175	.2201	.2227	.2253	.2279
1.7	.2304	.2330	.2355	.2380	.2405	.2430	.2455	.2480	.2504	.2529
1.8	.2553	.2577	.2601	.2625	.2648	.2672	.2695	.2718	.2742	.2765
1.9	.2788	.2810	.2833	.2856	.2878	.2900	.2923	.2945	.2967	.2989
2.0	.3010	.3032	.3054	.3075	.3096	.3118	.3139	.3160	.3181	.3201
2.1	.3222	.3243	.3263	.3284	.3304	.3324	.3345	.3365	.3385	.3404
2.2	.3424	.3444	.3464	.3483	.3502	.3522	.3541	.3560	.3579	.3598
2.3	.3617	.3636	.3655	.3674	.3692	.3711	.3729	.3747	.3766	.3784
2.4	.3802	.3820	.3838	.3856	.3874	.3892	.3909	.3927	.3945	.3962
2.5	.3979	.3997	.4014	.4031	.4048	.4065	.4082	.4099	.4116	.4133
2.6	.4150	.4166	.4183	.4200	.4216	.4232	.4249	.4265	.4281	.4298
2.7	.4314	.4330	.4346	.4362	.4378	.4393	.4409	.4425	.4440	.4456
2.8	.4472	.4487	.4502	.4518	.4533	.4548	.4564	.4579	.4594	.4609
2.9	.4624	.4639	.4654	.4669	.4683	.4698	.4713	.4728	.4742	.4757
3.0	.4771	.4786	.4800	.4814	.4829	.4843	.4857	.4871	.4886	.4900
3.1	.4914	.4928	.4942	.4955	.4969	.4983	.4997	.5011	.5024	.5038
3.2	.5051	.5065	.5079	.5092	.5105	.5119	.5132	.5145	.5159	.5172
3.3	.5185	.5198	.5211	.5224	.5237	.5250	.5263	.5276	.5289	.5302
3.4	.5315	.5328	.5340	.5353	.5366	.5378	.5391	.5403	.5416	.5428
3.5	.5441	.5453	.5465	.5478	.5490	.5502	.5514	.5527	.5539	.5551
3.6	.5563	.5575	.5587	.5599	.5611	.5623	.5635	.5647	.5658	.5670
3.7	.5682	.5694	.5705	.5717	.5729	.5740	.5752	.5763	.5775	.5786
3.8	.5798	.5809	.5821	.5832	.5843	.5855	.5866	.5877	.5888	.5899
3.9	.5911	.5922	.5933	.5944	.5955	.5966	.5977	.5988	.5999	.6010
4.0	.6021	.6031	.6042	.6053	.6064	.6075	.6085	.6096	.6107	.6117
4.1	.6128	.6138	.6149	.6160	.6170	.6180	.6191	.6201	.6212	.6222
4.2	.6232	.6243	.6253	.6263	.6274	.6284	.6294	.6304	.6314	.6325
4.3	.6335	.6345	.6355	.6365	.6375	.6385	.6395	.6405	.6415	.6425
4.4	.6435	.6444	.6454	.6464	.6474	.6484	.6493	.6503	.6513	.6522
4.5	.6532	.6542	.6551	.6561	.6571	.6580	.6590	.6599	.6609	.6618
4.6	.6628	.6637	.6646	.6656	.6665	.6675	.6684	.6693	.6702	.6712
4.7	.6721	.6730	.6739	.6749	.6758	.6767	.6776	.6785	.6794	.6803
4.8	.6812	.6821	.6830	.6839	.6848	.6857	.6866	.6875	.6884	.6893
4.9	.6902	.6911	.6920	.6928	.6937	.6946	.6955	.6964	.6972	.6981
5.0	.6990	.6998	.7007	.7016	.7024	.7033	.7042	.7050	.7059	.7067
5.1	.7076	.7084	.7093	.7101	.7110	.7118	.7126	.7135	.7143	.7152
5.2	.7160	.7168	.7177	.7185	.7193	.7202	.7210	.7218	.7226	.7235
5.3	.7243	.7251	.7259	.7267	.7275	.7284	.7292	.7300	.7308	.7316
5.4	.7324	.7332	.7340	.7348	.7356	.7364	.7372	.7380	.7388	.7396

수	0	1	2	3	4	5	6	7	8	9
5.5	.7404	.7412	.7419	.7427	.7435	.7443	.7451	.7459	.7466	.7474
5.6	.7482	.7490	.7497	.7505	.7513	.7520	.7528	.7536	.7543	.7551
5.7	.7559	.7566	.7574	.7582	.7589	.7597	.7604	.7612	.7619	.7627
5.8	.7634	.7642	.7649	.7657	.7664	.7672	.7679	.7686	.7694	.7701
5.9	.7709	.7716	.7723	.7731	.7738	.7745	.7752	.7760	.7767	.7774
6.0	.7782	.7789	.7796	.7803	.7810	.7818	.7825	.7832	.7839	.7846
6.1	.7853	.7860	.7868	.7875	.7882	.7889	.7896	.7903	.7910	.7917
6.2	.7924	.7931	.7938	.7945	.7952	.7959	.7966	.7973	.7980	.7987
6.3	.7993	.8000	.8007	.8014	.8021	.8028	.8035	.8041	.8048	.8055
6.4	.8062	.8069	.8075	.8082	.8089	.8096	.8102	.8109	.8116	.8122
6.5	.8129	.8136	.8142	.8149	.8156	.8162	.8169	.8176	.8182	.8189
6.6	.8195	.8202	.8209	.8215	.8222	.8228	.8235	.8241	.8248	.8254
6.7	.8261	.8267	.8274	.8280	.8287	.8293	.8299	.8306	.8312	.8319
6.8	.8325	.8331	.8338	.8344	.8351	.8357	.8363	.8370	.8376	.8382
6.9	.8388	.8395	.8401	.8407	.8414	.8420	.8426	.8432	.8439	.8445
7.0	.8451	.8457	.8463	.8470	.8476	.8482	.8488	.8494	.8500	.8506
7.1	.8513	.8519	.8525	.8531	.8537	.8543	.8549	.8555	.8561	.8567
7.2	.8573	.8579	.8585	.8591	.8597	.8603	.8609	.8615	.8621	.8627
7.3	.8633	.8639	.8645	.8651	.8657	.8663	.8669	.8675	.8681	.8686
7.4	.8692	.8698	.8704	.8710	.8716	.8722	.8727	.8733	.8739	.8745
7.5	.8751	.8756	.8762	.8768	.8774	.8779	.8785	.8791	.8797	.8802
7.6	.8808	.8814	.8820	.8825	.8831	.8837	.8842	.8848	.8854	.8859
7.7	.8865	.8871	.8876	.8882	.8887	.8893	.8899	.8904	.8910	.8915
7.8	.8921	.8927	.8932	.8938	.8943	.8949	.8954	.8960	.8965	.8971
7.9	.8976	.8982	.8987	.8993	.8998	.9004	.9009	.9015	.9020	.9025
8.0	.9031	.9036	.9042	.9047	.9053	.9058	.9063	.9069	.9074	.9079
8.1	.9085	.9090	.9096	.9101	.9106	.9112	.9117	.9122	.9128	.9133
8.2	.9138	.9143	.9149	.9154	.9159	.9165	.9170	.9175	.9180	.9186
8.3	.9191	.9196	.9201	.9206	.9212	.9217	.9222	.9227	.9232	.9238
8.4	.9243	.9248	.9253	.9258	.9263	.9269	.9274	.9279	.9284	.9289
8.5	.9294	.9299	.9304	.9309	.9315	.9320	.9325	.9330	.9335	.9340
8.6	.9345	.9350	.9355	.9360	.9365	.9370	.9375	.9380	.9385	.9390
8.7	.9395	.9400	.9405	.9410	.9415	.9420	.9425	.9430	.9435	.9440
8.8	.9445	.9450	.9455	.9460	.9465	.9469	.9474	.9479	.9484	.9489
8.9	.9494	.9499	.9504	.9509	.9513	.9518	.9523	.9528	.9533	.9538
9.0	.9542	.9547	.9552	.9557	.9562	.9566	.9571	.9576	.9581	.9586
9.1	.9590	.9595	.9600	.9605	.9609	.9614	.9619	.9624	.9628	.9633
9.2	.9638	.9643	.9647	.9652	.9657	.9661	.9666	.9671	.9675	.9680
9.3	.9685	.9689	.9694	.9699	.9703	.9708	.9713	.9717	.9722	.9727
9.4	.9731	.9736	.9741	.9745	.9750	.9754	.9759	.9763	.9768	.9773
9.5	.9777	.9782	.9786	.9791	.9795	.9800	.9805	.9809	.9814	.9818
9.6	.9823	.9827	.9832	.9836	.9841	.9845	.9850	.9854	.9859	.9863
9.7	.9868	.9872	.9877	.9881	.9886	.9890	.9894	.9899	.9903	.9908
9.8	.9912	.9917	.9921	.9926	.9930	.9934	.9939	.9943	.9948	.9952
9.9	.9956	.9961	.9965	.9969	.9974	.9978	.9983	.9987	.9991	.9996

삼각함수표

각(θ)	$\sin\theta$	$\cos\theta$	$\tan\theta$	각(θ)	$\sin\theta$	$\cos\theta$	$\tan\theta$
0°	0.0000	1.0000	0.0000	45°	0.7071	0.7071	1.0000
1°	0.0175	0.9998	0.0175	46°	0.7193	0.6947	1.0355
2°	0.0349	0.9994	0.0349	47°	0.7314	0.6820	1.0724
3°	0.0523	0.9986	0.0524	48°	0.7431	0.6691	1.1106
4°	0.0698	0.9976	0.0699	49°	0.7547	0.6561	1.1504
5°	0.0872	0.9962	0.0875	50°	0.7660	0.6428	1.1918
6°	0.1045	0.9945	0.1051	51°	0.7771	0.6293	1.2349
7°	0.1219	0.9925	0.1228	52°	0.7880	0.6157	1.2799
8°	0.1392	0.9903	0.1405	53°	0.7986	0.6018	1.3270
9°	0.1564	0.9877	0.1584	54°	0.8090	0.5878	1.3764
10°	0.1736	0.9848	0.1763	55°	0.8192	0.5736	1.4281
11°	0.1908	0.9816	0.1944	56°	0.8290	0.5592	1.4826
12°	0.2079	0.9781	0.2126	57°	0.8387	0.5446	1.5399
13°	0.2250	0.9744	0.2309	58°	0.8480	0.5299	1.6003
14°	0.2419	0.9703	0.2493	59°	0.8572	0.5150	1.6643
15°	0.2588	0.9659	0.2679	60°	0.8660	0.5000	1.7321
16°	0.2756	0.9613	0.2867	61°	0.8746	0.4848	1.8040
17°	0.2924	0.9563	0.3057	62°	0.8829	0.4695	1.8807
18°	0.3090	0.9511	0.3249	63°	0.8910	0.4540	1.9626
19°	0.3256	0.9455	0.3443	64°	0.8988	0.4384	2.0503
20°	0.3420	0.9397	0.3640	65°	0.9063	0.4226	2.1445
21°	0.3584	0.9336	0.3839	66°	0.9135	0.4067	2.2460
22°	0.3746	0.9272	0.4040	67°	0.9205	0.3907	2.3559
23°	0.3907	0.9205	0.4245	68°	0.9272	0.3746	2.4751
24°	0.4067	0.9135	0.4452	69°	0.9336	0.3584	2.6051
25°	0.4226	0.9063	0.4663	70°	0.9397	0.3420	2.7475
26°	0.4384	0.8988	0.4877	71°	0.9455	0.3256	2.9042
27°	0.4540	0.8910	0.5095	72°	0.9511	0.3090	3.0777
28°	0.4695	0.8829	0.5317	73°	0.9563	0.2924	3.2709
29°	0.4848	0.8746	0.5543	74°	0.9613	0.2756	3.4874
30°	0.5000	0.8660	0.5774	75°	0.9659	0.2588	3.7321
31°	0.5150	0.8572	0.6009	76°	0.9703	0.2419	4.0108
32°	0.5299	0.8480	0.6249	77°	0.9744	0.2250	4.3315
33°	0.5446	0.8387	0.6494	78°	0.9781	0.2079	4.7046
34°	0.5592	0.8290	0.6745	79°	0.9816	0.1908	5.1446
35°	0.5736	0.8192	0.7002	80°	0.9848	0.1736	5.6713
36°	0.5878	0.8090	0.7265	81°	0.9877	0.1564	6.3138
37°	0.6018	0.7986	0.7536	82°	0.9903	0.1392	7.1154
38°	0.6157	0.7880	0.7813	83°	0.9925	0.1219	8.1443
39°	0.6293	0.7771	0.8098	84°	0.9945	0.1045	9.5144
40°	0.6428	0.7660	0.8391	85°	0.9962	0.0872	11.4301
41°	0.6561	0.7547	0.8693	86°	0.9976	0.0698	14.3007
42°	0.6691	0.7431	0.9004	87°	0.9986	0.0523	19.0811
43°	0.6820	0.7314	0.9325	88°	0.9994	0.0349	28.6363
44°	0.6947	0.7193	0.9657	89°	0.9998	0.0175	57.2900
45°	0.7071	0.7071	1.0000	90°	1.0000	0.0000	

Memo

Memo

Memo

이투스북

PROJECT
531
수학을 쉽게

수학I **E**

정답과 풀이

수학 Ⅰ

정답과 풀이

Speed Check

빠른 정답 체크

Ⅰ 지수함수와 로그함수

01 | 지수

교과서 핵심 개념별 **대표 유형 익히기**   본문 08~11쪽

1   (1) 3   (2) -1 (3) $\dfrac{1}{4}$

01   (1) $-1, 1$ (2) -2 **01-1**   (1) $-2, 2$ (2) -3

01-2 ②

개념 2

1   (1) 3   (2) 2   (3) 3   (4) 3

02 ⑤   **02-1** ②

02-2 ①   **02-3** 2

개념 3

1   (1) 1   (2) $-\dfrac{1}{64}$ (3) $\dfrac{9}{4}$ **2**   (1) $a^{\frac{3}{4}}$ (2) $a^{-\frac{2}{5}}$ (3) $a^{\frac{4}{3}}$

03 ③   **03-1** ③

03-2 ②

개념 4

1   (1) $3^{3\sqrt{2}}$ (2) 25   (3) 4   (4) 64

04 ④   **04-1** ②

04-2 $\sqrt{2} < \sqrt[6]{12} < \sqrt[4]{6} < \sqrt[3]{4}$

대표 유형 다지기   본문 12~13쪽

01 ⑤   **02** ③   **03** ②   **04** ②   **05** ①   **06** ③   **07** ③   **08** 6   **09** ①

10 ④   **11** 17   **12** ②   **13** ②   **14** ③   **15** ①   **16** 48

02 | 로그

교과서 핵심 개념별 **대표 유형 익히기**   본문 14~17쪽

1   (1) $3 = \log_2 8$ (2) $-2 = \log_4 \dfrac{1}{16}$ (3) $2 = \log_{10} 100$ (4) $\dfrac{1}{2} = \log_3 \sqrt{3}$

2   (1) 2   (2) -5 (3) -2 (4) $\dfrac{3}{2}$

01   (1) 4   (2) 5   **01-1**   (1) 3   (2) 81

02   (1) $x < 1$ 또는 $x > 2$ (2) $\dfrac{1}{2} < x < 1$ 또는 $x > 1$ **02-1** ③

개념 2

1   (1) 0   (2) 1   (3) 3   (4) $\dfrac{5}{2}$

03 1   **03-1** ②

03-2 $1 + a - b$

04 4   **04-1** 9

개념 3

1   (1) 3   (2) -2 (3) $\dfrac{3}{2}$

2   (1) 정수 부분 : 2, 소수 부분 : 0.7396   (2) 정수 부분 : 0, 소수 부분 : 0.2014

      (3) 정수 부분 : -6, 소수 부분 : 0.7067

05   (1) 1.3579   (2) -1.6421 **05-1**   (1) 2.9425   (2) -2.0575

05-2   (1) 1.8116   (2) 1.0894

개념 **4**	**1**	(1) 0 (2) 5		
	06	④	**06-1**	③
	07	③	**07-1**	12

대표 유형 다지기 본문 **18~19**쪽

01 ②	**02** 1	**03** ①	**04** ④	**05** ⑤	**06** ③	**07** ⑤	**08** ④	**09** ⑤
10 3	**11** ③	**12** 20	**13** ③	**14** ②	**15** ④	**16** ④		

03 | 지수함수

교과서 핵심 개념별 대표 유형 익히기 본문 **20~23**쪽

개념 **1**	**1**	ㄱ, ㄹ		
	01	③	**01-1**	13
	02	(1) $\sqrt[3]{5^2} < \sqrt[8]{25^3}$ (2) $\sqrt{\left(\frac{1}{9}\right)^3} < \left(\frac{1}{3}\right)^2$	**02-1**	①
개념 **2**	**03**	78	**03-1**	16
	03-2	⑤		
	04	③	**04-1**	12
개념 **3**	**05**	④	**05-1**	①
	05-2	$x=-2$		
	06	$x=1$	**06-1**	②
개념 **4**	**07**	3	**07-1**	6
	07-2	⑤		
	08	④	**08-1**	①

대표 유형 다지기 본문 **24~25**쪽

01 ①	**02** ④	**03** 4	**04** ②	**05** ④	**06** 28	**07** ②	**08** ①	**09** ③
10 ①	**11** 0	**12** ②	**13** 4	**14** ②	**15** ③	**16** 51		

04 | 로그함수

교과서 핵심 개념별 대표 유형 익히기 본문 **26~30**쪽

개념 **1**	**1**	(1) $y=\log_5 x$ (2) $y=\left(\frac{1}{3}\right)^x$	**2**	(1) $\{x\,|\,x>2\}$ (2) $\{x\,|\,x>0\}$	
	01	⑤	**01-1**	11	
	02	3	**02-1**	6	

개념 ②   **03**   5   **03-1** ②

                        03-2 5

                        04   14   **04-1** 20

개념 ③   **05** $x=2$ **05-1** $x=6$

                        06   ⑤   **06-1** 9

개념 ④   **07**   ②   **07-1** 5

                        08   ④   **08-1** ①

개념 ⑤   **09**   4   **09-1** 6

                        09-2 ⑤   **09-3** ⑤

대표 유형 다지기   본문 31~32쪽

01 ①   **02** ③   **03** ④   **04** ③   **05** ③   **06** ⑤   **07** 25   **08** ④   **09** ⑤

10 ③   **11** ⑤   **12** ②   **13** ①   **14** 34   **15** ①   **16** 8장

Ⅱ 삼각함수

01 | 삼각함수

교과서 핵심 개념별 대표 유형 익히기   본문 34~36쪽

 개념 ①   **1**   (1) $\frac{3}{4}\pi$ (2) $-\frac{4}{3}\pi$ (3) $120°$ (4) $-225°$

                01   ㄱ, ㄴ, ㅁ   **01-1** 제4사분면

                02   호의 길이 : $\frac{2}{3}\pi$, 넓이 : $\frac{4}{3}\pi$

                02-1 (1) 호의 길이 : $\frac{10}{3}\pi$, 넓이 : $\frac{50}{3}\pi$ (2) 중심각의 크기 : 2, 넓이 : 16

개념 ②   **1**   (1) $-\frac{4}{5}$ (2) $-\frac{3}{5}$ (3) $\frac{4}{3}$

                03 $\sin\frac{3}{4}\pi=\frac{\sqrt{2}}{2}, \cos\frac{3}{4}\pi=-\frac{\sqrt{2}}{2}, \tan\frac{3}{4}\pi=-1$

                03-1 (1) $\sin\theta=-\frac{1}{2}, \cos\theta=-\frac{\sqrt{3}}{2}, \tan\theta=\frac{\sqrt{3}}{3}$ (2) $\sin\theta=-\frac{\sqrt{3}}{2}, \cos\theta=\frac{1}{2}, \tan\theta=-\sqrt{3}$

                04   (1) 제2사분면   (2) 제3사분면 또는 제4사분면

                04-1 (1) 제3사분면   (2) 제2사분면 또는 제4사분면

 개념 ③   **05**   (1) 2   (2) -1 **05-1** ⑤

                06   ②   **06-1** $\frac{25}{12}$

                06-2 ⑤

01 π **02** 호의 길이 : 4π, 넓이 : 12π **03** 0 **04** ⑤ **05** ② **06** ① **07** ③
08 ③

02 | 삼각함수의 그래프

개념 ①

1 2
01 풀이 참조   **01-1** 풀이 참조
02 (1) 최댓값 : 3, 최솟값 : -3 (2) 4π (3) $a=3, b=\dfrac{1}{2}$

02-1 1

개념 ②

03 풀이 참조   **03-1** 풀이 참조
04 $a=3, b=\dfrac{1}{2}$ **04-1** $a=2, b=\dfrac{1}{3}, c=4$

개념 ③

05 풀이 참조   **05-1** 풀이 참조
06 풀이 참조   **06-1** 풀이 참조

개념 ④

1 (1) $\dfrac{\sqrt{2}}{2}$ (2) $-\dfrac{\sqrt{3}}{2}$ (3) $\dfrac{\sqrt{3}}{3}$

07 (1) -1 (2) 1   **07-1** (1) 0 (2) 2

07-2 ⑤   **07-3** 4

개념 ⑤

1 (1) $x=\dfrac{\pi}{4}$ (2) $x=\dfrac{\pi}{3}$ (3) $\dfrac{\pi}{6}<x<\dfrac{\pi}{2}$ (4) $0\leq x<\dfrac{\pi}{6}$

08 (1) $x=\dfrac{7}{6}\pi$ 또는 $x=\dfrac{11}{6}\pi$ (2) $x=\dfrac{5}{6}\pi$ 또는 $x=\dfrac{7}{6}\pi$ (3) $x=\dfrac{\pi}{4}$ 또는 $x=\dfrac{5}{4}\pi$

     (4) $x=\dfrac{\pi}{12}$ 또는 $x=\dfrac{5}{12}\pi$ 또는 $x=\dfrac{13}{12}\pi$ 또는 $x=\dfrac{17}{12}\pi$

08-1 (1) $x=\dfrac{3}{4}\pi$ 또는 $x=\dfrac{5}{4}\pi$ (2) $x=\dfrac{\pi}{3}$ 또는 $x=\dfrac{5}{3}\pi$

09 (1) $\dfrac{4}{3}\pi<x<\dfrac{5}{3}\pi$ (2) $\dfrac{\pi}{4}\leq x\leq\dfrac{2}{3}\pi$ 또는 $\dfrac{4}{3}\pi\leq x\leq\dfrac{7}{4}\pi$

     (3) $0\leq x<\dfrac{\pi}{6}$ 또는 $\dfrac{\pi}{2}<x<\dfrac{7}{6}\pi$ 또는 $\dfrac{3}{2}\pi<x<2\pi$ (4) $\dfrac{\pi}{4}<x<\dfrac{\pi}{2}$ 또는 $\dfrac{5}{4}\pi<x<\dfrac{3}{2}\pi$

09-1 (1) $0\leq x\leq\dfrac{2}{3}\pi$ 또는 $\dfrac{4}{3}\pi\leq x<2\pi$ (2) $0\leq x<\dfrac{\pi}{3}$ 또는 $\pi\leq x<\dfrac{4}{3}\pi$

01 ㄱ, ㄴ **02** ③ **03** ⑤ **04** 13 **05** ① **06** ④ **07** $\dfrac{8}{3}$ **08** ② **09** ②

10 ③ **11** -1 **12** ③ **13** 9π **14** ④ **15** $\dfrac{3}{2}\pi$ **16** $\dfrac{\sqrt{2}}{2}$

03 | 삼각함수의 활용

본문 **45~47**쪽

교과서 핵심 개념별 대표 유형 익히기

 개념 **1**

01 ②　　　　　　　　　　　**01-1** 1

01-2 ①

02 $6+3\sqrt{3}$　　　　　　　**02-1** $\dfrac{5}{2}$

02-2 (1) $\dfrac{3}{2}$　(2) 2

개념 **2**

03 (1) $\sqrt{7}$　(2) $6-3\sqrt{3}$　　**03-1** ⑤

04 ④　　　　　　　　　　　**04-1** ③

개념 **3**

05 $C=90°$인 직각삼각형

05-1 (1) $a=b$인 이등변삼각형 또는 $C=90°$인 직각삼각형　(2) $B=90°$인 직각삼각형

06 (1) $3\sqrt{2}$　(2) $60°$ 또는 $120°$　　**06-1** $\sqrt{2}$

06-2 $6\sqrt{3}$

대표 유형 다지기

본문 **48**쪽

01 ①　　**02** 5π　　**03** ④　　**04** ⑤　　**05** $\dfrac{1}{4}$　　**06** ③　　**07** ②　　**08** ①

Ⅲ 수열

01 | 등차수열과 등비수열

본문 **50~53**쪽

교과서 핵심 개념별 대표 유형 익히기

 개념 **1**

1 (1) 3, 5, 7　(2) 25, 125, 625　　**2** (1) $a_n=2n+1$　(2) $a_n=4n-5$

01 25　　　　　　　　　　　**01-1** -17

02 ④　　　　　　　　　　　**02-1** ②

 개념 **2**

1 (1) 60　(2) 10　　　　　　　**2** $a_n=4n-1$ (단, $n\geq1$)

03 342　　　　　　　　　　　**03-1** 180

04 ①　　　　　　　　　　　**04-1** 9

 개념 **3**

1 (1) $a_n=4\times3^{n-1}$　(2) $a_n=(-3)^{n-1}$　　**2** (1) 8　(2) 2

05 ④　　　　　　　　　　　**05-1** 48

06 90　　　　　　　　　　　**06-1** 18

 개념 **4**

1 -62　　　　　　　　　　　**2** $\dfrac{127}{32}$

07 ③　　　　　　　　　　　**07-1** 252

08 (1) 300만 원　(2) 320만 원　　**08-1** 880만 원

01 (1) $a_n=\dfrac{1}{2^n}$ (2) $a_n=n(n+2)$ **02** 29 **03** 1, 3, 5 **04** ④ **05** 20 **06** ⑤ **07** 88
08 ④ **09** 32 **10** ② **11** ① **12** ⑤ **13** 7 **14** ⑤ **15** ③ **16** ②

02 | 수열의 합

교과서 핵심 개념별 **대표 유형 익히기** 본문 **56~58쪽**

개념 ❶				
1	(1) $\displaystyle\sum_{k=1}^{9} 2k$ (2) $\displaystyle\sum_{k=1}^{n} \dfrac{1}{k}$		**2**	(1) $1^2+2^2+3^2+\cdots+8^2$ (2) $3+2+1+\cdots+(5-n)$
01	④		**01-1**	45
02	③		**02-1**	190

개념 ❷				
1	(1) 28 (2) 140 (3) 784		**2**	70
03	③		**03-1**	④
03-2	①			
04	④		**04-1**	②

개념 ❸				
1	(1) $\dfrac{6}{7}$ (2) $-\sqrt{3}+\sqrt{10}$			
05	199		**05-1**	151
06	②		**06-1**	②

대표 유형 **다지기** 본문 **59~60쪽**

01 ② **02** ④ **03** ① **04** ② **05** ③ **06** ② **07** ⑤ **08** 310 **09** ③
10 ④ **11** 336 **12** ① **13** 61 **14** ③

03 | 수학적 귀납법

교과서 핵심 개념별 **대표 유형 익히기** 본문 **61~64쪽**

개념 ❶				
1	(1) 73 (2) 31			
2	(1) $a_1=3,\ a_{n+1}-a_n=2$ (단, $n=1, 2, 3, \cdots$)			(2) $a_1=4,\ a_{n+1}\div a_n=-2$ (단, $n=1, 2, 3, \cdots$)
01	②		**01-1**	39
02	128		**02-1**	②

개념 ❷				
03	60		**03-1**	⑤
04	②		**04-1**	②

개념 ❸				
05	②		**05-1**	③
05-2	⑤			

대표 유형 **다지기** 본문 **65~67쪽**

01 22 **02** 8 **03** ① **04** ③ **05** 3 **06** ⑤ **07** ① **08** 640 **09** ①
10 ⑤ **11** ④ **12** ② **13** ④ **14** ④ **15** ③

Ⅰ 지수함수와 로그함수

01 | 지수

교과서 핵심 개념별 대표 유형 익히기   본문 08~11쪽

개념 ① 거듭제곱과 거듭제곱근

개념 Check

1 (1) $\sqrt[3]{27} = \sqrt[3]{3^3} = 3$

(2) $\sqrt[3]{-1} = \sqrt[3]{(-1)^3} = -1$

(3) $\sqrt[4]{\dfrac{1}{256}} = \sqrt[4]{\left(\dfrac{1}{4}\right)^4} = \dfrac{1}{4}$

답 (1) 3   (2) -1 (3) $\dfrac{1}{4}$

유형 01

(1) 1의 네제곱근을 x라 하면 $x^4 = 1$이므로

$x^4 - 1 = 0$, $(x^2+1)(x^2-1) = 0$

$(x+i)(x-i)(x+1)(x-1) = 0$

$\therefore x = \pm i$ 또는 $x = \pm 1$

따라서 1의 네제곱근 중 실수인 것은 -1, 1이다.

(2) -8의 세제곱근을 x라 하면 $x^3 = -8$이므로

$x^3 + 8 = 0$, $(x+2)(x^2-2x+4) = 0$

$\therefore x = -2$ 또는 $x = 1 \pm \sqrt{3}i$

따라서 -8의 세제곱근 중 실수인 것은 -2이다.

답 (1) -1, 1   (2) -2

01-1

(1) 16의 네제곱근을 x라 하면 $x^4 = 16$이므로

$x^4 - 16 = 0$, $(x^2+4)(x^2-4) = 0$

$(x+2i)(x-2i)(x+2)(x-2) = 0$

$\therefore x = \pm 2i$ 또는 $x = \pm 2$

따라서 16의 네제곱근 중 실수인 것은 -2, 2이다.

(2) -27의 세제곱근을 x라 하면 $x^3 = -27$이므로

$x^3 + 27 = 0$, $(x+3)(x^2-3x+9) = 0$

$\therefore x = -3$ 또는 $x = \dfrac{3 \pm 3\sqrt{3}i}{2}$

따라서 -27의 세제곱근 중 실수인 것은 -3이다.

답 (1) -2, 2   (2) -3

01-2

-64의 세제곱근을 x라 하면 $x^3 = -64$이므로

$x^3 + 64 = 0$, $(x+4)(x^2-4x+16) = 0$

$\therefore x = -4$ 또는 $x = 2 \pm 2\sqrt{3}i$

즉, -64의 세제곱근 중 실수인 것은 -4이므로

$a = -4$

81의 네제곱근을 y라 하면 $y^4 = 81$이므로

$y^4 - 81 = 0$, $(y^2+9)(y^2-9) = 0$

$(y+3i)(y-3i)(y+3)(y-3) = 0$

$\therefore y = \pm 3i$ 또는 $y = \pm 3$

즉, 81의 네제곱근 중 양수인 것은 3이므로

$b = 3$

$\therefore a+b = -4+3 = -1$

답 ②

개념 ② 거듭제곱근의 성질

개념 Check

1 (1) $\sqrt[3]{9}\sqrt[3]{3} = \sqrt[3]{27} = \sqrt[3]{3^3} = 3$

(2) $\dfrac{\sqrt[5]{64}}{\sqrt[5]{2}} = \sqrt[5]{\dfrac{64}{2}} = \sqrt[5]{32} = \sqrt[5]{2^5} = 2$

(3) $(\sqrt[4]{9})^2 = \sqrt[4]{9^2} = \sqrt[4]{3^4} = 3$

(4) $\sqrt{\sqrt[4]{81}} = \sqrt[8]{81} = \sqrt[4]{3^4} = 3$

답 (1) 3   (2) 2   (3) 3   (4) 3

유형 02

$\sqrt[4]{16} + (\sqrt[5]{3})^5 = \sqrt[4]{2^4} + \sqrt[5]{3^5} = 2 + 3 = 5$

답 ⑤

02-1

$(\sqrt[3]{2})^6 + \sqrt[3]{-125} = \sqrt[3]{2^6} + \sqrt[3]{(-5)^3}$

$\qquad\qquad\qquad = \sqrt[3]{4^3} + \sqrt[3]{(-5)^3}$

$\qquad\qquad\qquad = 4 + (-5) = -1$

답 ②

02-2

$\sqrt[4]{256} - \sqrt[5]{16}\sqrt[5]{64} = \sqrt[8]{256} - \sqrt[5]{16 \times 64}$

$\qquad\qquad\qquad = \sqrt[8]{2^8} - \sqrt[5]{2^4 \times 2^6}$

$\qquad\qquad\qquad = 2 - \sqrt[5]{2^{10}}$

$\qquad\qquad\qquad = 2 - 4 = -2$

답 ①

02-3

$\sqrt[3]{\dfrac{\sqrt{2}}{\sqrt[4]{2}}} \times \sqrt[12]{2} = \dfrac{\sqrt[3]{\sqrt{2}}}{\sqrt[3]{\sqrt[4]{2}}} \times \sqrt[12]{2}$

$\qquad\qquad = \dfrac{\sqrt[6]{2}}{\sqrt[12]{2}} \times \sqrt[12]{2}$

$\qquad\qquad = \sqrt[6]{2} = \sqrt[12]{2^2}$

$\therefore k = 2$

답 2

개념 ③ 지수의 확장 (1)

개념 Check

1 (1) $3^0 = 1$

(2) $(-4)^{-3} = \dfrac{1}{(-4)^3} = -\dfrac{1}{64}$

(3) $\left(\dfrac{2}{3}\right)^{-2} = \left(\dfrac{3}{2}\right)^2 = \dfrac{9}{4}$

답 (1) 1   (2) $-\dfrac{1}{64}$ (3) $\dfrac{9}{4}$

2 (1) $\sqrt[4]{a^3}=a^{\frac{3}{4}}$

(2) $\dfrac{1}{\sqrt[5]{a^2}}=\dfrac{1}{a^{\frac{2}{5}}}=a^{-\frac{2}{5}}$

(3) $\dfrac{1}{\sqrt[3]{a^{-4}}}=\dfrac{1}{a^{-\frac{4}{3}}}=a^{\frac{4}{3}}$

달 (1) $a^{\frac{3}{4}}$ (2) $a^{-\frac{2}{5}}$ (3) $a^{\frac{4}{3}}$

유형 03

$4^{\frac{5}{4}}\times4^{\frac{1}{4}}=4^{\frac{5}{4}+\frac{1}{4}}=4^{\frac{3}{2}}=(2^2)^{\frac{3}{2}}$
$=2^{2\times\frac{3}{2}}=2^3=8$

답 ③

03-1

$(25^{\frac{1}{3}})^{\frac{3}{2}}+8^{-\frac{1}{2}}\times8^{\frac{5}{6}}=25^{\frac{1}{3}\times\frac{3}{2}}+8^{-\frac{1}{2}+\frac{5}{6}}=25^{\frac{1}{2}}+8^{\frac{1}{3}}$
$=(5^2)^{\frac{1}{2}}+(2^3)^{\frac{1}{3}}=5+2=7$

답 ③

03-2

$a=\sqrt{3}$, $b=\sqrt[3]{2}$에서 $a^2=3$, $b^3=2$이므로
$\sqrt[6]{6}=6^{\frac{1}{6}}=(2\times3)^{\frac{1}{6}}=2^{\frac{1}{6}}\times3^{\frac{1}{6}}$
$=(b^3)^{\frac{1}{6}}\times(a^2)^{\frac{1}{6}}=a^{\frac{1}{3}}b^{\frac{1}{2}}$

답 ②

개념 ④ 지수의 확장 (2)

개념 Check

1 (1) $3^{\sqrt{2}}\times9^{\sqrt{2}}=3^{\sqrt{2}}\times(3^2)^{\sqrt{2}}=3^{\sqrt{2}}\times3^{2\sqrt{2}}=3^{3\sqrt{2}}$

(2) $5^{\sqrt{3}+1}\div5^{\sqrt{3}-1}=5^{(\sqrt{3}+1)-(\sqrt{3}-1)}=5^2=25$

(3) $(2^{\sqrt{2}})^{\sqrt{2}}=2^{\sqrt{2}\times\sqrt{2}}=2^2=4$

(4) $(4^{\frac{\sqrt{3}}{2}}\times2^{\sqrt{3}})^{\sqrt{3}}=4^{\frac{3}{2}}\times2^3=(2^2)^{\frac{3}{2}}\times2^3=8\times8=64$

달 (1) $3^{3\sqrt{2}}$ (2) 25 (3) 4 (4) 64

유형 04

주어진 세 거듭제곱근을 각각 유리수인 지수 꼴로 나타내면
$A=3^{\frac{1}{2}}$, $B=5^{\frac{1}{3}}$, $C=26^{\frac{1}{6}}$
지수의 분모를 2, 3, 6의 최소공배수인 6으로 통분하여 두 수 A, B의 지수를 $\dfrac{1}{6}$로 같게 하면
$A=3^{\frac{1}{2}}=3^{\frac{3}{6}}=(3^3)^{\frac{1}{6}}=27^{\frac{1}{6}}$
$B=5^{\frac{1}{3}}=5^{\frac{2}{6}}=(5^2)^{\frac{1}{6}}=25^{\frac{1}{6}}$
지수가 같으면 밑이 큰 수가 더 크므로
$25^{\frac{1}{6}}<26^{\frac{1}{6}}<27^{\frac{1}{6}}$
$\therefore B<C<A$

답 ④

04-1

주어진 세 거듭제곱근을 각각 유리수인 지수 꼴로 나타내면
$A=3^{\frac{1}{3}}$, $B=5^{\frac{1}{4}}$, $C=10^{\frac{1}{6}}$
지수의 분모를 3, 4, 6의 최소공배수인 12로 통분하여 세 수 A, B, C의 지수를 $\dfrac{1}{12}$로 같게 하면
$A=3^{\frac{1}{3}}=3^{\frac{4}{12}}=(3^4)^{\frac{1}{12}}=81^{\frac{1}{12}}$
$B=5^{\frac{1}{4}}=5^{\frac{3}{12}}=(5^3)^{\frac{1}{12}}=125^{\frac{1}{12}}$
$C=10^{\frac{1}{6}}=10^{\frac{2}{12}}=(10^2)^{\frac{1}{12}}=100^{\frac{1}{12}}$
지수가 같으면 밑이 큰 수가 더 크므로
$81^{\frac{1}{12}}<100^{\frac{1}{12}}<125^{\frac{1}{12}}$
$\therefore A<C<B$

답 ②

04-2

주어진 네 거듭제곱근을 각각 유리수인 지수 꼴로 나타내면
$\sqrt{2}=2^{\frac{1}{2}}$, $\sqrt[3]{4}=4^{\frac{1}{3}}$, $\sqrt[4]{6}=6^{\frac{1}{4}}$, $\sqrt[6]{12}=12^{\frac{1}{6}}$
지수의 분모를 2, 3, 4, 6의 최소공배수인 12로 통분하여 네 수의 지수를 $\dfrac{1}{12}$로 같게 하면
$2^{\frac{1}{2}}=2^{\frac{6}{12}}=(2^6)^{\frac{1}{12}}=64^{\frac{1}{12}}$
$4^{\frac{1}{3}}=4^{\frac{4}{12}}=(4^4)^{\frac{1}{12}}=256^{\frac{1}{12}}$
$6^{\frac{1}{4}}=6^{\frac{3}{12}}=(6^3)^{\frac{1}{12}}=216^{\frac{1}{12}}$
$12^{\frac{1}{6}}=12^{\frac{2}{12}}=(12^2)^{\frac{1}{12}}=144^{\frac{1}{12}}$
지수가 같으면 밑이 큰 수가 더 크므로
$64^{\frac{1}{12}}<144^{\frac{1}{12}}<216^{\frac{1}{12}}<256^{\frac{1}{12}}$
$\therefore \sqrt{2}<\sqrt[6]{12}<\sqrt[4]{6}<\sqrt[3]{4}$

답 $\sqrt{2}<\sqrt[6]{12}<\sqrt[4]{6}<\sqrt[3]{4}$

대표 유형 다지기 본문 12~13쪽

01 ⑤	**02** ③	**03** ②	**04** ②	**05** ①
06 ③	**07** ③	**08** 6	**09** ①	**10** ④
11 17	**12** ②	**13** ②	**14** ③	**15** ①
16 48				

01

9의 제곱근 중 양수인 것은
$\sqrt{9}=3$ $\therefore a=3$
-125의 세제곱근 중 실수인 것은
$\sqrt[3]{-125}=\sqrt[3]{(-5)^3}=-5$ $\therefore b=-5$
$\therefore a-b=3-(-5)=8$

답 ⑤

02

2의 세제곱근 중 실수인 것의 개수는
$\sqrt[3]{2}$의 1이므로 $a=1$
4의 네제곱근 중 실수인 것의 개수는
$-\sqrt[4]{4}$, $\sqrt[4]{4}$의 2이므로 $b=2$
$\therefore a+b=1+2=3$

답 ③

03

① 1의 제곱근은 ±1이다.

② 27의 세제곱근 중 실수인 것의 개수는 $\sqrt[3]{27}=\sqrt[3]{3^3}=3$의 1이다.

③ $\sqrt[4]{81}=\sqrt[4]{3^4}=3$의 제곱근의 개수는 $-\sqrt{3}$, $\sqrt{3}$의 2이다.

④ n이 홀수일 때, 1의 n제곱근 중 실수인 것의 개수는 1의 1이다.

⑤ n이 짝수일 때, -1의 n제곱근 중 실수인 것은 없다.

따라서 옳은 것은 ②이다.

답 ②

04

5의 네제곱근 중 실수인 것은 $\pm\sqrt[4]{5}$이므로

$f(5)=2$

-16의 네제곱근 중 실수인 것은 없으므로

$f(-16)=0$

$\therefore f(5)+f(-16)=2+0=2$

답 ②

05

$\sqrt[3]{-64}+\sqrt[4]{81}-\sqrt[5]{32}=\sqrt[3]{(-4)^3}+\sqrt[4]{3^4}-\sqrt[5]{2^5}$

$=-4+3-2=-3$

답 ①

06

$\sqrt[3]{3}\times\sqrt[3]{\sqrt{81}}=\sqrt[3]{3}\times\sqrt[3]{\sqrt{81}}=\sqrt[3]{3\times9}$

$=\sqrt[3]{3^3}=3$

답 ③

07

$(\sqrt{3\sqrt[3]{2}})^3=\sqrt{(3\sqrt[3]{2})^3}=\sqrt{3^3\times(\sqrt[3]{2})^3}=\sqrt{27\times2}=\sqrt{54}$

이때, $\sqrt{49}<\sqrt{54}<\sqrt{64}$, 즉 $7<\sqrt{54}<8$이므로 $(\sqrt{3\sqrt[3]{2}})^3$보다 큰 자연수 중 가장 작은 것은 8이다.

답 ③

08

$\sqrt[4]{\dfrac{16\sqrt{a}}{\sqrt[3]{a}}}\times\sqrt{\dfrac{9\sqrt[6]{a}}{\sqrt[4]{a}}}=\dfrac{\sqrt[4]{16}\sqrt[4]{\sqrt{a}}}{\sqrt[4]{\sqrt[3]{a}}}\times\dfrac{\sqrt{9}\sqrt{\sqrt[6]{a}}}{\sqrt{\sqrt[4]{a}}}$

$=\dfrac{\sqrt[4]{2^4}\sqrt[8]{a}}{\sqrt[12]{a}}\times\dfrac{\sqrt{3^2}\sqrt[12]{a}}{\sqrt[8]{a}}$

$=2\times3=6$

답 6

09

$\sqrt[3]{2}\times\sqrt[3]{2^2}\times\sqrt[n]{2^3}=2^{\frac{1}{3}}\times2^{\frac{2}{3}}\times2$

$=2^{\frac{1}{3}+\frac{2}{3}+1}=2^2$

$\therefore n=2$

답 ①

10

$a=\sqrt{3}$에서 $a^2=3$

$b^3=\sqrt{2}$에서 $b^2=(b^3)^{\frac{2}{3}}=(\sqrt{2})^{\frac{2}{3}}=(2^{\frac{1}{2}})^{\frac{2}{3}}=2^{\frac{1}{3}}$

$\therefore (ab)^2=a^2\times b^2=3\times2^{\frac{1}{3}}$

답 ④

11

$\sqrt{\dfrac{\sqrt[4]{a^3}\times\sqrt{a^5}}{a}}=\left(\dfrac{a^{\frac{3}{4}}\times a^{\frac{5}{2}}}{a}\right)^{\frac{1}{2}}=(a^{\frac{3}{4}+\frac{5}{2}-1})^{\frac{1}{2}}$

$=(a^{\frac{9}{4}})^{\frac{1}{2}}=a^{\frac{9}{8}}$

따라서 $p=8$, $q=9$이므로

$p+q=8+9=17$

17

12

$(11^{\frac{1}{4}}-5^{\frac{1}{4}})(11^{\frac{1}{4}}+5^{\frac{1}{4}})(11^{\frac{1}{2}}+5^{\frac{1}{2}})$

$=\{(11^{\frac{1}{4}})^2-(5^{\frac{1}{4}})^2\}(11^{\frac{1}{2}}+5^{\frac{1}{2}})$

$=(11^{\frac{1}{2}}-5^{\frac{1}{2}})(11^{\frac{1}{2}}+5^{\frac{1}{2}})$

$=(11^{\frac{1}{2}})^2-(5^{\frac{1}{2}})^2$

$=11-5=6$

● **보충 설명**

$a>0$, $b>0$이고 r, s가 실수일 때

$(a^r+b^s)(a^r-b^s)=a^{2r}-b^{2s}$

답 ②

13

$4^x=12$에서 $4=12^{\frac{1}{x}}$ ...... ㉠

$3^y=12$에서 $3=12^{\frac{1}{y}}$ ...... ㉡

㉠×㉡을 하면

$12=12^{\frac{1}{x}}\times12^{\frac{1}{y}}=12^{\frac{1}{x}+\frac{1}{y}}$

$\therefore \dfrac{1}{x}+\dfrac{1}{y}=1$

답 ②

14

$\dfrac{2^a+2^{-a}}{2^a-2^{-a}}$의 분모, 분자에 2^a을 곱하면

$\dfrac{2^a+2^{-a}}{2^a-2^{-a}}=\dfrac{(2^a+2^{-a})\times2^a}{(2^a-2^{-a})\times2^a}=\dfrac{2^{2a}+1}{2^{2a}-1}$

즉, $\dfrac{2^{2a}+1}{2^{2a}-1}=-2$이므로 $2^{2a}+1=-2(2^{2a}-1)$

$2^{2a}+1=-2\times2^{2a}+2$, $3\times2^{2a}=1$

$\therefore 2^{2a}=\dfrac{1}{3}$

$\therefore 4^a=(2^2)^a=2^{2a}=\dfrac{1}{3}$

답 ③

15

주어진 세 거듭제곱근을 각각 유리수인 지수 꼴로 나타내면

$A=2^{\frac{1}{2}}$, $B=3^{\frac{1}{3}}$, $C=5^{\frac{1}{4}}$

지수의 분모를 2, 3, 4의 최소공배수인 12로 통분하여 세 수 A, B, C의 지수를 $\dfrac{1}{12}$로 같게 하면

$A=2^{\frac{1}{2}}=2^{\frac{6}{12}}=(2^6)^{\frac{1}{12}}=64^{\frac{1}{12}}$

$B=3^{\frac{1}{3}}=3^{\frac{4}{12}}=(3^4)^{\frac{1}{12}}=81^{\frac{1}{12}}$

$C=5^{\frac{1}{4}}=5^{\frac{3}{12}}=(5^3)^{\frac{1}{12}}=125^{\frac{1}{12}}$

지수가 같으면 밑이 큰 수가 더 크므로

$64^{\frac{1}{12}}<81^{\frac{1}{12}}<125^{\frac{1}{12}}$

$\therefore A<B<C$

답 ①

16

2, $3^{\frac{1}{2}}$, $4^{\frac{1}{3}}$에서 지수의 분모를 2, 3의 최소공배수인 6으로 통분하여 세 수의 지수를 $\frac{1}{6}$로 같게 하면

$2 = 2^{\frac{6}{6}} = (2^6)^{\frac{1}{6}} = 64^{\frac{1}{6}}$

$3^{\frac{1}{2}} = 3^{\frac{3}{6}} = (3^3)^{\frac{1}{6}} = 27^{\frac{1}{6}}$

$4^{\frac{1}{3}} = 4^{\frac{2}{6}} = (4^2)^{\frac{1}{6}} = 16^{\frac{1}{6}}$

지수가 같으면 밑이 큰 수가 더 크므로

$16^{\frac{1}{6}} < 27^{\frac{1}{6}} < 64^{\frac{1}{6}}$

$\therefore 4^{\frac{1}{3}} < 3^{\frac{1}{2}} < 2$

따라서 $M = 2$, $m = 4^{\frac{1}{3}}$이므로

$M^6 - m^6 = 2^6 - (4^{\frac{1}{3}})^6 = 2^6 - 4^2 = 64 - 16 = 48$

답 48

---

❶ 지수함수와 로그함수

02 | 로그

교과서 핵심 개념별 대표 유형 익히기　　　본문 14~17쪽

개념 ❶ 로그의 정의

개념 Check

1 (1) $2^3 = 8$에서 $3 = \log_2 8$

(2) $4^{-2} = \frac{1}{16}$에서 $-2 = \log_4 \frac{1}{16}$

(3) $10^2 = 100$에서 $2 = \log_{10} 100$

(4) $3^{\frac{1}{2}} = \sqrt{3}$에서 $\frac{1}{2} = \log_3 \sqrt{3}$

답 (1) $3 = \log_2 8$　(2) $-2 = \log_4 \frac{1}{16}$
(3) $2 = \log_{10} 100$　(4) $\frac{1}{2} = \log_3 \sqrt{3}$

2 (1) $\log_3 9 = x$로 놓으면 로그의 정의에 의하여

$3^x = 9 = 3^2$　　$\therefore x = 2$

$\therefore \log_3 9 = 2$

(2) $\log_2 \frac{1}{32} = x$로 놓으면 로그의 정의에 의하여

$2^x = \frac{1}{32} = 2^{-5}$　　$\therefore x = -5$

$\therefore \log_2 \frac{1}{32} = -5$

(3) $\log_{\frac{1}{5}} 25 = x$로 놓으면 로그의 정의에 의하여

$\left(\frac{1}{5}\right)^x = 25$, $5^{-x} = 5^2$　　$\therefore x = -2$

$\therefore \log_{\frac{1}{5}} 25 = -2$

(4) $\log_4 \sqrt{64} = x$로 놓으면 로그의 정의에 의하여

$4^x = \sqrt{64} = \sqrt{4^3} = 4^{\frac{3}{2}}$　　$\therefore x = \frac{3}{2}$

$\therefore \log_4 \sqrt{64} = \frac{3}{2}$　　**답** (1) 2　(2) -5　(3) -2　(4) $\frac{3}{2}$

유형 ❶1

(1) $\log_{16} x = \frac{1}{2}$에서 로그의 정의에 의하여

$x = 16^{\frac{1}{2}} = (4^2)^{\frac{1}{2}} = 4$

(2) $\log_2 (\log_{25} x) = -1$에서 로그의 정의에 의하여

$\log_{25} x = 2^{-1}$　　$\therefore \log_{25} x = \frac{1}{2}$

$\log_{25} x = \frac{1}{2}$에서 로그의 정의에 의하여

$x = 25^{\frac{1}{2}} = (5^2)^{\frac{1}{2}} = 5$　　**답** (1) 4　(2) 5

01-1

(1) $\log_x 3\sqrt{3} = \dfrac{3}{2}$에서 로그의 정의에 의하여

$x^{\frac{3}{2}} = 3\sqrt{3}$, $x^{\frac{3}{2}} = 3^{\frac{3}{2}}$

$\therefore x = 3$

(2) $\log_2 (\log_3 x) = 2$에서 로그의 정의에 의하여

$\log_3 x = 2^2$ $\therefore \log_3 x = 4$

$\log_3 x = 4$에서 로그의 정의에 의하여

$x = 3^4 = 81$ **답** (1) 3 (2) 81

유형 02

(1) 진수의 조건에서

$x^2 - 3x + 2 > 0$, $(x-1)(x-2) > 0$

$\therefore x < 1$ 또는 $x > 2$

(2) 밑의 조건에서 $2x - 1 > 0$이고 $2x - 1 \neq 1$

$x > \dfrac{1}{2}$이고 $x \neq 1$

$\therefore \dfrac{1}{2} < x < 1$ 또는 $x > 1$

답 (1) $x < 1$ 또는 $x > 2$ (2) $\dfrac{1}{2} < x < 1$ 또는 $x > 1$

02-1

밑의 조건에서 $\dfrac{x}{2} > 0$이고 $\dfrac{x}{2} \neq 1$

$x > 0$이고 $x \neq 2$

$\therefore 0 < x < 2$ 또는 $x > 2$ ...... ㉠

진수의 조건에서 $25 - x^2 > 0$

$x^2 - 25 < 0$, $(x+5)(x-5) < 0$

$\therefore -5 < x < 5$ ...... ㉡

㉠, ㉡의 공통 범위를 구하면

$0 < x < 2$ 또는 $2 < x < 5$

따라서 구하는 정수 x의 개수는 1, 3, 4의 3이다. **답** ③

개념 2 로그의 성질

개념 Check

1 (1) $\log_2 1 = 0$

(2) $\log_5 5 = 1$

(3) $\log_{10} 1000 = \log_{10} 10^3 = 3$

(4) $\log_3 \sqrt{3} + \log_3 9 = \log_3 3^{\frac{1}{2}} + \log_3 3^2 = \dfrac{1}{2} + 2 = \dfrac{5}{2}$

답 (1) 0 (2) 1 (3) 3 (4) $\dfrac{5}{2}$

유형 03

$\dfrac{1}{2}\log_6 72 - \log_6 \sqrt{2} = \dfrac{1}{2}\log_6 72 - \dfrac{1}{2}\log_6 2$

$= \dfrac{1}{2}(\log_6 72 - \log_6 2)$

$= \dfrac{1}{2}\log_6 \dfrac{72}{2} = \dfrac{1}{2}\log_6 36$

$= \dfrac{1}{2}\log_6 6^2 = \dfrac{2}{2} = 1$ **답** 1

03-1

$\dfrac{1}{2}\log_2 \dfrac{8}{5} + \log_2 \sqrt{5} = \dfrac{1}{2}(\log_2 8 - \log_2 5) + \log_2 5^{\frac{1}{2}}$

$= \dfrac{1}{2}(\log_2 2^3 - \log_2 5) + \dfrac{1}{2}\log_2 5$

$= \dfrac{1}{2}(3 - \log_2 5) + \dfrac{1}{2}\log_2 5$

$= \dfrac{3}{2} - \dfrac{1}{2}\log_2 5 + \dfrac{1}{2}\log_2 5$

$= \dfrac{3}{2}$ **답** ②

03-2

$\log_{10} 2 = \log_{10} \dfrac{10}{5} = \log_{10} 10 - \log_{10} 5 = 1 - b$이므로

$\log_{10} 6 = \log_{10}(2 \times 3) = \log_{10} 2 + \log_{10} 3$

$= (1 - b) + a = 1 + a - b$ **답** $1 + a - b$

유형 04

로그의 밑을 10으로 통일하면

$\log_2 25 \times \log_5 9 \times \log_3 2 = \log_2 5^2 \times \log_5 3^2 \times \log_3 2$

$= 2\log_2 5 \times 2\log_5 3 \times \log_3 2$

$= 4 \times \dfrac{\log_{10} 5}{\log_{10} 2} \times \dfrac{\log_{10} 3}{\log_{10} 5} \times \dfrac{\log_{10} 2}{\log_{10} 3}$

$= 4$ **답** 4

04-1

로그의 밑을 3으로 통일하면

$(\log_3 2 + 2\log_9 4) \times \log_2 27 = (\log_3 2 + 2\log_{3^2} 2^2) \times \log_2 3^3$

$= (\log_3 2 + 2\log_3 2) \times 3\log_2 3$

$= 3\log_3 2 \times 3\log_2 3$

$= 9 \times \log_3 2 \times \dfrac{1}{\log_3 2} = 9$ **답** 9

개념 3 상용로그

개념 Check

1 (1) $\log 1000 = \log 10^3 = 3$

(2) $\log 0.01 = \log \dfrac{1}{100} = \log 1 - \log 100$

$= 0 - \log 10^2 = -2$

(3) $\log 10\sqrt{10} = \log 10^{\frac{3}{2}} = \dfrac{3}{2}$ **답** (1) 3 (2) -2 (3) $\dfrac{3}{2}$

2 (1) $\log N = 2.7396 = 2 + 0.7396$이므로 정수 부분은 2, 소수 부분은 0.7396이다.

(2) $\log N = 0.2014 = 0 + 0.2014$이므로 정수 부분은 0, 소수 부분은 0.2014이다.

(3) $\log N = -5.2933 = -6 + 0.7067$이므로 정수 부분은 -6, 소수 부분은 0.7067이다.

> 답 (1) 정수 부분 : 2, 소수 부분 : 0.7396
> (2) 정수 부분 : 0, 소수 부분 : 0.2014
> (3) 정수 부분 : -6, 소수 부분 : 0.7067

유형 05

(1) $\log 22.8 = \log(10 \times 2.28)$
$\qquad = \log 10 + \log 2.28$
$\qquad = 1 + 0.3579 = 1.3579$

(2) $\log 0.0228 = \log(10^{-2} \times 2.28)$
$\qquad = \log 10^{-2} + \log 2.28$
$\qquad = -2 + 0.3579 = -1.6421$

> 답 (1) 1.3579 (2) -1.6421

05-1

(1) $\log 876 = \log(10^2 \times 8.76)$
$\qquad = \log 10^2 + \log 8.76$
$\qquad = 2 + 0.9425 = 2.9425$

(2) $\log 0.00876 = \log(10^{-3} \times 8.76)$
$\qquad = \log 10^{-3} + \log 8.76$
$\qquad = -3 + 0.9425 = -2.0575$

> 답 (1) 2.9425 (2) -2.0575

05-2

(1) 상용로그표에서 $\log 4.20 = 0.6232$이므로
$\log \sqrt{4200} = \dfrac{1}{2} \log(10^3 \times 4.20)$
$\qquad\qquad = \dfrac{1}{2}(\log 10^3 + \log 4.20)$
$\qquad\qquad = \dfrac{1}{2}(3 + 0.6232) = 1.8116$

(2) 상용로그표에서 $\log 4.43 = 0.6464$이므로 $a = 0.6464$
$\log b = -0.3536$에서
$\log b = -1 + 0.6464 = \log 10^{-1} + \log 4.43$
$\qquad = \log(10^{-1} \times 4.43) = \log 0.443$
$\therefore b = 0.443$
$\therefore a + b = 0.6464 + 0.443 = 1.0894$

> 답 (1) 1.8116 (2) 1.0894

개념 ④ 상용로그의 정수 부분과 소수 부분의 성질

개념 Check

1 (1) 6.38은 정수 부분이 한 자리인 수이므로 $\log 6.38$의 정수 부분은 0이다.

(2) 387000은 6자리인 수이므로 $\log 387000$의 정수 부분은 5이다.

> 답 (1) 0 (2) 5

유형 06

$\log\left(\dfrac{1}{3}\right)^{15} = 15 \log \dfrac{1}{3} = -15 \log 3$
$\qquad\qquad = -15 \times 0.48 = -7.20$
$\qquad\qquad = -8 + 0.80$

따라서 $\log\left(\dfrac{1}{3}\right)^{15}$의 정수 부분이 -8이므로 $\left(\dfrac{1}{3}\right)^{15}$은 소수점 아래 8째 자리에서 처음으로 0이 아닌 숫자가 나타난다.

$\therefore n = 8$

> 답 ④

06-1

$\log 5 = \log \dfrac{10}{2} = \log 10 - \log 2 = 1 - \log 2$
$\qquad = 1 - 0.3010 = 0.6990$
이므로
$\log 5^{30} = 30 \log 5 = 30 \times 0.6990$
$\qquad = 20.97 = 20 + 0.97$

따라서 $\log 5^{30}$의 정수 부분이 20이므로 5^{30}은 21자리의 정수이다.

$\therefore m = 21$

> 답 ③

유형 07

$\log 0.002 = \log \dfrac{2}{1000} = -3 + \log 2$

$\log 20 = \log(2 \times 10) = 1 + \log 2$

$\log 20000 = \log(2 \times 10^4) = 4 + \log 2$

이와 같이 0.002, 20, 20000은 숫자 배열이 같고 소수점의 위치만 다르므로 상용로그의 소수 부분은 $\log 2$로 같다.

$\therefore a = b = c = \log 2$

$\therefore a + b + c = 3 \log 2$

> 답 ③

07-1

$\log 20 = 1 + \log 2$이므로
$a = 1$, $b = \log 2$
$\therefore 10^a + 10^b = 10 + 10^{\log 2} = 10 + 2 = 12$

> 답 12

대표 유형 다지기   본문 18~19쪽

01 ②	**02** 1	**03** ①	**04** ④	**05** ⑤
06 ③	**07** ⑤	**08** ④	**09** ⑤	**10** 3
11 ③	**12** 20	**13** ③	**14** ②	**15** ④
16 ④				

01

$a = \log_5 16$에서 로그의 정의에 의하여 $5^a = 16$이므로
$5^{\frac{a}{4}} = (5^a)^{\frac{1}{4}} = 16^{\frac{1}{4}} = (2^4)^{\frac{1}{4}} = 2$

$a=\log_5 16$에서

$\dfrac{a}{4}=\dfrac{1}{4}\log_5 16=\dfrac{1}{4}\log_5 2^4=\log_5 2$

따라서 로그의 성질에 의하여

$5^{\frac{a}{4}}=5^{\log_5 2}=2$

답 ②

02

$\log_a 27=-2$에서 로그의 정의에 의하여

$a^{-2}=27=3^3$ $\therefore a=3^{-\frac{3}{2}}$

$\log_{\sqrt{3}}b=3$에서 로그의 정의에 의하여

$b=(\sqrt{3})^3=(3^{\frac{1}{2}})^3=3^{\frac{3}{2}}$

따라서 $ab=3^{-\frac{3}{2}}\times 3^{\frac{3}{2}}=3^{-\frac{3}{2}+\frac{3}{2}}=3^0=1$이므로

$(ab)^2=1^2=1$

답 1

03

밑의 조건에서 $k>0$이고 $k\neq 1$

$\therefore 0<k<1$ 또는 $k>1$ ...... ㉠

진수의 조건에서 $x^2-2kx+9>0$

즉, 모든 실수 x에 대하여 $x^2-2kx+9>0$이 성립해야 하므로 이 이차방정식 $x^2-2kx+9=0$의 판별식을 D라 하면

$\dfrac{D}{4}=k^2-9<0$, $(k+3)(k-3)<0$

$\therefore -3<k<3$ ...... ㉡

㉠, ㉡의 공통 범위를 구하면

$0<k<1$ 또는 $1<k<3$

따라서 구하는 정수 k의 개수는 2의 1이다.

답 ①

04

$\log_2(\sqrt{5}+1)^2+\log_2(6-2\sqrt{5})$

$=\log_2(5+2\sqrt{5}+1)+\log_2(6-2\sqrt{5})$

$=\log_2(6+2\sqrt{5})+\log_2(6-2\sqrt{5})$

$=\log_2(6+2\sqrt{5})(6-2\sqrt{5})$

$=\log_2(36-20)$

$=\log_2 16=\log_2 2^4=4$

답 ④

05

$a=\log_2 6+\log_4 9=\log_2 6+\log_{2^2}3^2$

$=\log_2 6+\log_2 3=\log_2(6\times 3)$

$=\log_2 18$

이므로 로그의 정의에 의하여

$2^a=18$

$\therefore (\sqrt{2})^a=(2^{\frac{1}{2}})^a=(2^a)^{\frac{1}{2}}=18^{\frac{1}{2}}=\sqrt{18}=3\sqrt{2}$

답 ⑤

06

$a=\log_2 12=\log_2(2^2\times 3)$

$=2\log_2 2+\log_2 3=2+\log_2 3$

이므로 $\log_2 3=a-2$

$\therefore \log_2 18=\log_2(2\times 3^2)$

$=\log_2 2+2\log_2 3$

$=1+2(a-2)$

$=2a-3$

답 ③

07

$\log_a c=3\log_b c$에서 $\dfrac{1}{\log_c a}=\dfrac{3}{\log_c b}$이므로

$\log_c b=3\log_c a$

$\therefore \log_a b=\dfrac{\log_c b}{\log_c a}=\dfrac{3\log_c a}{\log_c a}=3$

답 ⑤

08

$b=27\sqrt{3}=3^3\times 3^{\frac{1}{2}}=3^{3+\frac{1}{2}}=3^{\frac{7}{2}}$이므로

$a\log b=\log_3 10\times\log 27\sqrt{3}$

$=\dfrac{\log 10}{\log 3}\times\log 3^{\frac{7}{2}}$

$=\dfrac{1}{\log 3}\times\dfrac{7}{2}\log 3=\dfrac{7}{2}$

답 ④

09

$\dfrac{1}{a}-\dfrac{1}{b}=\log_2 3$에서 $\dfrac{1}{a}-\dfrac{1}{b}=\dfrac{b-a}{ab}$이고, $ab=\log_3 5$이므로

$\dfrac{b-a}{\log_3 5}=\log_2 3$

$\therefore b-a=\log_2 3\times\log_3 5$

$=\dfrac{\log 3}{\log 2}\times\dfrac{\log 5}{\log 3}$

$=\dfrac{\log 5}{\log 2}=\log_2 5$

답 ⑤

10

$(\log_2 a+2\log_4 b)\times\log_{ab}8=\left(\log_2 a+2\times\dfrac{\log_2 b}{\log_2 4}\right)\times\log_{ab}8$

$=(\log_2 a+\log_2 b)\times\log_{ab}8$

$=\log_2 ab\times\log_{ab}8$

$=\dfrac{\log ab}{\log 2}\times\dfrac{3\log 2}{\log ab}$

$=3$

답 3

11

$\log 13.5=1.1303$에서

$\log(10\times 1.35)=1.1303$, $1+\log 1.35=1.1303$

$\therefore \log 1.35=0.1303$

한편, $\log x=-1.8697$에서

$\log x=-2+0.1303=\log 10^{-2}+\log 1.35$

$=\log(10^{-2}\times 1.35)=\log 0.0135$

$\therefore x=0.0135$

• 다른 풀이

$\log x = -1.8697 = -2 + 0.1303$에서

소수 부분이 0.1303이므로 숫자의 배열은 135이고, 정수 부분이 -2이므로 x는 소수점 아래 2째 자리에서 처음으로 0이 아닌 숫자가 나타난다.

$\therefore x = 0.0135$　　　　　　　　　　　　　　　**답** ③

12

$\log 500 = 2 + \log 5$이므로

$n = 2,\ a = \log 5$

이때, 이차방정식 $x^2 - px + q = 0$의 두 근이 $2,\ \log 5$이므로 근과 계수의 관계에 의하여

$p = 2 + \log 5 = \log 500$

$q = 2\log 5 = \log 25$

$\therefore 10^{p-q} = 10^{\log 500 - \log 25} = 10^{\log 20} = 20$　　　**답** 20

13

$\log 20 = 1 + \log 2$이므로 $a = \log 2$

$\log 300 = 2 + \log 3$이므로 $\beta = \log 3$

$\log 1200 = \log(10^3 \times 1.2) = 3 + \log 1.2$

따라서 $\log 1200$의 소수 부분은 $\log 1.2$이므로

$\begin{aligned}
\log 1.2 &= \log 12 - 1 \\
&= \log(2^2 \times 3) - 1 \\
&= \log 2^2 + \log 3 - 1 \\
&= 2a + \beta - 1
\end{aligned}$

즉, $\log 1200$의 소수 부분은 $2a + \beta - 1$이다.　　**답** ③

14

$\log m$의 정수 부분이 4이므로

$4 \le \log m < 5$에서 $10^4 \le m < 10^5$

즉, 자연수 m의 개수 a는

$a = 10^5 - 10^4 = 10^4(10 - 1) = 9 \times 10^4$

$\log \dfrac{1}{n}$의 정수 부분이 -2이므로

$-2 \le \log \dfrac{1}{n} < -1$에서 $-2 \le -\log n < -1$

$1 < \log n \le 2$　　$\therefore 10 < n \le 10^2$

즉, 자연수 n의 개수 b는

$b = 10^2 - 10 = 10(10 - 1) = 9 \times 10$

$\therefore \log \dfrac{a}{b} = \log \dfrac{9 \times 10^4}{9 \times 10} = \log 10^3 = 3$　　**답** ②

15

$\begin{aligned}
\log 6^{50} &= 50 \log 6 \\
&= 50(\log 2 + \log 3) \\
&= 50(0.3010 + 0.4771) \\
&= 38.905
\end{aligned}$

따라서 $\log 6^{50}$의 정수 부분이 38이므로 6^{50}은 39자리의 정수이다.

답 ④

16

$\log \sqrt{x}$와 $\log \dfrac{1}{x}$의 소수 부분이 같으므로

$\log \sqrt{x} - \log \dfrac{1}{x} = \dfrac{1}{2}\log x - (-\log x) = \dfrac{3}{2}\log x$에서

$\dfrac{3}{2}\log x$는 정수이다.

한편, $100 < x < 1000$에서 $2 < \log x < 3$이므로

$2 \times \dfrac{3}{2} < \dfrac{3}{2}\log x < 3 \times \dfrac{3}{2}$　　$\therefore 3 < \dfrac{3}{2}\log x < \dfrac{9}{2}$

이때, $\dfrac{3}{2}\log x$는 정수이므로

$\dfrac{3}{2}\log x = 4$

$\therefore \log x = \dfrac{8}{3}$　　　　　　　　　　　　　　**답** ④

03 | 지수함수

 지수함수와 로그함수

교과서 핵심 개념별 대표 유형 익히기　　　　본문 **20~23쪽**

개념 ① 지수함수

개념Check

1 ㄴ. $y=(-2)^x$은 밑이 음수이므로 지수함수가 아니다.

ㄷ. $y=x^2$은 지수가 2이므로 지수함수가 아니다.

따라서 지수함수인 것은 ㄱ, ㄹ이다.　　　🖪 ㄱ, ㄹ

유형 01

① 정의역은 실수 전체의 집합이다.

② 치역은 양의 실수 전체의 집합이다.

④ 점근선의 방정식은 $y=0$이다.

⑤ $y=2^x$에서 밑은 2이고 $2>1$이므로 x의 값이 증가하면 y의 값도 증가한다.

따라서 옳은 것은 ③이다.　　　🖪 ③

01-1

함수 $y=2^x$의 그래프를 x축의 방향으로 m만큼, y축의 방향으로 n만큼 평행이동시킨 그래프의 식은

$$y=2^{x-m}+n$$

이 식이 $y=\dfrac{1}{8}\times2^x+2=2^{x-3}+2$와 일치하므로

$m=3$, $n=2$

$\therefore m^2+n^2=9+4=13$　　　🖪 13

유형 02

(1) 두 수를 밑이 5인 거듭제곱 꼴로 나타내면

$$\sqrt[3]{5^2}=5^{\frac{2}{3}}, \quad \sqrt[8]{25^3}=(5^2)^{\frac{3}{8}}=5^{\frac{3}{4}}$$

$\dfrac{2}{3}<\dfrac{3}{4}$이고, 함수 $y=5^x$은 x의 값이 증가하면 y의 값도 증가하므로

$$5^{\frac{2}{3}}<5^{\frac{3}{4}}$$

$\therefore \sqrt[3]{5^2}<\sqrt[8]{25^3}$

(2) 두 수를 밑이 $\dfrac{1}{3}$인 거듭제곱 꼴로 나타내면

$$\sqrt{\left(\frac{1}{9}\right)^3}=\left\{\left(\frac{1}{3}\right)^2\right\}^{\frac{3}{2}}=\left(\frac{1}{3}\right)^3$$

$3>2$이고, 함수 $y=\left(\dfrac{1}{3}\right)^x$은 x의 값이 증가하면 y의 값은 감소하므로

$$\left(\frac{1}{3}\right)^3<\left(\frac{1}{3}\right)^2$$

$\therefore \sqrt{\left(\dfrac{1}{9}\right)^3}<\left(\dfrac{1}{3}\right)^2$

🖪 (1) $\sqrt[3]{5^2}<\sqrt[8]{25^3}$　(2) $\sqrt{\left(\dfrac{1}{9}\right)^3}<\left(\dfrac{1}{3}\right)^2$

02-1

세 수를 밑이 2인 거듭제곱 꼴로 나타내면

$$A=\sqrt{2}=2^{\frac{1}{2}}, \quad B=4^{\frac{1}{3}}=2^{\frac{2}{3}}, \quad C=8^{\frac{1}{4}}=2^{\frac{3}{4}}$$

$\dfrac{1}{2}<\dfrac{2}{3}<\dfrac{3}{4}$이고, 함수 $y=2^x$은 x의 값이 증가하면 y의 값도 증가하므로

$$2^{\frac{1}{2}}<2^{\frac{2}{3}}<2^{\frac{3}{4}}$$

$\therefore A<B<C$　　　🖪 ①

개념 ② 지수함수의 최대, 최소

유형 03

함수 $y=3^x$에서 밑이 3이고, $3>1$이므로 x의 값이 증가할 때 y의 값도 증가한다.

즉, $1\le x\le4$에서 함수 $y=3^x$은 $x=1$일 때 최솟값 $3^1=3$을 갖고, $x=4$일 때 최댓값 $3^4=81$을 갖는다.

따라서 $M=81$, $m=3$이므로

$M-m=81-3=78$　　　🖪 78

03-1

함수 $y=2^x$에서 밑이 2이고, $2>1$이므로 x의 값이 증가할 때 y의 값도 증가한다.

즉, $-1\le x\le3$에서 함수 $y=2^x$은 $x=-1$일 때 최솟값 $2^{-1}=\dfrac{1}{2}$을 갖고, $x=3$일 때 최댓값 $2^3=8$을 갖는다.

따라서 $M=8$, $m=\dfrac{1}{2}$이므로

$\dfrac{M}{m}=\dfrac{8}{\frac{1}{2}}=16$　　　🖪 16

03-2

함수 $y=\left(\dfrac{1}{2}\right)^{x-1}+3$에서 밑이 $\dfrac{1}{2}$이고, $0<\dfrac{1}{2}<1$이므로 x의 값이 증가할 때 y의 값은 감소한다.

즉, $-1\le x\le1$에서 함수 $y=\left(\dfrac{1}{2}\right)^{x-1}+3$은 $x=-1$일 때 최댓값

$\left(\dfrac{1}{2}\right)^{-2}+3=2^2+3=7$을 갖고, $x=1$일 때 최솟값

$\left(\dfrac{1}{2}\right)^0+3=1+3=4$를 갖는다.

따라서 최댓값과 최솟값의 합은

$7+4=11$　　　🖪 ⑤

유형 04

$y=4^x-2^{x+1}+4=(2^x)^2-2\times2^x+4$

$2^x=t \ (t>0)$로 놓으면 $-1\le x\le1$에서 $\dfrac{1}{2}\le t\le2$이고,

주어진 함수는

$y=t^2-2t+4=(t-1)^2+3$

따라서 $\frac{1}{2} \leq t \leq 2$에서 함수 y는 $t=1$, 즉 $x=0$일 때 최솟값 3을 가지므로

$a=0$, $b=3$

$\therefore a+b=0+3=3$ **답** ③

04-1

$y=\left(\frac{1}{9}\right)^x -2\left(\frac{1}{3}\right)^x +5=\left\{\left(\frac{1}{3}\right)^x\right\}^2 -2\left(\frac{1}{3}\right)^x +5$

$\left(\frac{1}{3}\right)^x =t$ $(t>0)$로 놓으면 $-1 \leq x \leq 2$에서

$\left(\frac{1}{3}\right)^2 \leq \left(\frac{1}{3}\right)^x \leq \left(\frac{1}{3}\right)^{-1}$ $\therefore \frac{1}{9} \leq t \leq 3$

이때, 주어진 함수는

$y=t^2 -2t+5=(t-1)^2 +4$

따라서 $\frac{1}{9} \leq t \leq 3$에서 함수 y는 $t=1$, 즉 $x=0$일 때 최솟값 4를 갖고, $t=3$, 즉 $x=-1$일 때 최댓값 8을 가지므로 구하는 최댓값과 최솟값의 합은

$8+4=12$ **답** 12

개념 ③ **지수방정식**

유형 05

$16^x =32$에서 $(2^4)^x =2^5$, $2^{4x}=2^5$

따라서 $4x=5$이므로 $x=\frac{5}{4}$ **답** ④

05-1

$4 \times 2^x =\left(\frac{1}{2}\right)^{2x}$에서 $2^2 \times 2^x =(2^{-1})^{2x}$

$2^{2+x}=2^{-2x}$

따라서 $2+x=-2x$이므로

$3x=-2$ $\therefore x=-\frac{2}{3}$ **답** ①

05-2

$3^{x+5}=\left(\frac{1}{3}\right)^{2x+1}$에서 $3^{x+5}=(3^{-1})^{2x+1}$

$3^{x+5}=3^{-2x-1}$

따라서 $x+5=-2x-1$이므로

$3x=-6$ $\therefore x=-2$ **답** $x=-2$

유형 06

$5^x -5^{-x+1}=4$에서 $5^x -\frac{5}{5^x}=4$

$5^x =t$ $(t>0)$로 놓으면

$t-\frac{5}{t}=4$

양변에 t를 곱하여 정리하면

$t^2 -4t-5=0$, $(t+1)(t-5)=0$

$\therefore t=5$ $(\because t>0)$

$t=5$에서 $5^x =5$ $\therefore x=1$ **답** $x=1$

06-1

$4^x -18 \times 2^x +32=0$에서 $(2^x)^2 -18 \times 2^x +32=0$

$2^x =t$ $(t>0)$로 놓으면

$t^2 -18t+32=0$

$(t-2)(t-16)=0$

$\therefore t=2$ 또는 $t=16$

$t=2$에서 $2^x =2$ $\therefore x=1$

$t=16$에서 $2^x =16=2^4$ $\therefore x=4$

따라서 두 근의 합은

$1+4=5$ **답** ②

개념 ④ **지수부등식**

유형 07

$2^{2x+1} \leq 32$에서 $2^{2x+1} \leq 2^5$

이때, 밑이 2이고, $2>1$이므로

$2x+1 \leq 5$, $2x \leq 4$ $\therefore x \leq 2$

따라서 구하는 모든 자연수 x의 값의 합은

$1+2=3$ **답** 3

07-1

$\left(\frac{1}{3}\right)^{5x-17} \geq \left(\frac{1}{3}\right)^{-4x+10}$에서 밑이 $\frac{1}{3}$이고, $0<\frac{1}{3}<1$이므로

$5x-17 \leq -4x+10$, $9x \leq 27$ $\therefore x \leq 3$

따라서 구하는 모든 자연수 x의 값의 합은

$1+2+3=6$ **답** 6

07-2

$3^{x^2-4} \leq \left(\frac{1}{27}\right)^x$에서 $3^{x^2-4} \leq 3^{-3x}$

이때, 밑이 3이고, $3>1$이므로

$x^2 -4 \leq -3x$, $x^2 +3x-4 \leq 0$

$(x+4)(x-1) \leq 0$ $\therefore -4 \leq x \leq 1$

따라서 구하는 모든 정수 x의 개수는

-4, -3, -2, -1, 0, 1의 6이다. **답** ⑤

유형 08

$4^x -5 \times 2^x +4<0$에서 $(2^x)^2 -5 \times 2^x +4<0$

$2^x =t$ $(t>0)$로 놓으면

$t^2 -5t+4<0$, $(t-1)(t-4)<0$

$\therefore 1<t<4$

따라서 $1<2^x <4$이므로 $2^0 <2^x <2^2$

이때, 밑이 2이고, $2>1$이므로 $0<x<2$ **답** ④

08-1

$\left(\dfrac{1}{9}\right)^x - 12\left(\dfrac{1}{3}\right)^x + 27 < 0$에서 $\left\{\left(\dfrac{1}{3}\right)^x\right\}^2 - 12\left(\dfrac{1}{3}\right)^x + 27 < 0$

$\left(\dfrac{1}{3}\right)^x = t\,(t>0)$로 놓으면

$t^2 - 12t + 27 < 0$, $(t-3)(t-9) < 0$

$\therefore 3 < t < 9$

따라서 $3 < \left(\dfrac{1}{3}\right)^x < 9$이므로

$\left(\dfrac{1}{3}\right)^{-1} < \left(\dfrac{1}{3}\right)^x < \left(\dfrac{1}{3}\right)^{-2}$

이때, 밑이 $\dfrac{1}{3}$이고, $0 < \dfrac{1}{3} < 1$이므로

$-2 < x < -1$　　　　　　　　　　답 ①

대표 유형 다지기　　　　　　본문 24~25쪽

01 ①	**02** ④	**03** 4	**04** ②	**05** ④
06 28	**07** ②	**08** ①	**09** ③	**10** ①
11 0	**12** ②	**13** 4	**14** ②	**15** ③
16 51				

01

함수 $y=3^x$의 그래프의 점근선의 방정식은 $y=0$이므로 $a=0$

점 $(0,\,b)$가 함수 $y=3^x$의 그래프 위의 점이므로

$b=3^0=1$

$\therefore a+b=0+1=1$　　　　　　　　답 ①

02

함수 $y=2^{x-3}+1$의 그래프는 함수 $y=2^x$의 그래프를 x축의 방향으로 3만큼, y축의 방향으로 1만큼 평행이동시킨 것이다.

따라서 $a=3$, $b=1$이므로

$a-b=3-1=2$　　　　　　　　　　답 ④

03

$f(a)=4$에서

$2^a=4$, $2^a=2^2$　　　$\therefore a=2$

$f(1)=b$에서 $2^1=b$　　　$\therefore b=2$

$\therefore a+b=2+2=4$　　　　　　　답 4

04

점 $A(a,\,1)$이 함수 $y=-2^{x+1}+6$의 그래프 위의 점이므로

$1=-2^{a+1}+6$, $2 \times 2^a=5$

$\therefore 2^a=\dfrac{5}{2}$　　　　　　　　…… ㉠

또한 점 $A(a,\,1)$이 함수 $y=k \times 2^x$의 그래프 위의 점이므로

$1=k \times 2^a$　　　$\therefore k=\dfrac{1}{2^a}$

㉠을 위의 식에 대입하면

$k=\dfrac{2}{5}$　　　　　　　　　　　답 ②

05

세 수를 밑이 0.2인 거듭제곱 꼴로 나타내면

$A=\sqrt{0.2}=0.2^{\frac{1}{2}}$

$B=\sqrt[5]{0.04}=\sqrt[5]{0.2^2}=0.2^{\frac{2}{5}}$

$C=\sqrt[4]{0.008}=\sqrt[4]{0.2^3}=0.2^{\frac{3}{4}}$

$\dfrac{2}{5} < \dfrac{1}{2} < \dfrac{3}{4}$이고, 함수 $y=0.2^x$은 x의 값이 증가하면 y의 값은 감소하므로

$0.2^{\frac{3}{4}} < 0.2^{\frac{1}{2}} < 0.2^{\frac{2}{5}}$

$\therefore C < A < B$　　　　　　　　답 ④

06

함수 $y=3^x$에서 밑은 3이고, $3>1$이므로 x의 값이 증가할 때 y의 값도 증가한다.

즉, $-1 \le x \le 1$에서 함수 $y=3^x$은 $x=1$일 때 최댓값 3을 가지므로 $M=3$

함수 $y=\left(\dfrac{1}{3}\right)^{x+1}$에서 밑은 $\dfrac{1}{3}$이고, $0 < \dfrac{1}{3} < 1$이므로 x의 값이 증가할 때 y의 값은 감소한다.

즉, $-1 \le x \le 1$에서 함수 $y=\left(\dfrac{1}{3}\right)^{x+1}$은 $x=1$일 때 최솟값 $\left(\dfrac{1}{3}\right)^2 = \dfrac{1}{9}$을 가지므로 $m=\dfrac{1}{9}$

$\therefore 9(M+m)=9\left(3+\dfrac{1}{9}\right)=28$　　　답 28

07

함수 $y=5^{2x}$의 그래프를 x축의 방향으로 -1만큼, y축의 방향으로 n만큼 평행이동시킨 그래프의 식은

$y=5^{2(x+1)}+n=25 \times 5^{2x}+n$

즉, $f(x)=25 \times 5^{2x}+n$이고, 함수 $f(x)$는 x의 값이 증가하면 y의 값도 증가하므로 $x \ge 0$에서 함수 $f(x)$의 최솟값은 $f(0)$이다.

따라서 $f(0)=25+n=27$이므로

$n=2$　　　　　　　　　　　　答 ②

08

$2^x+2^{-x}=t$로 놓으면 $2^x>0$, $2^{-x}>0$이므로 산술평균과 기하평균의 관계에 의하여

$t=2^x+2^{-x} \ge 2\sqrt{2^x \times 2^{-x}}=2$

（단, 등호는 $2^x=2^{-x}$, 즉 $x=0$일 때 성립한다.）

이때, $4^x+4^{-x}=(2^x+2^{-x})^2-2=t^2-2$이므로 주어진 함수는

$y=t^2-2-2t$

$\quad =t^2-2t-2$

$\quad =(t-1)^2-3$ （단, $t \ge 2$）

따라서 y는 $t=2$일 때, 최솟값 -2를 갖는다.

보충 설명

산술평균과 기하평균의 관계

$a>0$, $b>0$일 때,

$a+b \ge 2\sqrt{ab}$ （단, 등호는 $a=b$일 때 성립한다.）　　　　　답 ①

09

$4^x = t$ $(t > 0)$로 놓으면 $0 \leq x \leq 1$에서 $1 \leq t \leq 4$이고, 주어진 함수는

$$y = \frac{t}{t+2} = 1 - \frac{2}{t+2}$$

함수 $y = 1 - \frac{2}{t+2}$는 t의 값이 증가할 때 y의 값도 증가한다.

즉, $1 \leq t \leq 4$에서 함수 y는 $t=1$일 때 최솟값 $1 - \frac{2}{1+2} = \frac{1}{3}$을 갖고, $t=4$일 때 최댓값 $1 - \frac{2}{4+2} = \frac{2}{3}$를 갖는다.

따라서 $M = \frac{2}{3}$, $m = \frac{1}{3}$이므로

$$M + m = \frac{2}{3} + \frac{1}{3} = 1$$

답 ③

10

$3^{x^2} = \left(\frac{1}{9}\right)^{4-3x}$에서

$3^{x^2} = (3^{-2})^{4-3x}$, $3^{x^2} = 3^{6x-8}$

따라서 $x^2 = 6x - 8$이므로

$x^2 - 6x + 8 = 0$, $(x-2)(x-4) = 0$

$\therefore x = 2$ 또는 $x = 4$

따라서 $\alpha = 2$, $\beta = 4$ 또는 $\alpha = 4$, $\beta = 2$이므로

$\alpha^2 + \beta^2 = 2^2 + 4^2 = 20$

답 ①

11

$3^{2x} - 9 \times 3^x = 3^{x-2} - 1$에서 $(3^x)^2 - 9 \times 3^x = \frac{3^x}{9} - 1$

$3^x = t$ $(t > 0)$로 놓으면

$$t^2 - 9t = \frac{1}{9}t - 1$$

양변에 9를 곱하여 정리하면

$9t^2 - 82t + 9 = 0$, $(9t - 1)(t - 9) = 0$

$\therefore t = \frac{1}{9}$ 또는 $t = 9$

$t = \frac{1}{9}$에서 $3^x = \frac{1}{9} = 3^{-2}$ $\quad \therefore x = -2$

$t = 9$에서 $3^x = 9 = 3^2$ $\quad \therefore x = 2$

따라서 주어진 방정식의 모든 실근의 합은

$-2 + 2 = 0$

답 0

12

$a^{2x} - 20a^x + 36 = 0$에서 $(a^x)^2 - 20a^x + 36 = 0$

$a^x = t$ $(t > 0)$로 놓으면

$t^2 - 20t + 36 = 0$, $(t-2)(t-18) = 0$

$\therefore t = 2$ 또는 $t = 18$

이때, 주어진 방정식의 두 근을 α, β라 하면

$t = 2$에서 $a^\alpha = 2$ $\quad\quad$ ······ ㉠

$t = 18$에서 $a^\beta = 18$ $\quad\quad$ ······ ㉡

㉠×㉡을 하면

$a^\alpha a^\beta = 36$ $\quad \therefore a^{\alpha+\beta} = 36$

이때, $\alpha + \beta = 4$이므로 $a^4 = 36$

$a^2 = 6$ $\quad \therefore a = \sqrt{6}$ $(\because a > 1)$

답 ②

13

두 점 $A(k, a)$, $B(k+m, b)$가 함수 $y = 2^x$의 그래프 위에 있으므로

$2^k = a$, $2^{k+m} = b$

이때, $b = 16a$에서 $2^{k+m} = 16 \times 2^k$

$2^{k+m} = 2^{k+4}$

따라서 $k+m = k+4$이므로 $m = 4$

$C(k, b)$이고, 삼각형 ABC의 넓이가 15이므로

$\frac{1}{2}\overline{AC} \times \overline{CB} = 15$, $\frac{1}{2}(b-a)m = 15$

$\frac{1}{2}(16a - a) \times 4 = 15$, $30a = 15$

$\therefore a = \frac{1}{2}$

이를 $b = 16a$에 대입하면 $b = 8$

$\therefore ab = \frac{1}{2} \times 8 = 4$

답 4

14

$4 \leq 2^{x+1} \leq 16\sqrt{2}$에서

$2^2 \leq 2^{x+1} \leq 2^4 \times 2^{\frac{1}{2}}$, $2^2 \leq 2^{x+1} \leq 2^{\frac{9}{2}}$

이때, 밑은 2이고 $2 > 1$이므로

$2 \leq x + 1 \leq \frac{9}{2}$

$\therefore 1 \leq x \leq \frac{7}{2}$

따라서 $\alpha = 1$, $\beta = \frac{7}{2}$이므로

$\alpha + \beta = 1 + \frac{7}{2} = \frac{9}{2}$

답 ②

15

$3^{2x-1} - 10 \times 3^x + 27 \leq 0$에서 $\frac{1}{3} \times (3^x)^2 - 10 \times 3^x + 27 \leq 0$

$3^x = t$ $(t > 0)$로 놓으면

$\frac{1}{3}t^2 - 10t + 27 \leq 0$, $t^2 - 30t + 81 \leq 0$

$(t-3)(t-27) \leq 0$ $\quad \therefore 3 \leq t \leq 27$

즉, $3 \leq 3^x \leq 27$이므로 $3^1 \leq 3^x \leq 3^3$

이때, 밑이 3이고 $3 > 1$이므로 $1 \leq x \leq 3$

따라서 주어진 부등식을 만족시키는 자연수 x의 개수는 1, 2, 3의 3이다.

답 ③

16

$25^x - a \times 5^x + b < 0$에서 $(5^x)^2 - a \times 5^x + b < 0$

$5^x = t$ $(t > 0)$로 놓으면 $t^2 - at + b < 0$

이때, 주어진 부등식의 해가 $0 < x < 2$이므로

$5^0 < 5^x < 5^2$ $\quad \therefore 1 < t < 25$

해가 $1 < t < 25$이고 t^2의 계수가 1인 이차부등식은

$(t-1)(t-25) < 0$ $\quad \therefore t^2 - 26t + 25 < 0$

따라서 $a = 26$, $b = 25$이므로

$a + b = 26 + 25 = 51$

답 51

점 $(2, 2)$가 $y=\log_a x+1$의 그래프 위의 점이므로

$2=\log_a 2+1$, $\log_a 2=1$ $\therefore a=2$

$\therefore a+m=2+1=3$

답 3

04 | 로그함수

02-1

$y=\log_2(x-a)+3$으로 놓으면

$y-3=\log_2(x-a)$

$2^{y-3}=x-a$ $\therefore x=2^{y-3}+a$

x와 y를 서로 바꾸면

$y=2^{x-3}+a$

따라서 $f^{-1}(x)=2^{x-3}+a$이므로

$a=4$, $b=2$

$\therefore a+b=4+2=6$

답 6

교과서 핵심 개념별 대표 유형 익히기   본문 26~30쪽

개념 ① 로그함수

개념 Check

1 (1) $y=5^x$에서 $x=\log_5 y$

x와 y를 서로 바꾸면 구하는 역함수는

$y=\log_5 x$

(2) $y=\log_{\frac{1}{3}} x$에서 $x=\left(\dfrac{1}{3}\right)^y$

x와 y를 서로 바꾸면 구하는 역함수는

$y=\left(\dfrac{1}{3}\right)^x$

답 (1) $y=\log_5 x$ (2) $y=\left(\dfrac{1}{3}\right)^x$

2 (1) $x-2>0$에서 $x>2$

따라서 정의역은 $\{x|x>2\}$이다.

(2) $4x>0$에서 $x>0$

따라서 정의역은 $\{x|x>0\}$이다.

답 (1) $\{x|x>2\}$ (2) $\{x|x>0\}$

개념 ② 로그함수의 최대, 최소

유형 03

함수 $y=\log_2(x+1)$에서 밑이 2이고, $2>1$이므로 x의 값이 증가할 때 y의 값도 증가한다.

즉, $3\le x\le 7$에서 함수 $y=\log_2(x+1)$은 $x=3$일 때 최솟값 $\log_2 4=2$를 갖고, $x=7$일 때 최댓값 $\log_2 8=3$을 갖는다.

따라서 $M=3$, $m=2$이므로

$M+m=3+2=5$

답 5

유형 01

① 정의역은 양의 실수 전체의 집합이다.

② 치역은 실수 전체의 집합이다.

③ 그래프는 점 $(1, 0)$을 지난다.

④ 점근선의 방정식은 $x=0$이다.

따라서 옳은 것은 ⑤이다.

답 ⑤

01-1

함수 $y=\log_3 x$의 그래프를 x축의 방향으로 a만큼 평행이동시킨 그래프의 식은

$y=\log_3(x-a)$

이 그래프가 점 $(16, 2)$를 지나므로

$2=\log_3(16-a)$, $16-a=3^2$ $\therefore a=7$

한편, 함수 $y=\log_b x$의 그래프가 점 $(16, 2)$를 지나므로

$2=\log_b 16$, $16=b^2$ $\therefore b=4\ (\because b>0)$

$\therefore a+b=7+4=11$

답 11

03-1

함수 $y=\log_{\frac{1}{9}}(x+2)$에서 밑이 $\dfrac{1}{9}$이고, $0<\dfrac{1}{9}<1$이므로 x의 값이 증가할 때 y의 값은 감소한다.

즉, $-1\le x\le 1$에서 함수 $y=\log_{\frac{1}{9}}(x+2)$는 $x=-1$일 때 최댓값 $\log_{\frac{1}{9}} 1=0$을 갖고, $x=1$일 때 최솟값 $\log_{\frac{1}{9}} 3=-\dfrac{1}{2}$을 갖는다.

따라서 $M=0$, $m=-\dfrac{1}{2}$이므로

$M-m=0-\left(-\dfrac{1}{2}\right)=\dfrac{1}{2}$

답 ②

03-2

진수의 조건에서 $-x^2+2x+8>0$

$x^2-2x-8<0$, $(x+2)(x-4)<0$

$\therefore -2<x<4$

함수 $y=3+\log_3(-x^2+2x+8)$에서 밑이 3이고, $3>1$이므로 $-x^2+2x+8$이 최대일 때 y가 최댓값을 갖는다.

$-x^2+2x+8=-(x-1)^2+9$

이므로 $-2<x<4$에서 $-x^2+2x+8$은 $x=1$일 때, 최대이다.

따라서 함수 $y=3+\log_3(-x^2+2x+8)$은 $x=1$일 때 최댓값 $3+\log_3 9=3+2=5$를 갖는다.

답 5

유형 02

함수 $y=\log_a x+m\ (a>1)$의 그래프와 그 역함수의 그래프의 교점은 직선 $y=x$ 위의 점이므로 두 교점의 좌표는 각각 $(1, 1)$, $(2, 2)$이다.

점 $(1, 1)$이 $y=\log_a x+m$의 그래프 위의 점이므로

$1=\log_a 1+m$

$\therefore m=1$

유형 04

$\log_2 x = t$로 놓으면 $1 \leq x \leq 8$에서

$\log_2 1 < \log_2 x < \log_2 8$ $\therefore 0 \leq t \leq 3$

이때, 주어진 함수는

$y = -t^2 + 4t + 5 = -(t-2)^2 + 9$

따라서 $0 \leq t \leq 3$에서 함수 y는 $t=2$일 때 최댓값 9를 갖고, $t=0$일 때 최솟값 5를 가지므로

$M=9$, $m=5$

$\therefore M+m = 9+5 = 14$ 답 14

04-1

$\log_2 x = t$로 놓으면 주어진 함수는

$y = t^2 - 2at + b$

$\quad = (t^2 - 2at + a^2) - a^2 + b$

$\quad = (t-a)^2 - a^2 + b$

이때, 함수 $y=(t-a)^2 - a^2 + b$는 $t=a$, 즉 $\log_2 x = a$일 때 최솟값 $-a^2 + b$를 갖는다.

$\log_2 4 = a$이므로 $a=2$

$-a^2 + b = 6$이므로 $b = a^2 + 6 = 2^2 + 6 = 10$

$\therefore ab = 2 \times 10 = 20$ 답 20

개념 3 로그방정식

유형 05

진수의 조건에서 $x>0$, $x+2>0$

$\therefore x>0$

$\log_3 x = \log_9 (x+2)$에서 $\log_3 x = \log_{3^2}(x+2)$

$\log_3 x = \frac{1}{2}\log_3 (x+2)$, $2\log_3 x = \log_3 (x+2)$

$\log_3 x^2 = \log_3 (x+2)$

따라서 $x^2 = x+2$이므로

$x^2 - x - 2 = 0$, $(x+1)(x-2)=0$

$\therefore x=-1$ 또는 $x=2$

이때, $x>0$이므로 $x=2$이다.   답 $x=2$

05-1

진수의 조건에서 $x-5>0$, $x+3>0$

$\therefore x>5$

$\log_3 (x-5) + \log_3 (x+3) = 2$에서

$\log_3 \{(x-5)(x+3)\} = \log_3 3^2$

따라서 $(x-5)(x+3)=9$이므로

$x^2 - 2x - 15 = 9$

$x^2 - 2x - 24 = 0$, $(x+4)(x-6)=0$

$\therefore x=-4$ 또는 $x=6$

이때, $x>5$이므로 $x=6$이다.   답 $x=6$

유형 06

$\log_2 x = t$로 놓으면

$t^2 - 2t - 8 = 0$, $(t+2)(t-4)=0$

$\therefore t=-2$ 또는 $t=4$

$t=-2$에서 $\log_2 x = -2$ $\therefore x = 2^{-2} = \frac{1}{4}$

$t=4$에서 $\log_2 x = 4$ $\therefore x = 2^4 = 16$

따라서 두 근의 곱은

$\frac{1}{4} \times 16 = 4$

• 다른 풀이

$\log_2 x = t$로 놓으면

$t^2 - 2t - 8 = 0$

주어진 방정식의 두 근을 α, β라 하면

이차방정식 $t^2 - 2t - 8 = 0$의 두 근은 $\log_2 \alpha$, $\log_2 \beta$이므로 근과 계수의 관계에 의하여

$\log_2 \alpha + \log_2 \beta = 2$

즉, $\log_2 \alpha\beta = 2$이므로 $\alpha\beta = 2^2 = 4$

따라서 주어진 방정식의 두 근의 곱은 4이다.   답 ⑤

06-1

$\log_{\frac{1}{3}} x = t$로 놓으면

$t^2 + 2t - 3 = 0$, $(t+3)(t-1)=0$

$\therefore t=-3$ 또는 $t=1$

$t=-3$에서 $\log_{\frac{1}{3}} x = -3$ $\therefore x = \left(\frac{1}{3}\right)^{-3} = 27$

$t=1$에서 $\log_{\frac{1}{3}} x = 1$ $\therefore x = \frac{1}{3}$

따라서 두 근의 곱은

$27 \times \frac{1}{3} = 9$ 답 9

개념 4 로그부등식

유형 07

진수의 조건에서 $x>0$, $x+2>0$

$\therefore x>0$ ...... ㉠

$\log_2 x \leq \log_4 (x+2)$에서 $\log_2 x \leq \log_{2^2}(x+2)$

$\log_2 x \leq \frac{1}{2}\log_2 (x+2)$, $2\log_2 x \leq \log_2 (x+2)$

$\log_2 x^2 \leq \log_2 (x+2)$

이때, 밑이 2이고, $2>1$이므로

$x^2 \leq x+2$, $x^2 - x - 2 \leq 0$

$(x+1)(x-2) \leq 0$

$\therefore -1 \leq x \leq 2$ ...... ㉡

㉠, ㉡의 공통 범위를 구하면 $0 < x \leq 2$

따라서 구하는 정수 x의 개수는 1, 2의 2이다.   답 ②

07-1

진수의 조건에서 $x-1>0$, $x+5>0$

$\therefore x>1$ ⋯⋯ ㉠

$\log_{\frac{1}{2}}(x-1)>\log_{\frac{1}{4}}(x+5)$에서

$\log_{\frac{1}{2}}(x-1)>\log_{(\frac{1}{2})^2}(x+5)$

$\log_{\frac{1}{2}}(x-1)>\frac{1}{2}\log_{\frac{1}{2}}(x+5)$

$2\log_{\frac{1}{2}}(x-1)>\log_{\frac{1}{2}}(x+5)$

$\log_{\frac{1}{2}}(x-1)^2>\log_{\frac{1}{2}}(x+5)$

이때, 밑이 $\frac{1}{2}$이고, $0<\frac{1}{2}<1$이므로

$(x-1)^2<x+5$, $x^2-3x-4<0$

$(x+1)(x-4)<0$

$\therefore -1<x<4$ ⋯⋯ ㉡

㉠, ㉡의 공통 범위를 구하면 $1<x<4$

따라서 구하는 모든 자연수 x의 값의 합은

$2+3=5$ 답 5

유형 08

진수의 조건에서 $x>0$ ⋯⋯ ㉠

$\log_2 x=t$로 놓으면

$t^2-2t-15<0$, $(t+3)(t-5)<0$

$\therefore -3<t<5$

따라서 $-3<\log_2 x<5$이므로

$\log_2 2^{-3}<\log_2 x<\log_2 2^5$

이때, 밑이 2이고, $2>1$이므로

$\frac{1}{8}<x<32$ ⋯⋯ ㉡

㉠, ㉡의 공통 범위를 구하면 $\frac{1}{8}<x<32$

따라서 $\alpha=\frac{1}{8}$, $\beta=32$이므로

$\alpha\beta=\frac{1}{8}\times 32=4$ 답 ④

08-1

진수의 조건에서 $x>0$, $x^3>0$ $\therefore x>0$ ⋯⋯ ㉠

$(\log_{\frac{1}{3}}x)^2-\log_{\frac{1}{3}}x^3<4$에서

$(\log_{\frac{1}{3}}x)^2-3\log_{\frac{1}{3}}x-4<0$

$\log_{\frac{1}{3}}x=t$로 놓으면

$t^2-3t-4<0$, $(t+1)(t-4)<0$

$\therefore -1<t<4$

따라서 $-1<\log_{\frac{1}{3}}x<4$이므로

$\log_{\frac{1}{3}}\left(\frac{1}{3}\right)^{-1}<\log_{\frac{1}{3}}x<\log_{\frac{1}{3}}\left(\frac{1}{3}\right)^4$

이때, 밑이 $\frac{1}{3}$이고, $0<\frac{1}{3}<1$이므로

$\frac{1}{81}<x<3$ ⋯⋯ ㉡

㉠, ㉡의 공통 범위를 구하면 $\frac{1}{81}<x<3$

따라서 $\alpha=\frac{1}{81}$, $\beta=3$이므로

$\alpha\beta=\frac{1}{81}\times 3=\frac{1}{27}$ 답 ①

개념 5 지수함수와 로그함수의 실생활에의 활용

유형 09

이 강의 상류에서 채취한 강물의 수소 이온 농도를 A라 하면 pH가 5이므로

$5=-\log A$

하류에서 채취한 강물의 pH를 k라 하면 하류에서 채취한 강물의 수소 이온 농도는 $10A$이므로

$k=-\log 10A$

  $=-1-\log A$

  $=-1+5=4$

따라서 이 강의 하류에서 채취한 강물의 pH는 4이다.   답 4

09-1

이 물고기의 길이가 $5\,cm$ 이상이 되려면

$10(1-a^{-0.5t})\geq 5$

$1-a^{-0.5t}\geq\frac{1}{2}$

$a^{-0.5t}\leq\frac{1}{2}$

양변에 밑이 a인 로그를 취하면 $a>1$이므로

$-0.5t\leq\log_a\frac{1}{2}$, $-0.5t\leq-\log_a 2$

$0.5t\geq 2.6$ $\therefore t\geq\frac{26}{5}=5.2$

따라서 이 물고기의 길이가 $5\,cm$ 이상이 되기 위한 최소 연령은 6이다.   답 6

09-2

2018년의 인구 수를 A라 하면 매년 10%씩 증가하므로 n년 후의 인구 수는

$A(1+0.1)^n=A\times 1.1^n$

2018년의 인구 수의 3배가 되려면

$A\times 1.1^n=3A$

$1.1^n=3$

양변에 상용로그를 취하면

$\log 1.1^n=\log 3$, $n\log 1.1=\log 3$

$0.04n=0.48$

$\therefore n=12$

따라서 2018년의 인구 수의 3배가 되는 해는 12년 후이다.   답 ⑤

09-3

매년 20%씩 가격이 떨어지므로 n년 후의 이 자동차의 가격은

1000×0.8^n (만 원)

n년 후 이 자동차가 처음으로 200만 원 이하가 되려면
$$1000 \times 0.8^n \leq 200$$
$$0.8^n \leq \frac{1}{5}$$
양변에 상용로그를 취하면
$$\log 0.8^n \leq \log \frac{1}{5}$$
$$n(\log 8 - 1) \leq \log \frac{2}{10}$$
$$n(3\log 2 - 1) \leq \log 2 - 1$$
$$n(3 \times 0.3 - 1) \leq 0.3 - 1$$
$$-0.1n \leq -0.7$$
$$\therefore n \geq 7$$
따라서 이 자동차의 가격은 7년 후 처음으로 200만 원 이하가 된다.
답 ⑤

대표 유형 다지기
본문 31~32쪽

01 ①	**02** ③	**03** ④	**04** ③	**05** ③
06 ⑤	**07** 25	**08** ④	**09** ⑤	**10** ③
11 ⑤	**12** ②	**13** ①	**14** 34	**15** ①
16 8장				

01
$f(2\sqrt{2}) = 4$에서 $\frac{4}{3}\log_a 2\sqrt{2} = 4$
$$\log_a 2^{\frac{3}{2}} = 3, \quad \frac{3}{2}\log_a 2 = 3$$
$$\log_a 2 = 2, \quad a^2 = 2$$
$$\therefore a = \sqrt{2} \ (\because a > 0)$$
따라서 $f(x) = \frac{4}{3}\log_{\sqrt{2}} x = \frac{4}{3} \times 2\log_2 x = \frac{8}{3}\log_2 x$이므로
$$f(4) - f(32) = \frac{8}{3}\log_2 4 - \frac{8}{3}\log_2 32$$
$$= \frac{8}{3} \times 2 - \frac{8}{3} \times 5$$
$$= -\frac{24}{3} = -8$$
답 ①

02
함수 $y = \log_5(x-2) + 3$의 그래프는 함수 $y = \log_5 x$의 그래프를 x축의 방향으로 2만큼, y축의 방향으로 3만큼 평행이동시킨 것이므로
$$a = 2, \ b = 3$$
$$\therefore a + b = 2 + 3 = 5$$
답 ③

03
세 함수 $y = \log_a x$, $y = \log_b x$, $y = \log_c x$의 그래프와 직선 $y = 1$의 교점의 x좌표는 각각 a, b, c이다.
따라서 오른쪽 그림에서
$$c < a < b$$

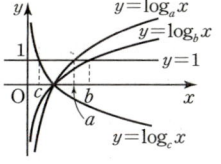

답 ④

04
점 A는 함수 $y = a^{-x-1}$의 그래프와 직선 $y = 1$의 교점이므로
$1 = a^{-x-1}$에서 $-x - 1 = 0$ $\therefore x = -1$
$\therefore \text{A}(-1, 1)$
점 B는 함수 $y = \log_a(x-3)$의 그래프와 직선 $y = 1$의 교점이므로
$1 = \log_a(x-3)$에서 $x - 3 = a$ $\therefore x = a + 3$
$\therefore \text{B}(a+3, 1)$
$\overline{\text{AB}} = 10$이므로
$|(a+3) - (-1)| = 10, \ a + 4 = 10 \ (\because a > 1)$
$\therefore a = 6$
답 ③

05
점 A는 x축 위의 점이므로 $\text{A}(1, 0)$
$\text{B}(k, \log_2 k) \ (k > 0)$라 하면 $\text{C}(k, 0)$
이때 $\overline{\text{BC}} = \log_2 k = 2$이므로
$$k = 4$$
따라서 $\overline{\text{AC}} = 4 - 1 = 3$이므로 구하는 직각삼각형 ACB의 넓이는
$$\frac{1}{2}\overline{\text{AC}} \times \overline{\text{BC}} = \frac{1}{2} \times 3 \times 2 = 3$$

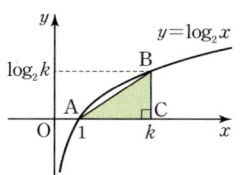

답 ③

06
세 수를 밑이 2인 로그로 나타내면
$$A = -\log_2 \frac{1}{3} = \log_2 \left(\frac{1}{3}\right)^{-1} = \log_2 3$$
$$B = \log_2 \sqrt[3]{7}$$
$$C = \frac{1}{3}\log_2 5 = \log_2 5^{\frac{1}{3}} = \log_2 \sqrt[3]{5}$$
$\sqrt[3]{5} < \sqrt[3]{7} < \sqrt[3]{27}$, 즉 $\sqrt[3]{5} < \sqrt[3]{7} < 3$이고, 함수 $y = \log_2 x$는 x의 값이 증가할 때 y의 값도 증가하므로
$$\log_2 \sqrt[3]{5} < \log_2 \sqrt[3]{7} < \log_2 3$$
$$\therefore C < B < A$$
답 ⑤

07
진수의 조건에서 $-x^2 + x > 0$
$x^2 - x < 0, \ x(x-1) < 0$ $\therefore 0 < x < 1$
함수 $y = \log_2(-x^2+x) + 7$에서 밑이 2이고, $2 > 1$이므로
$-x^2 + x$가 최대일 때 y가 최댓값을 갖는다.
$$-x^2 + x = -\left(x - \frac{1}{2}\right)^2 + \frac{1}{4}$$
이므로 $0 < x < 1$에서 $-x^2 + x$는 $x = \frac{1}{2}$일 때 최대이다.
따라서 함수 $y = \log_2(-x^2+x) + 7$은 $x = \frac{1}{2}$일 때 최댓값
$$\log_2 \frac{1}{4} + 7 = -2 + 7 = 5$$를 가지므로
$$a = \frac{1}{2}, \ b = 5$$
$$\therefore 10ab = 10 \times \frac{1}{2} \times 5 = 25$$
답 25

08

$y=(\log_3 9x)\left(\log_3 \dfrac{x}{3}\right)$

$\quad=(\log_3 x+\log_3 9)(\log_3 x-\log_3 3)$

$\quad=(\log_3 x+2)(\log_3 x-1)$

$\quad=(\log_3 x)^2+\log_3 x-2$

$\log_3 x=t$로 놓으면 $\dfrac{1}{3}\le x\le 27$에서

$\log_3 \dfrac{1}{3}\le \log_3 x\le \log_3 27 \qquad \therefore -1\le t\le 3$

이때, 주어진 함수는

$y=t^2+t-2=\left(t+\dfrac{1}{2}\right)^2-\dfrac{9}{4}$

따라서 $-1\le t\le 3$에서 함수 $y=\left(t+\dfrac{1}{2}\right)^2-\dfrac{9}{4}$는 $t=3$일 때 최댓값

10을 갖고, $t=-\dfrac{1}{2}$일 때 최솟값 $-\dfrac{9}{4}$를 가지므로 구하는 합은

$10+\left(-\dfrac{9}{4}\right)=\dfrac{31}{4}$ 〔답〕④

09

진수의 조건에서 $x+1>0$, $x^2-2x-3>0$이므로

$x+1>0$에서 $x>-1$ ...... ㉠

$x^2-2x-3>0$에서

$(x+1)(x-3)>0 \qquad \therefore x<-1$ 또는 $x>3$ ...... ㉡

㉠, ㉡에서 $x>3$

$\log_2 (x+1)=\log_4 (x^2-2x-3)+\dfrac{1}{2}$에서

$\log_2 (x+1)=\log_{2^2}(x^2-2x-3)+\dfrac{1}{2}$

$\log_2 (x+1)=\dfrac{1}{2}\log_2 (x^2-2x-3)+\dfrac{1}{2}$

$2\log_2 (x+1)=\log_2 (x^2-2x-3)+1$

$\log_2 (x+1)^2=\log_2 \{2(x^2-2x-3)\}$

따라서 $(x+1)^2=2(x^2-2x-3)$이므로

$x^2-6x-7=0$, $(x+1)(x-7)=0$

$\therefore x=-1$ 또는 $x=7$

이때, $x>3$이므로 $x=7$이다. 〔답〕⑤

10

로그의 밑과 진수의 조건에서

$x>0$, $x\ne 1$, $x+2>0$, $2x-4>0$

$\therefore x>2$

$\log_x (x+2)+\log_x (2x-4)=2$에서

$\log_x (x+2)(2x-4)=2$

$(x+2)(2x-4)=x^2$

$x^2=8 \qquad \therefore x=\pm 2\sqrt{2}$

이때, $x>2$이므로 $x=2\sqrt{2}$이다. 〔답〕③

11

로그의 밑과 진수의 조건에서

$x>0$, $x\ne 1$

$\log_2 x+\log_x 8=4$에서

$\log_2 x+3\log_x 2=4$

$\log_2 x+\dfrac{3}{\log_2 x}=4$

양변에 $\log_2 x$를 곱하여 정리하면

$(\log_2 x)^2-4\log_2 x+3=0$

$\log_2 x=t$로 놓으면

$t^2-4t+3=0$, $(t-1)(t-3)=0$

$\therefore t=1$ 또는 $t=3$

$t=1$에서 $\log_2 x=1 \qquad \therefore x=2$

$t=3$에서 $\log_2 x=3 \qquad \therefore x=8$

따라서 구하는 모든 실근의 합은

$2+8=10$ 〔답〕⑤

12

진수의 조건에서 $x>0$

$x^{\log_5 x}=\dfrac{25}{x}$의 양변에 밑이 5인 로그를 취하면

$\log_5 x^{\log_5 x}=\log_5 \dfrac{25}{x}$

$\log_5 x\times \log_5 x=\log_5 25-\log_5 x$

$(\log_5 x)^2=2-\log_5 x$

$(\log_5 x)^2+\log_5 x-2=0$

$\log_5 x=t$로 놓으면

$t^2+t-2=0$, $(t+2)(t-1)=0$

$\therefore t=-2$ 또는 $t=1$

$t=-2$에서 $\log_5 x=-2 \qquad \therefore x=\dfrac{1}{25}$

$t=1$에서 $\log_5 x=1 \qquad \therefore x=5$

따라서 두 근의 곱은

$\dfrac{1}{25}\times 5=\dfrac{1}{5}$ 〔답〕②

13

진수의 조건에서 $1-x>0$, $4-x>0$

$\therefore x<1$ ...... ㉠

$\log_{\frac{1}{2}}(1-x)\ge \log_2 (4-x)-2$에서

$-\log_2 (1-x)\ge \log_2 (4-x)-2$

$\log_2 (4-x)+\log_2 (1-x)\le 2$

$\log_2 (4-x)(1-x)\le \log_2 4$

이때, 밑은 2이고, $2>1$이므로

$(4-x)(1-x)\le 4$, $x^2-5x+4\le 4$

$x(x-5)\le 0 \qquad \therefore 0\le x\le 5$ ...... ㉡

㉠, ㉡의 공통 범위를 구하면

$0\le x<1$

따라서 구하는 정수 x의 개수는 0의 1이다. 〔답〕①

14

진수의 조건에서 $|x-12|>0$, $x>0$, $x-6>0$

$\therefore x>6$, $x\ne 12$ ...... ㉠

$\log_2 |x-12|<5$에서 $|x-12|<32$

$-32<x-12<32 \qquad \therefore -20<x<44$ ...... ㉡

$\log_3 x+\log_3 (x-6)\ge 3$에서

$\log_3 x(x-6) \geq 3$, $x(x-6) \geq 27$

$x^2 - 6x - 27 \geq 0$, $(x+3)(x-9) \geq 0$

$\therefore x \leq -3$ 또는 $x \geq 9$ ······ ㉢

㉠, ㉡, ㉢의 공통 범위를 구하면

$9 \leq x < 12$ 또는 $12 < x < 44$

따라서 구하는 정수 x의 개수는

$(11-9+1) + (43-13+1) = 3+31 = 34$ 답 **34**

15

진수의 조건에서 $x > 0$, $9x > 0$ $\therefore x > 0$ ······ ㉠

$\log_3 x \times \log_3 9x \leq 3$에서

$(\log_3 x)(2 + \log_3 x) \leq 3$, $(\log_3 x)^2 + 2\log_3 x - 3 \leq 0$

$\log_3 x = t$로 놓으면

$t^2 + 2t - 3 \leq 0$, $(t+3)(t-1) \leq 0$

$\therefore -3 \leq t \leq 1$

따라서 $-3 \leq \log_3 x \leq 1$이므로

$\log_3 3^{-3} \leq \log_3 x \leq \log_3 3$

이때, 밑이 3이고 $3 > 1$이므로

$\dfrac{1}{27} \leq x \leq 3$ ······ ㉡

㉠, ㉡의 공통 범위를 구하면

$\dfrac{1}{27} \leq x \leq 3$

따라서 $\alpha = \dfrac{1}{27}$, $\beta = 3$이므로

$\alpha\beta = \dfrac{1}{27} \times 3 = \dfrac{1}{9}$ 답 ①

16

처음 빛 속의 자외선의 농도를 a라 하면 유리창을 1개 통과하면 자외선의 농도의 $\dfrac{3}{5}$이 줄어들므로 남는 자외선의 농도는

$a \times \left(1 - \dfrac{3}{5}\right) = \dfrac{2}{5}a$

즉, 유리창을 n개 통과하면 남는 자외선의 농도는 $a \times \left(\dfrac{2}{5}\right)^n$이고, 처음 자외선의 농도의 $\dfrac{1}{1000}$ 이하가 되려면

$a \times \left(\dfrac{2}{5}\right)^n \leq a \times \dfrac{1}{1000}$

이때, $a > 0$이므로 $\left(\dfrac{2}{5}\right)^n \leq \dfrac{1}{1000}$

위 식의 양변에 상용로그를 취하면

$\log\left(\dfrac{2}{5}\right)^n \leq \log \dfrac{1}{1000}$

$n\log\dfrac{2}{5} \leq -3$, $n(\log 2 - \log 5) \leq -3$

$n(\log 5 - \log 2) \geq 3$

$n \geq \dfrac{3}{\log 5 - \log 2}$ $(\because \log 5 - \log 2 > 0)$

$n \geq \dfrac{3}{(1 - \log 2) - \log 2}$, $n \geq \dfrac{3}{1 - 2\log 2}$

$n \geq \dfrac{3}{1 - 2 \times 0.3}$ $\therefore n \geq 7.5$

따라서 유리창이 최소 8장 필요하다.   답 **8장**

---

01 | 삼각함수

교과서 핵심 개념별 대표 유형 익히기   본문 34~36쪽

개념 ① 일반각과 호도법

개념 Check

1. (1) $135° = 135° \times \dfrac{\pi}{180} = \dfrac{3}{4}\pi$

(2) $-240° = -240° \times \dfrac{\pi}{180} = -\dfrac{4}{3}\pi$

(3) $\dfrac{2}{3}\pi = \dfrac{2}{3}\pi \times \dfrac{180°}{\pi} = 120°$

(4) $-\dfrac{5}{4}\pi = -\dfrac{5}{4}\pi \times \dfrac{180°}{\pi} = -225°$

답 (1) $\dfrac{3}{4}\pi$ (2) $-\dfrac{4}{3}\pi$ (3) $120°$ (4) $-225°$

유형 01

ㄱ. $100°$는 제2사분면의 각이다.

ㄴ. $-250° = 360° \times (-1) + 110°$에서 $110°$가 제2사분면의 각이므로 $-250°$는 제2사분면의 각이다.

ㄷ. $800° = 360° \times 2 + 80°$에서 $80°$가 제1사분면의 각이므로 $800°$는 제1사분면의 각이다.

ㄹ. $\dfrac{7}{5}\pi$는 제3사분면의 각이다.

ㅁ. $\dfrac{11}{4}\pi = 2\pi + \dfrac{3}{4}\pi$에서 $\dfrac{3}{4}\pi$가 제2사분면의 각이므로 $\dfrac{11}{4}\pi$는 제2사분면의 각이다.

따라서 각을 나타내는 동경이 제2사분면에 존재하는 것은 ㄱ, ㄴ, ㅁ이다.   답 ㄱ, ㄴ, ㅁ

01-1

$2\pi < \theta < 4\pi$이고 θ가 제3사분면의 각이므로

$2\pi + \pi < \theta < 2\pi + \dfrac{3}{2}\pi$에서 $3\pi < \theta < \dfrac{7}{2}\pi$

$\therefore \dfrac{3}{2}\pi < \dfrac{\theta}{2} < \dfrac{7}{4}\pi$

따라서 $\dfrac{\theta}{2}$는 제4사분면의 각이다.

·보충 설명

일반각을 호도법으로 나타내기

동경 OP가 나타내는 한 각의 크기를 θ(라디안)라 할 때, 그 일반각은 $2n\pi + \theta$ (n은 정수)로 나타낼 수 있다. 이때, θ는 보통 $0 \leq \theta < 2\pi$의 범위에서 택한다.   답 제4사분면

유형 02

부채꼴의 호의 길이를 l, 넓이를 S라 하면

$$l = 4 \times \frac{\pi}{6} = \frac{2}{3}\pi$$

$$S = \frac{1}{2} \times 4^2 \times \frac{\pi}{6} = \frac{4}{3}\pi$$

따라서 이 부채꼴의 호의 길이는 $\frac{2}{3}\pi$이고, 넓이는 $\frac{4}{3}\pi$이다.

🔲 호의 길이 : $\frac{2}{3}\pi$, 넓이 : $\frac{4}{3}\pi$

02-1

(1) 부채꼴의 호의 길이를 l, 넓이를 S라 하면

$$l = 10 \times \frac{\pi}{3} = \frac{10}{3}\pi$$

$$S = \frac{1}{2} \times 10^2 \times \frac{\pi}{3} = \frac{50}{3}\pi$$

따라서 이 부채꼴의 호의 길이는 $\frac{10}{3}\pi$이고, 넓이는 $\frac{50}{3}\pi$이다.

(2) 부채꼴의 중심각의 크기를 θ, 넓이를 S라 하면 부채꼴의 호의 길이가 8이므로

$$8 = 4 \times \theta \qquad \therefore \theta = 2$$

$$S = \frac{1}{2} \times 4^2 \times 2 = 16$$

따라서 이 부채꼴의 중심각의 크기는 2이고, 넓이는 16이다.

🔲 (1) 호의 길이 : $\frac{10}{3}\pi$, 넓이 : $\frac{50}{3}\pi$

(2) 중심각의 크기 : 2, 넓이 : 16

개념 2 삼각함수의 정의

개념 Check

1 $\overline{OP} = \sqrt{(-3)^2 + (-4)^2} = 5$이므로

(1) $\sin\theta = -\frac{4}{5}$

(2) $\cos\theta = -\frac{3}{5}$

(3) $\tan\theta = \frac{4}{3}$

🔲 (1) $-\frac{4}{5}$ (2) $-\frac{3}{5}$ (3) $\frac{4}{3}$

유형 03

오른쪽 그림과 같이 각 $\frac{3}{4}\pi$를 나타내는 동경과 원점 O를 중심으로 하고 반지름의 길이가 1인 원의 교점을 P라 하고, 점 P에서 x축에 내린 수선의 발을 P'이라 하자.

$\overline{OP} = 1$이고, $\angle POP' = \frac{\pi}{4}$이므로 점 P의

좌표는 $\left(-\frac{\sqrt{2}}{2}, \frac{\sqrt{2}}{2}\right)$이다.

$$\therefore \sin\frac{3}{4}\pi = \frac{\sqrt{2}}{2}, \cos\frac{3}{4}\pi = -\frac{\sqrt{2}}{2}, \tan\frac{3}{4}\pi = -1$$

🔲 $\sin\frac{3}{4}\pi = \frac{\sqrt{2}}{2}, \cos\frac{3}{4}\pi = -\frac{\sqrt{2}}{2}, \tan\frac{3}{4}\pi = -1$

03-1

(1) 오른쪽 그림과 같이 각 $\frac{7}{6}\pi$를 나타내는 동경과 원점 O를 중심으로 하고 반지름의 길이가 1인 원의 교점을 P라 하고, 점 P에서 x축에 내린 수선의 발을 P'이라 하자.

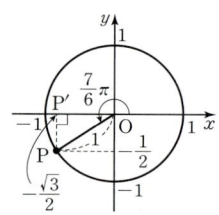

$\overline{OP} = 1$이고, $\angle POP' = \frac{\pi}{6}$이므로 점 P의 좌표는 $\left(-\frac{\sqrt{3}}{2}, -\frac{1}{2}\right)$이다.

$$\therefore \sin\theta = -\frac{1}{2}, \cos\theta = -\frac{\sqrt{3}}{2}, \tan\theta = \frac{\sqrt{3}}{3}$$

(2) 오른쪽 그림과 같이 각 $-\frac{\pi}{3}$를 나타내는 동경과 원점 O를 중심으로 하고 반지름의 길이가 1인 원의 교점을 P라 하고, 점 P에서 x축에 내린 수선의 발을 P'이라 하자.

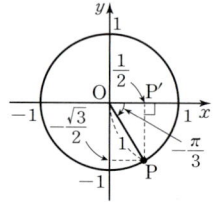

$\overline{OP} = 1$이고, $\angle POP' = \frac{\pi}{3}$이므로 점 P의

좌표는 $\left(\frac{1}{2}, -\frac{\sqrt{3}}{2}\right)$이다.

$$\therefore \sin\theta = -\frac{\sqrt{3}}{2}, \cos\theta = \frac{1}{2}, \tan\theta = -\sqrt{3}$$

🔲 (1) $\sin\theta = -\frac{1}{2}, \cos\theta = -\frac{\sqrt{3}}{2}, \tan\theta = \frac{\sqrt{3}}{3}$

(2) $\sin\theta = -\frac{\sqrt{3}}{2}, \cos\theta = \frac{1}{2}, \tan\theta = -\sqrt{3}$

유형 04

(1) $\sin\theta > 0$인 θ는 제1사분면과 제2사분면의 각이고, $\tan\theta < 0$인 θ는 제2사분면과 제4사분면의 각이므로 θ는 제2사분면의 각이다.

(2) $\frac{\cos\theta}{\tan\theta} < 0$에서

$\cos\theta > 0$, $\tan\theta < 0$ 또는 $\cos\theta < 0$, $\tan\theta > 0$

(i) $\cos\theta > 0$인 θ는 제1사분면과 제4사분면의 각이고, $\tan\theta < 0$인 θ는 제2사분면과 제4사분면의 각이므로 θ는 제4사분면의 각이다.

(ii) $\cos\theta < 0$인 θ는 제2사분면과 제3사분면의 각이고, $\tan\theta > 0$인 θ는 제1사분면과 제3사분면의 각이므로 θ는 제3사분면의 각이다.

(i), (ii)에서 θ는 제3사분면 또는 제4사분면의 각이다.

🔲 (1) 제2사분면 (2) 제3사분면 또는 제4사분면

04-1

(1) $\sin\theta < 0$인 θ는 제3사분면과 제4사분면의 각이고, $\cos\theta < 0$인 θ는 제2사분면과 제3사분면의 각이므로 θ는 제3사분면의 각이다.

(2) $\dfrac{\sin\theta}{\cos\theta}<0$에서

$\sin\theta>0,\ \cos\theta<0$ 또는 $\sin\theta<0,\ \cos\theta>0$

(i) $\sin\theta>0$인 θ는 제1사분면과 제2사분면의 각이고,
$\cos\theta<0$인 θ는 제2사분면과 제3사분면의 각이므로 θ는
제2사분면의 각이다.

(ii) $\sin\theta<0$인 θ는 제3사분면과 제4사분면의 각이고,
$\cos\theta>0$인 θ는 제1사분면과 제4사분면의 각이므로 θ는
제4사분면의 각이다.

(i), (ii)에서 θ는 제2사분면 또는 제4사분면의 각이다.

답 (1) 제3사분면 (2) 제2사분면 또는 제4사분면

개념 ③ 삼각함수 사이의 관계

유형 05

(1) $\sin^2\theta+\cos^2\theta=1$에서 $1-\sin^2\theta=\cos^2\theta$이므로

$\dfrac{\cos^2\theta}{1+\sin\theta}+\dfrac{\cos^2\theta}{1-\sin\theta}$

$=\dfrac{\cos^2\theta(1-\sin\theta)+\cos^2\theta(1+\sin\theta)}{(1+\sin\theta)(1-\sin\theta)}$

$=\dfrac{\cos^2\theta-\cos^2\theta\sin\theta+\cos^2\theta+\cos^2\theta\sin\theta}{1-\sin^2\theta}$

$=\dfrac{2\cos^2\theta}{1-\sin^2\theta}=\dfrac{2\cos^2\theta}{\cos^2\theta}=2$

(2) $1-\sin^2\theta=\cos^2\theta$이고, $\tan\theta=\dfrac{\sin\theta}{\cos\theta}$이므로

$(\sin^2\theta-1)(\tan^2\theta+1)$

$=-(1-\sin^2\theta)\left(\dfrac{\sin^2\theta}{\cos^2\theta}+1\right)$

$=-\cos^2\theta\times\dfrac{\sin^2\theta+\cos^2\theta}{\cos^2\theta}$

$=-(\sin^2\theta+\cos^2\theta)=-1$

답 (1) 2 (2) -1

05-1

$\tan\theta=\dfrac{\sin\theta}{\cos\theta}$이므로

$\dfrac{1}{\tan\theta}+\dfrac{\sin\theta}{1+\cos\theta}=\dfrac{\cos\theta}{\sin\theta}+\dfrac{\sin\theta}{1+\cos\theta}$

$=\dfrac{\cos\theta(1+\cos\theta)+\sin^2\theta}{\sin\theta(1+\cos\theta)}$

$=\dfrac{\cos\theta+\cos^2\theta+\sin^2\theta}{\sin\theta(1+\cos\theta)}$

$=\dfrac{\cos\theta+1}{\sin\theta(1+\cos\theta)}$

$=\dfrac{1}{\sin\theta}=3$

답 ⑤

유형 06

$\sin\theta+\cos\theta=\dfrac{1}{7}$의 양변을 제곱하면

$\sin^2\theta+2\sin\theta\cos\theta+\cos^2\theta=\dfrac{1}{49}$

$1+2\sin\theta\cos\theta=\dfrac{1}{49},\ 2\sin\theta\cos\theta=-\dfrac{48}{49}$

$\therefore\ \sin\theta\cos\theta=-\dfrac{24}{49}$

답 ②

06-1

$\sin\theta+\cos\theta=\dfrac{7}{5}$의 양변을 제곱하면

$\sin^2\theta+2\sin\theta\cos\theta+\cos^2\theta=\dfrac{49}{25}$

$1+2\sin\theta\cos\theta=\dfrac{49}{25}\qquad\therefore\ \sin\theta\cos\theta=\dfrac{12}{25}$

$\therefore\ \tan\theta+\dfrac{1}{\tan\theta}=\dfrac{\sin\theta}{\cos\theta}+\dfrac{\cos\theta}{\sin\theta}$

$=\dfrac{\sin^2\theta+\cos^2\theta}{\cos\theta\sin\theta}$

$=\dfrac{1}{\sin\theta\cos\theta}=\dfrac{25}{12}$

답 $\dfrac{25}{12}$

06-2

$(\sin\theta-\cos\theta)^2=\sin^2\theta-2\sin\theta\cos\theta+\cos^2\theta$

$=1-2\times\left(-\dfrac{1}{4}\right)=\dfrac{3}{2}$

이때, $\dfrac{\pi}{2}<\theta<\pi$이므로 $\sin\theta>0,\ \cos\theta<0$

따라서 $\sin\theta-\cos\theta>0$이므로

$\sin\theta-\cos\theta=\dfrac{\sqrt{6}}{2}$

답 ⑤

대표 유형 다지기 본문 **37쪽**

01 π	**02** 호의 길이 : 4π, 넓이 : 12π	**03** 0
04 ⑤	**05** ② **06** ① **07** ③	**08** ③

01

각 θ를 나타내는 동경과 각 7θ를 나타내는 동경이 일치하므로

$7\theta-\theta=2n\pi$ (n은 정수), $6\theta=2n\pi$

$\therefore\ \theta=\dfrac{n}{3}\pi$ ······ ㉠

$0<\theta<\pi$에서 $0<\dfrac{n}{3}\pi<\pi$이므로 $0<n<3$

이때, n은 정수이므로

$n=1$ 또는 $n=2$

이를 ㉠에 대입하면 $\theta=\dfrac{\pi}{3}$ 또는 $\theta=\dfrac{2}{3}\pi$

따라서 구하는 모든 θ의 값의 합은

$\dfrac{\pi}{3}+\dfrac{2}{3}\pi=\pi$

동경의 위치에 따른 두 각의 관계

두 각 α, β를 나타내는 두 동경의 위치가 아래 네 가지 경우일 때, 두 각 α, β의 관계는 각각 다음과 같다. (단, n은 정수이다.)

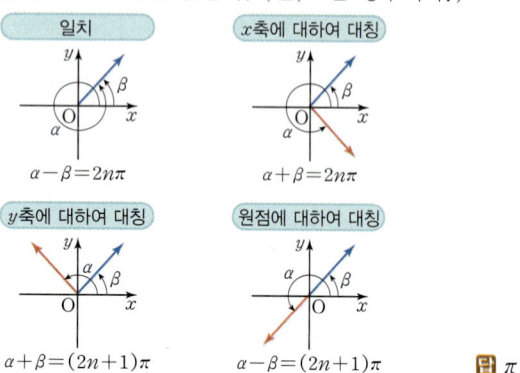

일치
$\alpha - \beta = 2n\pi$

x축에 대하여 대칭
$\alpha + \beta = 2n\pi$

y축에 대하여 대칭
$\alpha + \beta = (2n+1)\pi$

원점에 대하여 대칭
$\alpha - \beta = (2n+1)\pi$

답 π

02

부채꼴의 호의 길이를 l, 넓이를 S라 하면

$$l = 6 \times \frac{2}{3}\pi = 4\pi$$

$$S = \frac{1}{2} \times 6^2 \times \frac{2}{3}\pi = 12\pi$$

따라서 이 부채꼴의 호의 길이는 4π이고, 넓이는 12π이다.

답 호의 길이 : 4π, 넓이 : 12π

03

θ는 제2사분면의 각이므로

$\sin\theta > 0$, $\cos\theta < 0$, $\sin\theta - \cos\theta > 0$

$\therefore \sqrt{\sin^2\theta} - \sqrt{(\sin\theta - \cos\theta)^2} + \sqrt{\cos^2\theta}$

$= |\sin\theta| - |\sin\theta - \cos\theta| + |\cos\theta|$

$= \sin\theta - \sin\theta + \cos\theta - \cos\theta = 0$

실수 a에 대하여 $a < 0$이면 $\sqrt{a^2} = |a| = -a$

답 0

04

$\cos\theta = \frac{2}{3}$이고 $\sin^2\theta + \cos^2\theta = 1$이므로

$$\sin^2\theta = 1 - \cos^2\theta = 1 - \frac{4}{9} = \frac{5}{9}$$

$$\therefore \sin\theta\tan\theta = \sin\theta \times \frac{\sin\theta}{\cos\theta} = \frac{\sin^2\theta}{\cos\theta} = \frac{\frac{5}{9}}{\frac{2}{3}} = \frac{5}{6}$$

답 ⑤

05

$\sin\theta + \cos\theta = \frac{1}{3}$의 양변을 제곱하면

$$\sin^2\theta + 2\sin\theta\cos\theta + \cos^2\theta = \frac{1}{9}$$

$$1 + 2\sin\theta\cos\theta = \frac{1}{9}, \quad 2\sin\theta\cos\theta = -\frac{8}{9}$$

$$\therefore \sin\theta\cos\theta = -\frac{4}{9}$$

$(\sin\theta - \cos\theta)^2 = \sin^2\theta - 2\sin\theta\cos\theta + \cos^2\theta$

$\qquad = 1 - 2\sin\theta\cos\theta$

$\qquad = 1 - 2 \times \left(-\frac{4}{9}\right) = 1 + \frac{8}{9} = \frac{17}{9}$

이때, θ는 제4사분면의 각이므로 $\sin\theta < 0$, $\cos\theta > 0$

따라서 $\sin\theta - \cos\theta < 0$이므로 $\sin\theta - \cos\theta = -\frac{\sqrt{17}}{3}$

답 ②

06

이차방정식 $2x^2 - x + k = 0$의 두 근이 $\sin\theta$, $\cos\theta$이므로 근과 계수의 관계에 의하여

$$\sin\theta + \cos\theta = \frac{1}{2}, \quad \sin\theta\cos\theta = \frac{k}{2}$$

$\sin\theta + \cos\theta = \frac{1}{2}$의 양변을 제곱하면

$$\sin^2\theta + 2\sin\theta\cos\theta + \cos^2\theta = \frac{1}{4}$$

$$1 + 2\sin\theta\cos\theta = \frac{1}{4}, \quad 2\sin\theta\cos\theta = -\frac{3}{4}$$

$$\therefore \sin\theta\cos\theta = -\frac{3}{8}$$

따라서 $\frac{k}{2} = -\frac{3}{8}$이므로 $k = -\frac{3}{4}$

답 ①

07

$\left(\frac{1}{\cos\theta} - \cos\theta\right)^2 - \left(\frac{1}{\tan\theta} - \tan\theta\right)^2 + \left(\frac{1}{\sin\theta} - \sin\theta\right)^2$

$= \frac{1}{\cos^2\theta} - 2 + \cos^2\theta - \frac{1}{\tan^2\theta} + 2 - \tan^2\theta + \frac{1}{\sin^2\theta} - 2 + \sin^2\theta$

$= -1 + \frac{1}{\cos^2\theta} - \frac{\sin^2\theta}{\cos^2\theta} + \frac{1}{\sin^2\theta} - \frac{\cos^2\theta}{\sin^2\theta}$

$= -1 + \frac{1 - \sin^2\theta}{\cos^2\theta} + \frac{1 - \cos^2\theta}{\sin^2\theta}$

$= -1 + \frac{\cos^2\theta}{\cos^2\theta} + \frac{\sin^2\theta}{\sin^2\theta} = 1$

답 ③

08

$\sin\theta + \cos\theta = \sqrt{2}$의 양변을 제곱하면

$\sin^2\theta + 2\sin\theta\cos\theta + \cos^2\theta = 2$

$1 + 2\sin\theta\cos\theta = 2, \quad 2\sin\theta\cos\theta = 1$

$$\therefore \sin\theta\cos\theta = \frac{1}{2}$$

또한 $\tan\theta = \frac{\sin\theta}{\cos\theta}$이므로

$\frac{1}{\cos\theta}\left(\tan\theta + \frac{1}{\tan^2\theta}\right)$

$= \frac{1}{\cos\theta}\left(\frac{\sin\theta}{\cos\theta} + \frac{\cos^2\theta}{\sin^2\theta}\right)$

$= \frac{1}{\cos\theta} \times \frac{\sin^3\theta + \cos^3\theta}{\cos\theta\sin^2\theta}$

$= \frac{\sin^3\theta + \cos^3\theta}{\cos^2\theta\sin^2\theta}$

$= \frac{(\sin\theta + \cos\theta)(\sin^2\theta - \sin\theta\cos\theta + \cos^2\theta)}{\sin^2\theta\cos^2\theta}$

$= \frac{(\sin\theta + \cos\theta)(1 - \sin\theta\cos\theta)}{(\sin\theta\cos\theta)^2}$

$= \frac{\sqrt{2}\left(1 - \frac{1}{2}\right)}{\left(\frac{1}{2}\right)^2} = 2\sqrt{2}$

답 ③

02 | 삼각함수의 그래프

교과서 핵심 개념별 **대표 유형 익히기**   본문 38~42쪽

개념 ① 사인함수의 그래프

개념 Check

1 함수 $f(x)$의 주기가 5이므로
$$f(x+5)=f(x)$$
$$\therefore f(16)=f(11+5)=f(11)$$
$$=f(6+5)=f(6)$$
$$=f(1+5)=f(1)=2$$ 답 2

유형 01

(1) 함수 $y=2\sin x$의 그래프는 함수 $y=\sin x$의 그래프를 y축의 방향으로 2배한 것이므로 다음 그림과 같다.

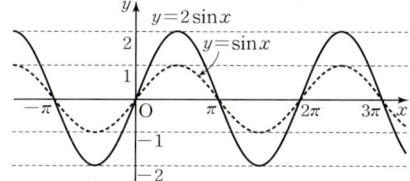

따라서 최댓값은 2, 최솟값은 -2, 주기는 2π이다.

(2) 함수 $y=\sin 2x$의 그래프는 함수 $y=\sin x$의 그래프를 x축의 방향으로 $\frac{1}{2}$배한 것이므로 다음 그림과 같다.

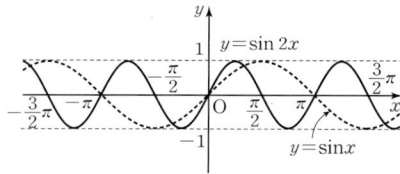

따라서 최댓값은 1, 최솟값은 -1, 주기는 π이다.

답 풀이 참조

01-1

(1) 함수 $y=3\sin x$의 그래프는 함수 $y=\sin x$의 그래프를 y축의 방향으로 3배한 것이므로 다음 그림과 같다.

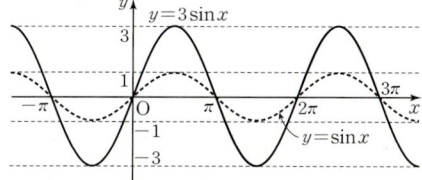

따라서 최댓값은 3, 최솟값은 -3, 주기는 2π이다.

(2) 함수 $y=3\sin x-1$의 그래프는 함수 $y=\sin x$의 그래프를 y축의 방향으로 3배한 후, y축의 방향으로 -1만큼 평행이동시킨 것이므로 다음 그림과 같다.

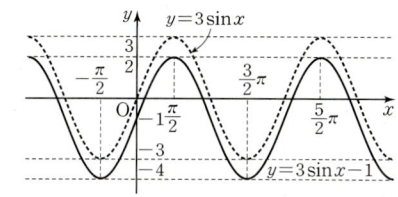

따라서 최댓값은 2, 최솟값은 -4, 주기는 2π이다.

답 풀이 참조

유형 02

(1) 그래프에서 최댓값은 3, 최솟값은 -3이다.
(2) 그래프에서 주기는 4π이다.
(3) 최댓값이 3이고 $a>0$이므로 $a=3$

주기가 4π이고 $b>0$이므로 $\frac{2\pi}{b}=4\pi$ $\therefore b=\frac{1}{2}$

답 (1) 최댓값 : 3, 최솟값 : -3 (2) 4π (3) $a=3$, $b=\frac{1}{2}$

02-1

주어진 함수의 그래프에서 최댓값은 2, 최솟값은 -2이고 $a>0$이므로 $a=2$
주기가 $3\pi-(-\pi)=4\pi$이고 $b>0$이므로

$\frac{2\pi}{b}=4\pi$ $\therefore b=\frac{1}{2}$

$\therefore ab=2\times\frac{1}{2}=1$ 답 1

개념 ② 코사인함수의 그래프

유형 03

(1) 함수 $y=\cos 2x$의 그래프는 함수 $y=\cos x$의 그래프를 x축의 방향으로 $\frac{1}{2}$배한 것이므로 다음 그림과 같다.

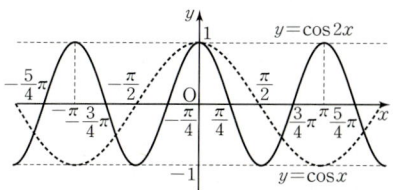

따라서 최댓값은 1, 최솟값은 -1, 주기는 π이다.

(2) 함수 $y=2\cos x$의 그래프는 함수 $y=\cos x$의 그래프를 y축의 방향으로 2배한 것이므로 다음 그림과 같다.

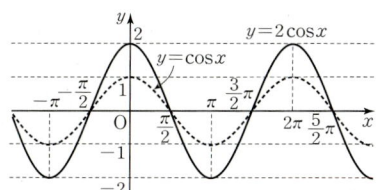

따라서 최댓값은 2, 최솟값은 -2, 주기는 2π이다.

답 풀이 참조

03-1

(1) 함수 $y=3\cos x+1$의 그래프는 함수 $y=\cos x$의 그래프를 y축의 방향으로 3배한 후, y축의 방향으로 1만큼 평행이동시킨 것이므로 다음 그림과 같다.

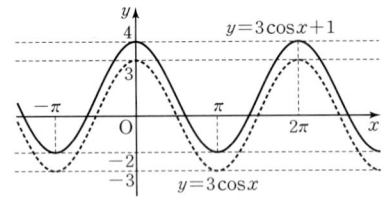

따라서 최댓값은 4, 최솟값은 -2, 주기는 2π이다.

(2) 함수 $y=\cos\left(x-\dfrac{\pi}{2}\right)$의 그래프는 함수 $y=\cos x$의 그래프를 x축의 방향으로 $\dfrac{\pi}{2}$만큼 평행이동시킨 것이므로 다음 그림과 같다.

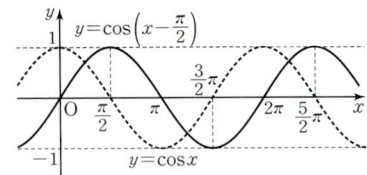

따라서 최댓값은 1, 최솟값은 -1, 주기는 2π이다.

🔒 풀이 참조

유형 **04**

주어진 함수의 그래프에서 최댓값은 3, 최솟값은 -3이고 $a>0$이므로 $a=3$

주기가 4π이고 $b>0$이므로

$$\frac{2\pi}{b}=4\pi \qquad \therefore b=\frac{1}{2}$$

🔒 $a=3,\ b=\dfrac{1}{2}$

04-1

주어진 함수의 그래프에서 최댓값은 6, 최솟값은 2이고 $a>0$이므로 $a+c=6,\ -a+c=2$

위의 두 식을 연립하여 풀면 $a=2,\ c=4$

또한 그래프에서 주기가 $9\pi-3\pi=6\pi$이고 $b>0$이므로

$$\frac{2\pi}{b}=6\pi \qquad \therefore b=\frac{1}{3}$$

🔒 $a=2,\ b=\dfrac{1}{3},\ c=4$

개념 **3** **탄젠트함수의 그래프**

유형 **05**

(1) 함수 $y=3\tan x$의 그래프는 함수 $y=\tan x$의 그래프를 y축의 방향으로 3배한 것이므로 오른쪽 그림과 같다.

따라서 주기는 π이고, 점근선의 방정식은 $x=n\pi+\dfrac{\pi}{2}$ (n은 정수) 이다.

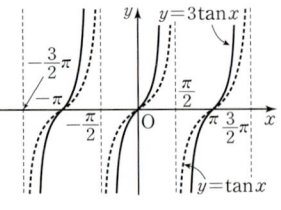

(2) 함수 $y=\tan 2x$의 그래프는 함수 $y=\tan x$의 그래프를 x축의 방향으로 $\dfrac{1}{2}$배한 것이므로 다음 그림과 같다.

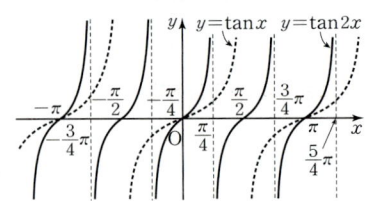

따라서 주기는 $\dfrac{\pi}{2}$이고, 점근선의 방정식은 $x=\dfrac{n}{2}\pi+\dfrac{\pi}{4}$ (n은 정수)이다.

🔒 풀이 참조

05-1

(1) 함수 $y=2\tan x+1$의 그래프는 함수 $y=\tan x$의 그래프를 y축의 방향으로 2배한 후, y축의 방향으로 1만큼 평행이동시킨 것이므로 오른쪽 그림과 같다.

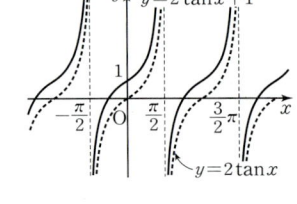

따라서 주기는 π이고, 점근선의 방정식은 $x=n\pi+\dfrac{\pi}{2}$ (n은 정수)이다.

(2) 함수 $y=\tan\left(x-\dfrac{\pi}{2}\right)$의 그래프는 함수 $y=\tan x$의 그래프를 x축의 방향으로 $\dfrac{\pi}{2}$만큼 평행이동시킨 것이므로 오른쪽 그림과 같다.

따라서 주기는 π이고, 점근선의 방정식은 $x=n\pi$ (n은 정수)이다.

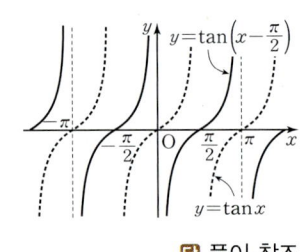

🔒 풀이 참조

유형 **06**

함수 $y=\tan\dfrac{x}{2}$의 그래프는 함수 $y=\tan x$의 그래프를 x축의 방향으로 2배한 것이므로 다음 그림과 같다.

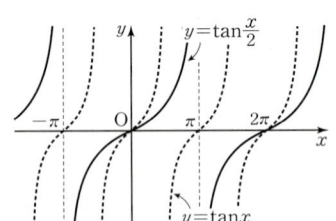

따라서 최댓값과 최솟값은 없고, 주기는 2π이다.

🔒 풀이 참조

06-1

함수 $y=|\tan x|$의 그래프는 함수 $y=\tan x$의 그래프에서 $y\geq0$인 부분은 그대로 두고, $y<0$인 부분은 x축에 대하여 대칭이동시킨 것이므로 오른쪽 그림과 같다.

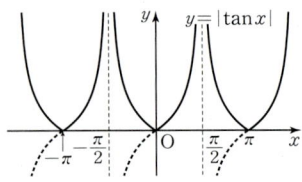

따라서 최댓값은 없고, 최솟값은 0, 주기는 π이다.

🔒 풀이 참조

개념 Check

1 (1) $\sin\dfrac{9}{4}\pi=\sin\left(2\pi+\dfrac{\pi}{4}\right)=\sin\dfrac{\pi}{4}=\dfrac{\sqrt{2}}{2}$

(2) $\cos\left(-\dfrac{7}{6}\pi\right)=\cos\dfrac{7}{6}\pi=\cos\left(\pi+\dfrac{\pi}{6}\right)$

$\qquad\qquad=-\cos\dfrac{\pi}{6}=-\dfrac{\sqrt{3}}{2}$

(3) $\tan\left(-\dfrac{5}{6}\pi\right)=-\tan\dfrac{5}{6}\pi=-\tan\left(\pi-\dfrac{\pi}{6}\right)$

$\qquad\qquad=\tan\dfrac{\pi}{6}=\dfrac{\sqrt{3}}{3}$

답 (1) $\dfrac{\sqrt{2}}{2}$ (2) $-\dfrac{\sqrt{3}}{2}$ (3) $\dfrac{\sqrt{3}}{3}$

유형 ⑦

(1) $\cos\left(\dfrac{\pi}{2}-\theta\right)+\sin(-\theta)+\tan(\pi+\theta)\tan\left(\dfrac{\pi}{2}+\theta\right)$

$=\sin\theta-\sin\theta+\tan\theta\times\left(-\dfrac{1}{\tan\theta}\right)=-1$

(2) $\sin\left(\theta-\dfrac{\pi}{2}\right)\cos(\pi+\theta)+\sin^2(3\pi+\theta)$

$=-\sin\left(\dfrac{\pi}{2}-\theta\right)\times(-\cos\theta)+\sin^2(\pi+\theta)$

$=-\cos\theta\times(-\cos\theta)+(-\sin\theta)^2$

$=\cos^2\theta+\sin^2\theta=1$

답 (1) -1 (2) 1

07-1

(1) $\sin(\pi+\theta)+\cos\left(\dfrac{3}{2}\pi+\theta\right)=-\sin\theta+\sin\theta=0$

(2) $\sin^2\theta+\sin^2\left(\dfrac{\pi}{2}+\theta\right)+\sin^2(\pi+\theta)+\sin^2\left(\dfrac{3}{2}\pi+\theta\right)$

$=\sin^2\theta+\cos^2\theta+\sin^2\theta+\cos^2\theta=2$

답 (1) 0 (2) 2

07-2

$\cos\dfrac{3}{4}\pi=\cos\left(\pi-\dfrac{\pi}{4}\right)=-\cos\dfrac{\pi}{4}=-\dfrac{\sqrt{2}}{2}$

$\sin\dfrac{9}{4}\pi=\sin\left(2\pi+\dfrac{\pi}{4}\right)=\sin\dfrac{\pi}{4}=\dfrac{\sqrt{2}}{2}$

$\tan\dfrac{7}{4}\pi=\tan\left(2\pi-\dfrac{\pi}{4}\right)=\tan\left(-\dfrac{\pi}{4}\right)=-\tan\dfrac{\pi}{4}=-1$

$\cos\left(-\dfrac{\pi}{3}\right)=\cos\dfrac{\pi}{3}=\dfrac{1}{2}$

$\sin\left(-\dfrac{5}{6}\pi\right)=-\sin\dfrac{5}{6}\pi=-\sin\left(\pi-\dfrac{\pi}{6}\right)=-\sin\dfrac{\pi}{6}=-\dfrac{1}{2}$

$\therefore\dfrac{\cos\dfrac{3}{4}\pi+\sin\dfrac{9}{4}\pi+\tan\dfrac{7}{4}\pi}{\cos\left(-\dfrac{\pi}{3}\right)\sin\left(-\dfrac{5}{6}\pi\right)}=\dfrac{-\dfrac{\sqrt{2}}{2}+\dfrac{\sqrt{2}}{2}-1}{\dfrac{1}{2}\times\left(-\dfrac{1}{2}\right)}$

$=\dfrac{-1}{-\dfrac{1}{4}}=4$

답 ⑤

07-3

$\sin^2 80°=\sin^2(90°-10°)=\cos^2 10°,$

$\sin^2 70°=\sin^2(90°-20°)=\cos^2 20°,$

$\sin^2 60°=\sin^2(90°-30°)=\cos^2 30°$

$\sin^2 50°=\sin^2(90°-40°)=\cos^2 40°$

$\therefore\ \sin^2 10°+\sin^2 20°+\sin^2 30°+\cdots+\sin^2 80°$

$=\sin^2 10°+\sin^2 20°+\sin^2 30°+\sin^2 40°$

$\qquad\qquad+\cos^2 40°+\cos^2 30°+\cos^2 20°+\cos^2 10°$

$=(\sin^2 10°+\cos^2 10°)+(\sin^2 20°+\cos^2 20°)$

$\qquad\qquad+(\sin^2 30°+\cos^2 30°)+(\sin^2 40°+\cos^2 40°)$

$=4$

답 4

개념 Check

1 (1) $0\le x<\dfrac{\pi}{2}$에서 함수 $y=\sin x$의 그래프와 직선 $y=\dfrac{\sqrt{2}}{2}$의

교점의 x좌표가 $\dfrac{\pi}{4}$이므로 방정식의 해는 $x=\dfrac{\pi}{4}$

(2) $0\le x<\dfrac{\pi}{2}$에서 함수 $y=\tan x$의 그래프와 직선 $y=\sqrt{3}$의 교

점의 x좌표가 $\dfrac{\pi}{3}$이므로 방정식의 해는 $x=\dfrac{\pi}{3}$

(3) $0\le x<\dfrac{\pi}{2}$에서 함수 $y=\sin x$의

그래프와 직선 $y=\dfrac{1}{2}$은 오른쪽 그

림과 같고 주어진 부등식의 해는

함수 $y=\sin x$의 그래프가 직선 $y=\dfrac{1}{2}$보다 위쪽에 있는 부

분의 x의 값의 범위이므로 $\dfrac{\pi}{6}<x<\dfrac{\pi}{2}$

(4) $2\cos x>\sqrt{3}$에서 $\cos x>\dfrac{\sqrt{3}}{2}$

$0\le x<\dfrac{\pi}{2}$에서 함수 $y=\cos x$의 그

래프와 직선 $y=\dfrac{\sqrt{3}}{2}$은 오른쪽 그림

과 같고 주어진 부등식의 해는 함수

$y=\cos x$의 그래프가 직선 $y=\dfrac{\sqrt{3}}{2}$보다 위쪽에 있는 부분의

x의 값의 범위이므로 $0\le x<\dfrac{\pi}{6}$

답 (1) $x=\dfrac{\pi}{4}$ (2) $x=\dfrac{\pi}{3}$

(3) $\dfrac{\pi}{6}<x<\dfrac{\pi}{2}$ (4) $0\le x<\dfrac{\pi}{6}$

유형 ⑧

(1) $2\sin x+1=0$에서 $\sin x=-\dfrac{1}{2}$

다음 그림과 같이 $0\le x<2\pi$에서 함수 $y=\sin x$의 그래프와

직선 $y=-\dfrac{1}{2}$의 교점의 x좌표가 $\dfrac{7}{6}\pi$, $\dfrac{11}{6}\pi$이므로

$x=\dfrac{7}{6}\pi$ 또는 $x=\dfrac{11}{6}\pi$

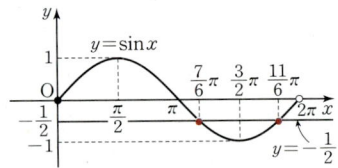

(2) $2\cos x+\sqrt{3}=0$에서 $\cos x=-\dfrac{\sqrt{3}}{2}$

다음 그림과 같이 $0\le x<2\pi$에서 함수 $y=\cos x$의 그래프와

직선 $y=-\dfrac{\sqrt{3}}{2}$의 교점의 x좌표가 $\dfrac{5}{6}\pi$, $\dfrac{7}{6}\pi$이므로

$x=\dfrac{5}{6}\pi$ 또는 $x=\dfrac{7}{6}\pi$

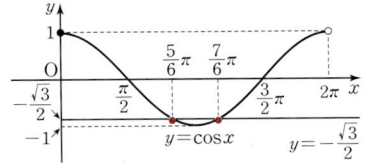

(3) 다음 그림과 같이 $0\le x<2\pi$에서 함수 $y=\tan x$의 그래프와

직선 $y=1$의 교점의 x좌표가 $\dfrac{\pi}{4}$, $\dfrac{5}{4}\pi$이므로

$x=\dfrac{\pi}{4}$ 또는 $x=\dfrac{5}{4}\pi$

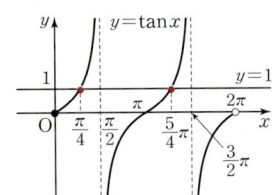

(4) $2\sin 2x=1$에서 $\sin 2x=\dfrac{1}{2}$

$2x=t$로 놓으면 $0\le t<4\pi$이고 주어진 방정식은 $\sin t=\dfrac{1}{2}$

다음 그림과 같이 $0\le t<4\pi$에서 함수 $y=\sin t$의 그래프와 직선 $y=\dfrac{1}{2}$의 교점의 t좌표가 $\dfrac{\pi}{6}$, $\dfrac{5}{6}\pi$, $\dfrac{13}{6}\pi$, $\dfrac{17}{6}\pi$이므로

$2x=\dfrac{\pi}{6}$, $2x=\dfrac{5}{6}\pi$, $2x=\dfrac{13}{6}\pi$, $2x=\dfrac{17}{6}\pi$

$\therefore x=\dfrac{\pi}{12}$ 또는 $x=\dfrac{5}{12}\pi$ 또는 $x=\dfrac{13}{12}\pi$ 또는 $x=\dfrac{17}{12}\pi$

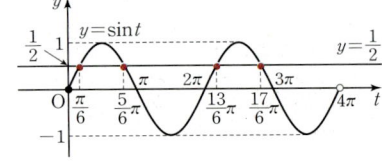

📋 (1) $x=\dfrac{7}{6}\pi$ 또는 $x=\dfrac{11}{6}\pi$

(2) $x=\dfrac{5}{6}\pi$ 또는 $x=\dfrac{7}{6}\pi$

(3) $x=\dfrac{\pi}{4}$ 또는 $x=\dfrac{5}{4}\pi$

(4) $x=\dfrac{\pi}{12}$ 또는 $x=\dfrac{5}{12}\pi$ 또는 $x=\dfrac{13}{12}\pi$ 또는 $x=\dfrac{17}{12}\pi$

08-1

(1) $\sqrt{2}\cos x+1=0$에서 $\cos x=-\dfrac{\sqrt{2}}{2}$

다음 그림과 같이 $0\le x<2\pi$에서 함수 $y=\cos x$의 그래프와

직선 $y=-\dfrac{\sqrt{2}}{2}$의 교점의 x좌표가 $\dfrac{3}{4}\pi$, $\dfrac{5}{4}\pi$이므로

$x=\dfrac{3}{4}\pi$ 또는 $x=\dfrac{5}{4}\pi$

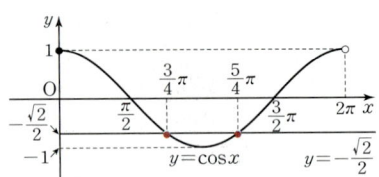

(2) $\sin\dfrac{x}{2}=\dfrac{1}{2}$에서 $\dfrac{x}{2}=t$로 놓으면 $0\le t<\pi$이고 주어진 방정식은

$\sin t=\dfrac{1}{2}$

다음 그림과 같이 $0\le t<\pi$에서 함수 $y=\sin t$의 그래프와 직선 $y=\dfrac{1}{2}$의 교점의 t좌표가 $\dfrac{\pi}{6}$, $\dfrac{5}{6}\pi$이므로 $\dfrac{x}{2}=\dfrac{\pi}{6}$, $\dfrac{x}{2}=\dfrac{5}{6}\pi$

$\therefore x=\dfrac{\pi}{3}$ 또는 $x=\dfrac{5}{3}\pi$

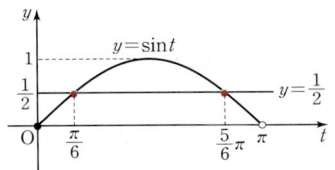

📋 (1) $x=\dfrac{3}{4}\pi$ 또는 $x=\dfrac{5}{4}\pi$ (2) $x=\dfrac{\pi}{3}$ 또는 $x=\dfrac{5}{3}\pi$

유형 09

(1) $2\sin x+\sqrt{3}<0$에서 $\sin x<-\dfrac{\sqrt{3}}{2}$

$0\le x<2\pi$에서 함수 $y=\sin x$의 그래프와 직선 $y=-\dfrac{\sqrt{3}}{2}$은 다음 그림과 같고 주어진 부등식의 해는 함수 $y=\sin x$의 그래프가 직선 $y=-\dfrac{\sqrt{3}}{2}$보다 아래쪽에 있는 부분의 x의 값의 범위이므로

$\dfrac{4}{3}\pi<x<\dfrac{5}{3}\pi$

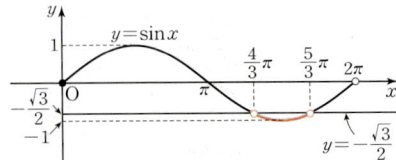

(2) $0\le x<2\pi$에서 함수 $y=\cos x$의 그래프와 두 직선 $y=-\dfrac{1}{2}$, $y=\dfrac{\sqrt{2}}{2}$는 다음 그림과 같고 주어진 부등식의 해는 함수 $y=\cos x$의 그래프가 직선 $y=-\dfrac{1}{2}$과 만나거나 직선보다는 위

쪽, 직선 $y=\dfrac{\sqrt{2}}{2}$와 만나거나 직선보다는 아래쪽에 있는 부분의

x의 값의 범위이므로

$$\dfrac{\pi}{4}\leq x\leq\dfrac{2}{3}\pi \text{ 또는 } \dfrac{4}{3}\pi\leq x\leq\dfrac{7}{4}\pi$$

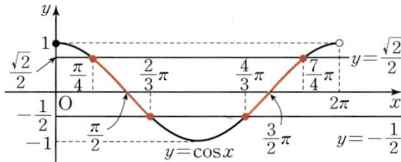

(3) $0\leq x<2\pi$에서 함수 $y=\tan x$의 그래프와 직선 $y=\dfrac{\sqrt{3}}{3}$은 다음 그림과 같고 주어진 부등식의 해는 함수 $y=\tan x$의 그래프가 직선 $y=\dfrac{\sqrt{3}}{3}$보다 아래쪽에 있는 부분의 x의 값의 범위이므로

$$0\leq x<\dfrac{\pi}{6} \text{ 또는 } \dfrac{\pi}{2}<x<\dfrac{7}{6}\pi \text{ 또는 } \dfrac{3}{2}\pi<x<2\pi$$

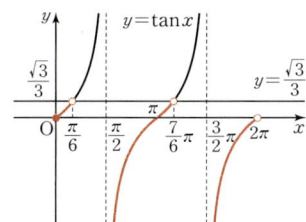

(4) $0\leq x<2\pi$에서 함수 $y=\tan x$의 그래프와 직선 $y=1$은 다음 그림과 같고 주어진 부등식의 해는 함수 $y=\tan x$의 그래프가 직선 $y=1$보다 위쪽에 있는 부분의 x의 값의 범위이므로

$$\dfrac{\pi}{4}<x<\dfrac{\pi}{2} \text{ 또는 } \dfrac{5}{4}\pi<x<\dfrac{3}{2}\pi$$

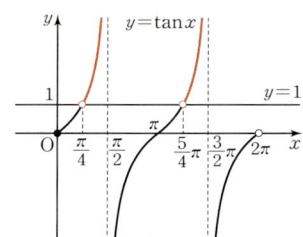

달 (1) $\dfrac{4}{3}\pi<x<\dfrac{5}{3}\pi$

(2) $\dfrac{\pi}{4}\leq x\leq\dfrac{2}{3}\pi$ 또는 $\dfrac{4}{3}\pi\leq x\leq\dfrac{7}{4}\pi$

(3) $0\leq x<\dfrac{\pi}{6}$ 또는 $\dfrac{\pi}{2}<x<\dfrac{7}{6}\pi$ 또는 $\dfrac{3}{2}\pi<x<2\pi$

(4) $\dfrac{\pi}{4}<x<\dfrac{\pi}{2}$ 또는 $\dfrac{5}{4}\pi<x<\dfrac{3}{2}\pi$

09-1

(1) $0\leq x<2\pi$에서 함수 $y=\cos x$의 그래프와 직선 $y=-\dfrac{1}{2}$은 다음 그림과 같고 주어진 부등식의 해는 함수 $y=\cos x$의 그래프가 직선 $y=-\dfrac{1}{2}$과 만나거나 직선보다 위쪽에 있는 부분의 x의 값의 범위이므로

$$0\leq x\leq\dfrac{2}{3}\pi \text{ 또는 } \dfrac{4}{3}\pi\leq x<2\pi$$

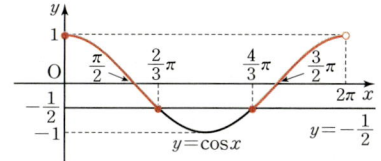

(2) $0\leq x<2\pi$에서 함수 $y=\tan x$의 그래프와 두 직선 $y=0$, $y=\sqrt{3}$은 다음 그림과 같고 주어진 부등식의 해는 함수 $y=\tan x$의 그래프가 직선 $y=0$과 만나거나 직선보다는 위쪽, 직선 $y=\sqrt{3}$보다는 아래쪽에 있는 부분의 x의 값의 범위이므로

$$0\leq x<\dfrac{\pi}{3} \text{ 또는 } \pi\leq x<\dfrac{4}{3}\pi$$

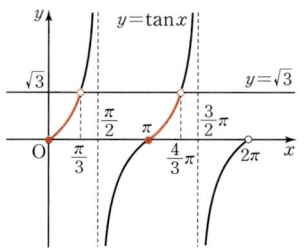

달 (1) $0\leq x\leq\dfrac{2}{3}\pi$ 또는 $\dfrac{4}{3}\pi\leq x<2\pi$

(2) $0\leq x<\dfrac{\pi}{3}$ 또는 $\pi\leq x<\dfrac{4}{3}\pi$

대표 유형 **다지기**　　본문 43~44쪽

01 ㄱ, ㄴ	02 ③	03 ⑤	04 13	05 ①
06 ④	07 $\dfrac{8}{3}$	08 ②	09 ②	10 ③
11 -1	12 ③	13 9π	14 ④	15 $\dfrac{3}{2}\pi$
16 $\dfrac{\sqrt{2}}{2}$				

01

ㄱ. $y=\sin 2x$의 주기는 $\dfrac{2\pi}{2}=\pi$이다.

ㄴ. $y=|\tan x|$의 주기는 π이다.

ㄷ. $y=2\cos x-1$의 주기는 2π이다.

ㄹ. $y=\cos\pi x$의 주기는 $\dfrac{2\pi}{\pi}=2$이다.

ㅁ. $y=\sin\sqrt{2}\pi x$의 주기는 $\dfrac{2\pi}{\sqrt{2}\pi}=\sqrt{2}$이다.

따라서 주기가 π인 것은 ㄱ, ㄴ이다.　　　　달 ㄱ, ㄴ

02

함수 $y=\tan ax$의 주기는 $\dfrac{\pi}{a}$이고,

함수 $y=5\sin 3x+1$의 주기는 $\dfrac{2}{3}\pi$이다.

두 함수의 주기가 같으므로

$$\dfrac{\pi}{a}=\dfrac{2}{3}\pi \qquad \therefore a=\dfrac{3}{2}$$　　　　달 ③

03

① 주기는 $\dfrac{2\pi}{2}=\pi$이다. (참)

② 최댓값은 $3+1=4$이다. (참)

③ 최솟값은 $-3+1=-2$이다. (참)

④ $y=3\sin\left(2x-\dfrac{\pi}{2}\right)+1=-3\sin\left(\dfrac{\pi}{2}-2x\right)+1$
$\qquad =-3\cos 2x+1$ (참)

⑤ 그래프는 함수 $y=3\sin 2x$의 그래프를 평행이동시킨 것이다.
(거짓)

따라서 옳지 않은 것은 ⑤이다.　　　　　　　　　답 ⑤

04

$y=a\sin bx+3$의 최댓값이 8이고 $a>0$이므로

$a+3=8$　　$\therefore a=5$

또한 주기가 $\dfrac{\pi}{4}$이고 $b>0$이므로

$\dfrac{2\pi}{b}=\dfrac{\pi}{4}$　　$\therefore b=8$

$\therefore a+b=5+8=13$　　　　　　　　　　답 13

05

$\sin\dfrac{8}{3}\pi=\sin\left(2\pi+\dfrac{2}{3}\pi\right)=\sin\dfrac{2}{3}\pi=\sin\left(\pi-\dfrac{\pi}{3}\right)$
$\qquad =\sin\dfrac{\pi}{3}=\dfrac{\sqrt{3}}{2}$

$\tan\dfrac{8}{3}\pi=\tan\left(2\pi+\dfrac{2}{3}\pi\right)=\tan\dfrac{2}{3}\pi=\tan\left(\pi-\dfrac{\pi}{3}\right)$
$\qquad =-\tan\dfrac{\pi}{3}=-\sqrt{3}$

$\therefore \left(2+2\sin\dfrac{8}{3}\pi\right)\left(2+\tan\dfrac{8}{3}\pi\right)$
$\quad =(2+\sqrt{3})(2-\sqrt{3})$
$\quad =4-3=1$　　　　　　　　　　　　　답 ①

06

$\dfrac{\sin\left(\dfrac{3}{2}\pi-\theta\right)}{\sin^2\left(\dfrac{3}{2}\pi+\theta\right)\cos(\pi-\theta)}+\dfrac{\cos(\pi+\theta)\tan^2(\pi-\theta)}{\sin\left(\dfrac{\pi}{2}+\theta\right)}$

$=\dfrac{-\cos\theta}{\cos^2\theta\times(-\cos\theta)}+\dfrac{-\cos\theta\tan^2\theta}{\cos\theta}$

$=\dfrac{1}{\cos^2\theta}-\tan^2\theta=\dfrac{1}{\cos^2\theta}-\dfrac{\sin^2\theta}{\cos^2\theta}$

$=\dfrac{1-\sin^2\theta}{\cos^2\theta}=\dfrac{\cos^2\theta}{\cos^2\theta}=1$　　　　　답 ④

07

$y=\dfrac{-3\sin x+2}{\sin x-2}$에서

$\sin x=t$로 놓으면 $-1\le t\le 1$이고 주어진 함수는

$y=\dfrac{-3t+2}{t-2}=\dfrac{-3(t-2)-4}{t-2}=-\dfrac{4}{t-2}-3$

따라서 이 함수의 그래프는 오른쪽 그림과

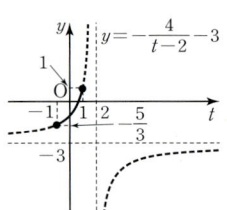

같으므로 $t=1$일 때 최댓값

$M=\dfrac{-3+2}{1-2}=1$을 갖고, $t=-1$일 때

최솟값 $m=\dfrac{3+2}{-1-2}=-\dfrac{5}{3}$를 갖는다.

$\therefore M-m=1-\left(-\dfrac{5}{3}\right)=\dfrac{8}{3}$
　　　　　　　　　　　　　　　답 $\dfrac{8}{3}$

08

$y=\cos^2 x-3\cos x+9$에서

$\cos x=t$로 놓으면 $-1\le t\le 1$이고 주어진 함수는

$y=t^2-3t+9$

$\quad =\left(t-\dfrac{3}{2}\right)^2+\dfrac{27}{4}$

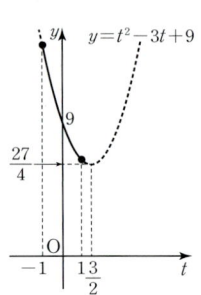

따라서 이 함수의 그래프는 오른쪽 그림과
같으므로 $t=1$일 때 최솟값 $1-3+9=7$을
갖는다.　　　　　　　　　　　　　답 ②

09

$2\cos\left(2x+\dfrac{\pi}{6}\right)=1$에서 $\cos\left(2x+\dfrac{\pi}{6}\right)=\dfrac{1}{2}$

$2x+\dfrac{\pi}{6}=t$로 놓으면 $0\le x\le\pi$에서 $\dfrac{\pi}{6}\le 2x+\dfrac{\pi}{6}\le\dfrac{13}{6}\pi$, 즉

$\dfrac{\pi}{6}\le t\le\dfrac{13}{6}\pi$이고 주어진 방정식은

$\cos t=\dfrac{1}{2}$

다음 그림과 같이 $\dfrac{\pi}{6}\le t\le\dfrac{13}{6}\pi$에서 함수 $y=\cos t$의 그래프와 직

선 $y=\dfrac{1}{2}$의 교점의 t좌표가 $\dfrac{\pi}{3}$, $\dfrac{5}{3}\pi$이므로

$t=\dfrac{\pi}{3}$ 또는 $t=\dfrac{5}{3}\pi$

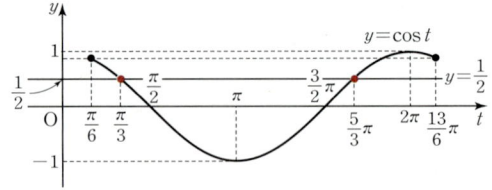

$2x+\dfrac{\pi}{6}=\dfrac{\pi}{3}$에서 $2x=\dfrac{\pi}{6}$

$\therefore x=\dfrac{\pi}{12}$

$2x+\dfrac{\pi}{6}=\dfrac{5}{3}\pi$에서 $2x=\dfrac{3}{2}\pi$

$\therefore x=\dfrac{3}{4}\pi$

따라서 모든 실근의 합은

$\dfrac{\pi}{12}+\dfrac{3}{4}\pi=\dfrac{5}{6}\pi$　　　　　　　　答 ②

10

$\sin^2 x + \cos^2 x = 1$에서 $\cos^2 x = 1 - \sin^2 x$이므로

$2\cos^2 x + 3\sin x = 3$에서

$2(1 - \sin^2 x) + 3\sin x = 3$

$2\sin^2 x - 3\sin x + 1 = 0$

$(2\sin x - 1)(\sin x - 1) = 0$

$\therefore \sin x = \dfrac{1}{2}$ 또는 $\sin x = 1$

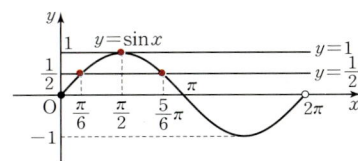

(i) $\sin x = \dfrac{1}{2}$일 때, $0 \le x < 2\pi$이므로

$x = \dfrac{\pi}{6}$ 또는 $x = \dfrac{5}{6}\pi$

(ii) $\sin x = 1$일 때, $0 \le x < 2\pi$이므로

$x = \dfrac{\pi}{2}$

(i), (ii)에서 구하는 모든 실근의 합은

$\dfrac{\pi}{6} + \dfrac{\pi}{2} + \dfrac{5}{6}\pi = \dfrac{3}{2}\pi$

답 ③

11

오른쪽 그림에서 $\sin \alpha = \sin \beta = \dfrac{2}{3}$이므로

두 점 $(\alpha, 0)$, $(\beta, 0)$은 직선 $x = \dfrac{\pi}{2}$에 대하여 대칭이다.

즉, $\alpha + \beta = \pi$이므로 $\beta = \pi - \alpha$

$\therefore \cos(\alpha + \beta) = \cos(\alpha + \pi - \alpha)$

$\qquad\qquad\quad = \cos \pi = -1$

 설명

$0 \le x \le 2\pi$에서

(1) $\sin x = k$의 두 근 α, β의 관계

① $0 < k < 1$이면 두 점 $(\alpha, 0)$, $(\beta, 0)$은 직선 $x = \dfrac{\pi}{2}$에 대하여 대칭이므로

$\dfrac{\alpha + \beta}{2} = \dfrac{\pi}{2}$

$\therefore \alpha + \beta = \pi$

② $-1 < k < 0$이면 두 점 $(\alpha, 0)$, $(\beta, 0)$은 직선 $x = \dfrac{3}{2}\pi$에 대하여 대칭이므로

$\dfrac{\alpha + \beta}{2} = \dfrac{3}{2}\pi$

$\therefore \alpha + \beta = 3\pi$

(2) $\cos x = k \ (-1 < k < 1)$의 두 근 α, β의 관계

두 점 $(\alpha, 0)$, $(\beta, 0)$은 직선 $x = \pi$에 대하여 대칭이므로

$\dfrac{\alpha + \beta}{2} = \pi$

$\therefore \alpha + \beta = 2\pi$

답 -1

12

$x - \dfrac{\pi}{4} = t$로 놓으면 $0 \le x < 2\pi$에서 $-\dfrac{\pi}{4} \le t < \dfrac{7}{4}\pi$이고 주어진 부등식은

$\cos t \le \dfrac{1}{2}$ $\qquad\qquad$ …… ㉠

$-\dfrac{\pi}{4} \le t < \dfrac{7}{4}\pi$에서 함수 $y = \cos t$의 그래프와 직선 $y = \dfrac{1}{2}$은 다음 그림과 같고 ㉠의 해는 함수 $y = \cos t$의 그래프가 직선 $y = \dfrac{1}{2}$과 만나거나 직선보다 아래쪽에 있는 부분의 t의 값의 범위이므로

$\dfrac{\pi}{3} \le t \le \dfrac{5}{3}\pi$, 즉 $\dfrac{\pi}{3} \le x - \dfrac{\pi}{4} \le \dfrac{5}{3}\pi$

$\therefore \dfrac{7}{12}\pi \le x \le \dfrac{23}{12}\pi$

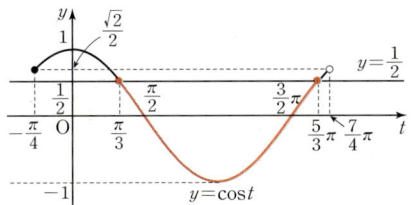

답 ③

13

$\sin^2 x + \cos^2 x = 1$에서 $\sin^2 x = 1 - \cos^2 x$이므로

$2\sin^2 x < 3\cos x$에서

$2(1 - \cos^2 x) < 3\cos x$

$2\cos^2 x + 3\cos x - 2 > 0$

$(\cos x + 2)(2\cos x - 1) > 0$

이때, $\cos x + 2 > 0$이므로 $2\cos x - 1 > 0$

$\therefore \cos x > \dfrac{1}{2}$

$0 \le x < 2\pi$에서 함수 $y = \cos x$의 그래프와 직선 $y = \dfrac{1}{2}$은 다음 그림과 같고 주어진 부등식의 해는 함수 $y = \cos x$의 그래프가 직선 $y = \dfrac{1}{2}$보다 위쪽에 있는 부분의 x의 값의 범위이므로

$0 \le x < \dfrac{\pi}{3}$ 또는 $\dfrac{5}{3}\pi < x < 2\pi$

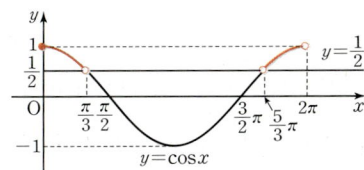

따라서 $\alpha = 0$, $\beta = \dfrac{\pi}{3}$, $\gamma = \dfrac{5}{3}\pi$, $\omega = 2\pi$이므로

$\alpha + \beta + 4\gamma + \omega = 0 + \dfrac{\pi}{3} + 4 \times \dfrac{5}{3}\pi + 2\pi = 9\pi$

답 9π

14

$-\dfrac{\pi}{2} < x < \dfrac{\pi}{2}$에서 함수 $y = \tan x$의 그래프와 두 직선 $y = -1$, $y = \sqrt{3}$은 다음 그림과 같고 주어진 부등식의 해는

함수 $y=\tan x$의 그래프가 직선 $y=-1$과 만나거나 직선보다는 위쪽, 직선 $y=\sqrt{3}$과 만나거나 직선보다는 아래쪽에 있는 부분의 x의 값의 범위이므로

$$-\frac{\pi}{4}\le x\le\frac{\pi}{3}$$

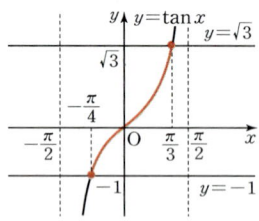

🔲 ④

15

$0\le x<2\pi$에서 두 함수 $y=\cos x$, $y=\sin x$의 그래프는 다음 그림과 같고 주어진 부등식의 해는 함수 $y=\sin x$의 그래프가 함수 $y=\cos x$의 그래프보다 위쪽에 있는 부분의 x의 값의 범위이므로

$$\frac{\pi}{4}<x<\frac{5}{4}\pi$$

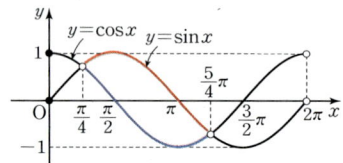

따라서 $\alpha=\dfrac{\pi}{4}$, $\beta=\dfrac{5}{4}\pi$이므로

$$\alpha+\beta=\frac{\pi}{4}+\frac{5}{4}\pi=\frac{3}{2}\pi$$

🔲 $\dfrac{3}{2}\pi$

16

$0\le x<2\pi$에서 함수 $y=\sin x$의 그래프와 직선 $y=-\dfrac{1}{3}$은 다음 그림과 같고 주어진 부등식의 해는 함수 $y=\sin x$의 그래프가 직선 $y=-\dfrac{1}{3}$과 만나거나 직선보다 아래쪽에 있는 부분의 x의 값의 범위이다.

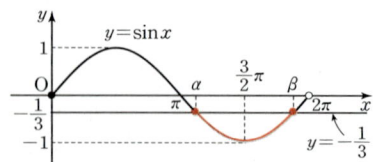

위의 그림과 같이 함수의 그래프와 직선이 만나는 점의 x좌표를 α, β $(\alpha<\beta)$라 하면 두 점 $(\alpha,\ 0)$, $(\beta,\ 0)$은 직선 $x=\dfrac{3}{2}\pi$에 대하여 대칭이므로

$$\frac{\alpha+\beta}{2}=\frac{3}{2}\pi \quad \therefore \alpha+\beta=3\pi$$

$$\therefore \sin\frac{\alpha+\beta}{4}=\sin\frac{3}{4}\pi=\sin\left(\pi-\frac{\pi}{4}\right)$$
$$=\sin\frac{\pi}{4}=\frac{\sqrt{2}}{2}$$

🔲 $\dfrac{\sqrt{2}}{2}$

---

03 | 삼각함수의 활용

교과서 핵심 개념별 대표 유형 익히기 본문 45~47쪽

개념 1 사인법칙

유형 01

사인법칙에 의하여 $\dfrac{a}{\sin 45°}=\dfrac{\sqrt{3}}{\sin 60°}$이므로

$$a=\frac{\sqrt{3}}{\sin 60°}\times\sin 45°=\frac{\sqrt{3}}{\frac{\sqrt{3}}{2}}\times\frac{\sqrt{2}}{2}=\sqrt{2}$$

🔲 ②

01-1

삼각형의 외접원의 반지름의 길이를 R라 하면 사인법칙에 의하여

$$\frac{\sqrt{3}}{\sin 60°}=2R$$

$$\therefore R=\frac{1}{2}\times\frac{\sqrt{3}}{\sin 60°}=\frac{1}{2}\times\frac{\sqrt{3}}{\frac{\sqrt{3}}{2}}=1$$

따라서 구하는 외접원의 반지름의 길이는 1이다.

🔲 1

01-2

사인법칙에 의하여 $\dfrac{6}{\sin 60°}=\dfrac{2\sqrt{3}}{\sin B}$이므로

$$6\sin B=2\sqrt{3}\sin 60°$$

$$\sin B=\frac{2\sqrt{3}}{6}\times\sin 60°=\frac{\sqrt{3}}{3}\times\frac{\sqrt{3}}{2}=\frac{1}{2}$$

$$\therefore B=30° \ 또는 \ B=150°$$

이때, $B=150°$이면 $A+B=60°+150°=210°>180°$이므로
$B=30°$

🔲 ①

유형 02

이등변삼각형 ABC에서 $A=120°$이므로 $B=C=30°$
이때, 사인법칙에 의하여

$$a=6\times\sin 120°=6\times\frac{\sqrt{3}}{2}=3\sqrt{3}$$

$$b=6\times\sin 30°=6\times\frac{1}{2}=3$$

$$c=6\times\sin 30°=6\times\frac{1}{2}=3$$

따라서 삼각형 ABC의 둘레의 길이는
$a+b+c=3\sqrt{3}+3+3=6+3\sqrt{3}$

🔲 $6+3\sqrt{3}$

02-1

삼각형 ABC의 외접원의 반지름의 길이가 4이므로 사인법칙에 의하여

$$\sin A=\frac{a}{8},\ \sin B=\frac{b}{8},\ \sin C=\frac{c}{8}$$

$$\therefore \sin A + \sin B + \sin C = \frac{a}{8} + \frac{b}{8} + \frac{c}{8}$$
$$= \frac{a+b+c}{8}$$
$$= \frac{20}{8} = \frac{5}{2}$$
답 $\frac{5}{2}$

02-2

(1) $A+B+C=180°$이므로

$A=180° \times \frac{1}{6} = 30°$, $B=180° \times \frac{4}{6} = 120°$,

$C=180° \times \frac{1}{6} = 30°$

삼각형 ABC의 외접원의 반지름의 길이를 R라 하면 사인법칙에 의하여

$a=2R\sin 30°$, $b=2R\sin 120°$, $c=2R\sin 30°$이므로

$$\frac{b^2 \sin C}{ac} = \frac{(2R\sin 120°)^2 \times \sin 30°}{2R\sin 30° \times 2R\sin 30°} = \frac{4R^2 \times \frac{3}{4}}{4R^2 \times \frac{1}{2}} = \frac{3}{2}$$

(2) 삼각형 ABC의 외접원의 반지름의 길이를 R라 하면 사인법칙에 의하여

$\sin A = \frac{6}{2R}$, $\sin B = \frac{4}{2R}$, $\sin C = \frac{3}{2R}$

이고, $A+B+C=180°$에서 $A+B=180°-C$,
$B+C=180°-A$, $C+A=180°-B$이므로

$\sin(A+B) : \sin(B+C) : \sin(C+A)$
$= \sin(180°-C) : \sin(180°-A) : \sin(180°-B)$
$= \sin C : \sin A : \sin B$
$= \frac{3}{2R} : \frac{6}{2R} : \frac{4}{2R}$
$= 3 : 6 : 4$

따라서 $\alpha=6$, $\beta=4$이므로
$\alpha - \beta = 6-4 = 2$

답 (1) $\frac{3}{2}$ (2) 2

개념 ❷ 코사인법칙

유형 ⑬

(1) 코사인법칙에 의하여
$b^2 = 3^2 + 2^2 - 2 \times 3 \times 2 \times \cos 60°$
$= 9 + 4 - 2 \times 3 \times 2 \times \frac{1}{2} = 7$

$\therefore b = \sqrt{7}$

(2) $b=c$이므로 $B=C=75°$

따라서 $A=180°-2 \times 75° = 30°$이므로 코사인법칙에 의하여
$a^2 = (\sqrt{3})^2 + (\sqrt{3})^2 - 2 \times \sqrt{3} \times \sqrt{3} \times \cos 30°$
$= 3+3-2 \times 3 \times \frac{\sqrt{3}}{2} = 6-3\sqrt{3}$

답 (1) $\sqrt{7}$ (2) $6-3\sqrt{3}$

03-1

코사인법칙에 의하여
$(2\sqrt{7})^2 = b^2 + 4^2 - 2 \times b \times 4 \times \cos 60°$
$28 = b^2 + 16 - 4b$, $b^2 - 4b - 12 = 0$
$(b+2)(b-6) = 0$
$\therefore b = 6$

답 ⑤

유형 ⑭

삼각형에서 길이가 가장 긴 변의 대각의 크기가 세 내각 중 가장 크므로 길이가 $3\sqrt{2}$인 변의 대각의 크기가 θ이다.

따라서 코사인법칙에 의하여
$$\cos \theta = \frac{3^2 + (2\sqrt{3})^2 - (3\sqrt{2})^2}{2 \times 3 \times 2\sqrt{3}} = \frac{9+12-18}{12\sqrt{3}}$$
$$= \frac{3}{12\sqrt{3}} = \frac{\sqrt{3}}{12}$$

답 ④

04-1

코사인법칙에 의하여
$$\cos C = \frac{(\sqrt{2})^2 + (2\sqrt{2})^2 - 2^2}{2 \times \sqrt{2} \times 2\sqrt{2}}$$
$$= \frac{2+8-4}{8} = \frac{3}{4}$$

이때, $\sin^2 C + \cos^2 C = 1$에서

$$\sin^2 C = 1 - \left(\frac{3}{4}\right)^2 = \frac{7}{16}$$

$$\therefore \sin C = \frac{\sqrt{7}}{4} \ (\because 0° < C < 180°)$$

답 ③

개념 ❸ 삼각형의 넓이

유형 ⑮

삼각형 ABC의 외접원의 반지름의 길이를 R라 하면 사인법칙에 의하여

$\sin A = \frac{a}{2R}$, $\sin B = \frac{b}{2R}$, $\sin C = \frac{c}{2R}$

이를 $a\sin A + b\sin B = c\sin C$에 대입하면

$a \times \frac{a}{2R} + b \times \frac{b}{2R} = c \times \frac{c}{2R}$

$\therefore a^2 + b^2 = c^2$

따라서 삼각형 ABC는 $C=90°$인 직각삼각형이다.

답 $C=90°$인 직각삼각형

05-1

(1) 코사인법칙에 의하여
$$\cos A = \frac{b^2+c^2-a^2}{2bc}, \ \cos B = \frac{c^2+a^2-b^2}{2ca}$$

이를 $a\cos A=b\cos B$에 대입하면
$$a\times\dfrac{b^2+c^2-a^2}{2bc}=b\times\dfrac{c^2+a^2-b^2}{2ca}$$
양변에 $2abc$를 곱하면
$$a^2(b^2+c^2-a^2)=b^2(a^2+c^2-b^2),\ a^2c^2-a^4=b^2c^2-b^4$$
$$c^2(a^2-b^2)-(a^2-b^2)(a^2+b^2)=0$$
$$(a^2-b^2)(c^2-a^2-b^2)=0,\ (a+b)(a-b)(c^2-a^2-b^2)=0$$
$$\therefore a=b\ \text{또는}\ c^2=a^2+b^2$$
따라서 삼각형 ABC는 $a=b$인 이등변삼각형 또는 $C=90°$인 직각삼각형이다.

(2) 삼각형 ABC의 외접원의 반지름의 길이를 R라 하면 사인법칙에 의하여
$$\sin A=\dfrac{a}{2R},\ \sin B=\dfrac{b}{2R}$$
코사인법칙에 의하여 $\cos C=\dfrac{a^2+b^2-c^2}{2ab}$
이를 $\dfrac{\sin A}{\sin B}=\cos C$에 대입하면
$$\dfrac{\frac{a}{2R}}{\frac{b}{2R}}=\dfrac{a^2+b^2-c^2}{2ab},\ \dfrac{a}{b}=\dfrac{a^2+b^2-c^2}{2ab}$$
$$2a^2=a^2+b^2-c^2\qquad\therefore a^2+c^2=b^2$$
따라서 삼각형 ABC는 $B=90°$인 직각삼각형이다.

📗 (1) $a=b$인 이등변삼각형 또는 $C=90°$인 직각삼각형
(2) $B=90°$인 직각삼각형

유형 06

(1) 삼각형 ABC의 넓이는
$$\dfrac{1}{2}\times4\times3\times\sin45°$$
$$=6\times\dfrac{\sqrt{2}}{2}=3\sqrt{2}$$

(2) 삼각형 ABC의 넓이가 3이므로
$$\dfrac{1}{2}\times\sqrt{3}\times4\times\sin A=3\text{에서}$$
$$2\sqrt{3}\times\sin A=3\qquad\therefore\sin A=\dfrac{3}{2\sqrt{3}}=\dfrac{\sqrt{3}}{2}$$
$$\therefore A=60°\ \text{또는}\ A=120°$$

📗 (1) $3\sqrt{2}$ (2) $60°$ 또는 $120°$

06-1

코사인법칙에 의하여
$$\cos A=\dfrac{3^2+1^2-(2\sqrt{3})^2}{2\times3\times1}=-\dfrac{2}{6}=-\dfrac{1}{3}$$
이때, $\sin^2 A+\cos^2 A=1$에서
$$\sin^2 A=1-\left(-\dfrac{1}{3}\right)^2=\dfrac{8}{9}$$
$$\therefore \sin A=\dfrac{2\sqrt{2}}{3}\ (\because 0°<A<180°)$$
따라서 삼각형 ABC의 넓이는
$$\dfrac{1}{2}\times3\times1\times\sin A=\dfrac{3}{2}\times\dfrac{2\sqrt{2}}{3}=\sqrt{2}$$

📗 $\sqrt{2}$

06-2

$a+b+c=12\sqrt{3}$이고, $c=5\sqrt{3}$에서 $a+b=7\sqrt{3}$이므로 코사인법칙에 의하여
$$c^2=a^2+b^2-2ab\cos60°$$
$$(5\sqrt{3})^2=a^2+b^2-ab,\ 75=(a+b)^2-3ab$$
$$75=(7\sqrt{3})^2-3ab,\ 3ab=72$$
$$\therefore ab=24$$
따라서 삼각형 ABC의 넓이는
$$\dfrac{1}{2}ab\sin C=\dfrac{1}{2}\times24\times\dfrac{\sqrt{3}}{2}=6\sqrt{3}$$

📗 $6\sqrt{3}$

대표 유형 다지기   본문 48쪽

01 ①	**02** 5π	**03** ④	**04** ⑤	**05** $\dfrac{1}{4}$
06 ③	**07** ②	**08** ①		

01

사인법칙에 의하여 $\dfrac{6}{\sin A}=\dfrac{2\sqrt{6}}{\sin45°}$이므로
$$2\sqrt{6}\sin A=6\sin45°$$
$$\therefore \sin A=6\times\dfrac{\sqrt{2}}{2}\times\dfrac{1}{2\sqrt{6}}=\dfrac{\sqrt{3}}{2}$$
$$\therefore A=60°\ \text{또는}\ A=120°$$
이때, 삼각형 ABC는 둔각삼각형이므로 $A=120°$
$$\therefore C=180°-(45°+120°)=15°$$

보충 설명

$A=60°$이면 $C=180°-(45°+60°)=75°$이므로 삼각형 ABC는 둔각삼각형이 아니다.

📗 ①

02

직각이등변삼각형 ABC에서 $\angle ABC=\angle ACB=45°$이고 $\overline{BC}=4$이므로 $\overline{AB}=\overline{AC}=2\sqrt{2}$
이때, 선분 AB를 $3:1$로 내분하는 점이 D이므로
$$\overline{AD}=\dfrac{3}{4}\times2\sqrt{2}=\dfrac{3\sqrt{2}}{2}$$
또한 직각삼각형 ADC에서
$$\overline{CD}=\sqrt{\overline{AD}^2+\overline{AC}^2}=\sqrt{\left(\dfrac{3\sqrt{2}}{2}\right)^2+(2\sqrt{2})^2}=\dfrac{5\sqrt{2}}{2}$$
삼각형 BCD의 외접원의 반지름의 길이를 R라 하면 사인법칙에 의하여 $\dfrac{\overline{CD}}{\sin(\angle DBC)}=2R$이므로
$$\dfrac{\frac{5\sqrt{2}}{2}}{\sin45°}=2R\qquad\therefore R=\dfrac{1}{2}\times\dfrac{\frac{5\sqrt{2}}{2}}{\frac{\sqrt{2}}{2}}=\dfrac{5}{2}$$
따라서 구하는 외접원의 둘레의 길이는 $2\pi\times\dfrac{5}{2}=5\pi$

📗 5π

03

삼각형 ABC의 외접원의 반지름의 길이를 R라 하면 사인법칙에 의하여

$\sin A = \dfrac{5}{2R}$, $\sin B = \dfrac{4}{2R}$, $\sin C = \dfrac{8}{2R}$

이고, $A + B + C = 180°$이므로

$\dfrac{\sin(A+B)}{\sin(B+C)} + \dfrac{\sin(A+C)}{\sin(A+B)}$

$= \dfrac{\sin(180°-C)}{\sin(180°-A)} + \dfrac{\sin(180°-B)}{\sin(180°-C)}$

$= \dfrac{\sin C}{\sin A} + \dfrac{\sin B}{\sin C}$

$= \dfrac{\frac{8}{2R}}{\frac{5}{2R}} + \dfrac{\frac{4}{2R}}{\frac{8}{2R}}$

$= \dfrac{8}{5} + \dfrac{1}{2} = \dfrac{21}{10}$ 답 ④

04

코사인법칙에 의하여

$a^2 = (\sqrt{2})^2 + 3^2 - 2 \times \sqrt{2} \times 3 \times \sin 45°$

$\quad = 2 + 9 - 6\sqrt{2} \times \dfrac{\sqrt{2}}{2}$

$\quad = 11 - 6 = 5$

$\therefore a = \sqrt{5}$

이때, 사인법칙에 의하여 $\dfrac{\sqrt{5}}{\sin 45°} = \dfrac{\sqrt{2}}{\sin B}$이므로

$\sqrt{5} \sin B = \sqrt{2} \sin 45°$

$\therefore \sin B = \dfrac{1}{\sqrt{5}} \times \sqrt{2} \times \dfrac{\sqrt{2}}{2} = \dfrac{\sqrt{5}}{5}$ 답 ⑤

05

$\dfrac{\sin A}{2} = \dfrac{\sin B}{3} = \dfrac{\sin C}{4} = k$ (k는 상수)라 하면

$\sin A = 2k$, $\sin B = 3k$, $\sin C = 4k$이고, 삼각형 ABC의 외접원의 반지름의 길이를 R라 하면 사인법칙에 의하여

$a : b : c = 2R\sin A : 2R\sin B : 2R\sin C$

$\qquad\quad = \sin A : \sin B : \sin C$

$\qquad\quad = 2 : 3 : 4$

이므로 $a = 2t$, $b = 3t$, $c = 4t$ ($t > 0$)라 하자.

이때, 코사인법칙에 의하여

$\cos C = \dfrac{a^2 + b^2 - c^2}{2ab} = \dfrac{4t^2 + 9t^2 - 16t^2}{2 \times 2t \times 3t} = \dfrac{-3}{12} = -\dfrac{1}{4}$

따라서 $A + B + C = 180°$이므로

$\cos(A+B) = \cos(180° - C) = -\cos C = \dfrac{1}{4}$ 답 $\dfrac{1}{4}$

06

ㄱ. $A + B + C = 180°$이므로 $\sin(A+B) = \sin(B+C)$에서

$\sin(180° - C) = \sin(180° - A)$

$\therefore \sin C = \sin A$

삼각형 ABC의 외접원의 반지름의 길이를 R라 하면 사인법칙에 의하여

$\dfrac{c}{2R} = \dfrac{a}{2R}$

즉, 삼각형 ABC는 $a = c$인 이등변삼각형이다.

ㄴ. 코사인법칙에 의하여

$\cos A = \dfrac{b^2 + c^2 - a^2}{2bc}$, $\cos B = \dfrac{c^2 + a^2 - b^2}{2ca}$

이를 $b\cos A = a\cos B$에 대입하면

$b \times \dfrac{b^2 + c^2 - a^2}{2bc} = a \times \dfrac{a^2 + c^2 - b^2}{2ac}$

$b^2 + c^2 - a^2 = a^2 + c^2 - b^2$

$a^2 = b^2 \qquad \therefore a = b \ (\because a > 0,\ b > 0)$

즉, 삼각형 ABC는 $a = b$인 이등변삼각형이다.

ㄷ. 코사인법칙에 의하여

$\cos A = \dfrac{b^2 + c^2 - a^2}{2bc}$, $\cos B = \dfrac{c^2 + a^2 - b^2}{2ca}$,

$\cos C = \dfrac{a^2 + b^2 - c^2}{2ab}$

이를 $a\cos A = b\cos B + c\cos C$에 대입하면

$a \times \dfrac{b^2 + c^2 - a^2}{2bc} = b \times \dfrac{c^2 + a^2 - b^2}{2ca} + c \times \dfrac{a^2 + b^2 - c^2}{2ab}$

$a^2(b^2 + c^2 - a^2) = b^2(c^2 + a^2 - b^2) + c^2(a^2 + b^2 - c^2)$

$c^4 - 2b^2c^2 + b^4 - a^4 = 0$

$(c^2 - b^2)^2 - (a^2)^2 = 0$

$(c^2 - b^2 + a^2)(c^2 - b^2 - a^2) = 0$

$\therefore b^2 = a^2 + c^2$ 또는 $c^2 = a^2 + b^2$

즉, 삼각형 ABC는 $B = 90°$ 또는 $C = 90°$인 직각삼각형이다.

따라서 삼각형 ABC가 이등변삼각형인 것은 ㄱ, ㄴ이다.   답 ③

07

삼각형 ABD에서 $\angle ADB = 135°$이므로

$\angle ABD = 180° - (135° + 15°) = 30°$

삼각형 ABD에서 사인법칙에 의하여 $\dfrac{2}{\sin 135°} = \dfrac{\overline{AD}}{\sin 30°}$이므로

$2 \sin 30° = \overline{AD} \sin 135° \qquad \therefore \overline{AD} = 2 \times \dfrac{1}{2} \times \dfrac{2}{\sqrt{2}} = \sqrt{2}$

따라서 $\overline{CD} = \overline{AD} = \sqrt{2}$이므로 삼각형 ADC의 넓이는

$\dfrac{1}{2} \times \overline{AD} \times \overline{CD} \times \sin 45° = \dfrac{1}{2} \times \sqrt{2} \times \sqrt{2} \times \dfrac{\sqrt{2}}{2} = \dfrac{\sqrt{2}}{2}$ 답 ②

08

삼각형 ABC에서 코사인법칙에 의하여

$\cos(\angle CAB) = \dfrac{1^2 + 3^2 - (\sqrt{6})^2}{2 \times 1 \times 3} = \dfrac{2}{3}$

또한 삼각형 ADC에서

$\sin(\angle CAD) = \sin\left(\dfrac{\pi}{2} + \angle CAB\right) = \cos(\angle CAB) = \dfrac{2}{3}$

따라서 삼각형 ADC의 넓이는

$\dfrac{1}{2} \times \overline{AC} \times \overline{AD} \times \sin(\angle CAD)$

$= \dfrac{1}{2} \times 1 \times 3 \times \dfrac{2}{3} = 1$ 답 ①

01 | 등차수열과 등비수열

교과서 핵심 개념별 대표 유형 익히기 본문 **50∼53**쪽

개념 ① 등차수열

개념 Check

1 (1) $a_1=2\times1+1=3$, $a_2=2\times2+1=5$, $a_3=2\times3+1=7$
 (2) $a_1=5^2=25$, $a_2=5^3=125$, $a_3=5^4=625$

 답 (1) 3, 5, 7 (2) 25, 125, 625

2 (1) $a_n=3+(n-1)\times2=2n+1$
 (2) 첫째항이 -1, 공차가 $3-(-1)=4$이므로
  $a_n=-1+(n-1)\times4=4n-5$

 답 (1) $a_n=2n+1$ (2) $a_n=4n-5$

유형 01

등차수열 $\{a_n\}$의 첫째항을 a, 공차를 d라 하면
$a_2=1$에서 $a+d=1$ ······ ㉠
$a_5+a_7=26$에서 $a_5=a+4d$, $a_7=a+6d$이므로
$(a+4d)+(a+6d)=26$, $2a+10d=26$
∴ $a+5d=13$ ······ ㉡
㉠, ㉡을 연립하여 풀면
$a=-2$, $d=3$
따라서 $a_n=-2+(n-1)\times3=3n-5$이므로
$a_{10}=3\times10-5=25$ 답 25

01-1

등차수열 $\{a_n\}$의 첫째항을 a, 공차를 d라 하면
$a_2+a_5=-14$에서 $a_2=a+d$, $a_5=a+4d$이므로
$(a+d)+(a+4d)=-14$ ∴ $2a+5d=-14$ ······ ㉠
$a_3+a_7=-26$에서 $a_3=a+2d$, $a_7=a+6d$이므로
$(a+2d)+(a+6d)=-26$, $2a+8d=-26$
∴ $a+4d=-13$ ······ ㉡
㉠, ㉡을 연립하여 풀면
$a=3$, $d=-4$
따라서 $a_n=3+(n-1)\times(-4)=-4n+7$이므로
$a_6=-4\times6+7=-17$ 답 -17

유형 02

세 수 3, $2a$, $a+1$이 이 순서대로 등차수열을 이루므로
$2a=\dfrac{3+(a+1)}{2}$
$4a=a+4$, $3a=4$
∴ $a=\dfrac{4}{3}$ 답 ④

02-1

세 수 a, a^2+a, 3이 이 순서대로 등차수열을 이루므로
$a^2+a=\dfrac{a+3}{2}$, $2a^2+2a=a+3$
$2a^2+a-3=0$
따라서 모든 실수 a의 값의 합은 이차방정식의 근과 계수의 관계에
의하여 $-\dfrac{1}{2}$이다. 답 ②

개념 ② 등차수열의 합

개념 Check

1 (1) $\dfrac{10(2+10)}{2}=60$
 (2) $\dfrac{5\{2\times6+(5-1)\times(-2)\}}{2}=10$ 답 (1) 60 (2) 10

2 (ⅰ) $n=1$일 때
  $a_1=S_1=2\times1^2+1=3$
 (ⅱ) $n\geq2$일 때
  $a_n=S_n-S_{n-1}$
   $=2n^2+n-\{2(n-1)^2+(n-1)\}$
   $=2n^2+n-(2n^2-4n+2+n-1)$
   $=4n-1$ ······ ㉠
 이때, $a_1=3$은 $n=1$을 ㉠에 대입한 것과 같으므로
 $a_n=4n-1$ (단, $n\geq1$) 답 $a_n=4n-1$ (단, $n\geq1$)

유형 03

등차수열 $\{a_n\}$의 첫째항을 a, 공차를 d라 하면
$a_2=6$에서 $a+d=6$ ······ ㉠
$a_7=31$에서 $a+6d=31$ ······ ㉡
㉠, ㉡을 연립하여 풀면
$a=1$, $d=5$
따라서 수열 $\{a_n\}$의 첫째항부터 제12항까지의 합은
$\dfrac{12\{2\times1+(12-1)\times5\}}{2}=342$ 답 342

03-1

등차수열 $\{a_n\}$의 첫째항을 a, 공차를 d라 하면
$S_5=10$에서 $\dfrac{5\{2a+(5-1)\times d\}}{2}=10$
$2a+4d=4$ ∴ $a+2d=2$ ······ ㉠
$S_{10}=70$에서 $\dfrac{10\{2a+(10-1)\times d\}}{2}=70$
∴ $2a+9d=14$ ······ ㉡
㉠, ㉡을 연립하여 풀면
$a=-2$, $d=2$
∴ $S_{15}=\dfrac{15\{2\times(-2)+(15-1)\times2\}}{2}=180$ 답 180

유형 04

$a_1 = S_1 = 1^2 + 1 = 2$

$a_n = S_n - S_{n-1}$
$\quad = (n^2 + n) - \{(n-1)^2 + (n-1)\}$
$\quad = n^2 + n - (n^2 - 2n + 1 + n - 1)$
$\quad = 2n \ (단, \ n \geq 2)$

$\therefore a_{10} = 2 \times 10 = 20$

$\therefore a_1 + a_{10} = 2 + 20 = 22$

• 다른 풀이

$a_1 = S_1 = 1^2 + 1 = 2$

$a_n = S_n - S_{n-1} \ (n \geq 2)$이므로

$a_{10} = S_{10} - S_9$
$\quad = (10^2 + 10) - (9^2 + 9)$
$\quad = 110 - 90 = 20$

$\therefore a_1 + a_{10} = 2 + 20 = 22$ **답 ①**

04-1

$a_1 = S_1 = 1^2 - 2 \times 1 + 3 = 2$

$a_n = S_n - S_{n-1}$
$\quad = (n^2 - 2n + 3) - \{(n-1)^2 - 2(n-1) + 3\}$
$\quad = n^2 - 2n + 3 - (n^2 - 2n + 1 - 2n + 2 + 3)$
$\quad = 2n - 3 \ (단, \ n \geq 2)$

$\therefore a_7 = 2 \times 7 - 3 = 11$

$\therefore a_7 - a_1 = 11 - 2 = 9$ **답 9**

개념 ③ 등비수열

개념 Check

1 (1) $a_n = 4 \times 3^{n-1}$

(2) 첫째항이 1, 공비가 $(-3) \div 1 = -3$이므로
$a_n = 1 \times (-3)^{n-1} = (-3)^{n-1}$

답 (1) $a_n = 4 \times 3^{n-1}$ (2) $a_n = (-3)^{n-1}$

2 (1) 세 수 2, a, 32가 이 순서대로 등비수열을 이루므로
$a^2 = 2 \times 32, \ a^2 = 64$
$\therefore a = 8 \ (\because a > 0)$

(2) 세 수 -6, a, $-\dfrac{2}{3}$가 이 순서대로 등비수열을 이루므로
$a^2 = -6 \times \left(-\dfrac{2}{3}\right), \ a^2 = 4$
$\therefore a = 2 \ (\because a > 0)$ **답** (1) 8 (2) 2

유형 05

등비수열 $\{a_n\}$의 첫째항을 a, 공비를 r라 하면

$a_2 = 3$에서 $ar = 3$ ······ ㉠

$a_5 = 24$에서 $ar^4 = 24$ ······ ㉡

㉡ $\div$ ㉠을 하면 $r^3 = 8$

이때, 모든 항이 실수이므로 $r = 2$

$r = 2$를 ㉠에 대입하면 $a \times 2 = 3$ $\quad \therefore a = \dfrac{3}{2}$

따라서 $a_n = \dfrac{3}{2} \times 2^{n-1}$이므로

$a_7 = \dfrac{3}{2} \times 2^{7-1} = 96$ **답 ④**

05-1

등비수열 $\{a_n\}$의 첫째항을 a, 공비를 $r \ (r > 0)$라 하면

$a_3 = 3$에서 $ar^2 = 3$ ······ ㉠

$a_4 + a_5 = 18$에서 $a_4 = ar^3$, $a_5 = ar^4$이므로

$ar^3 + ar^4 = 18$ $\quad \therefore ar^3(1 + r) = 18$ ······ ㉡

㉡ $\div$ ㉠을 하면

$r(1 + r) = 6, \ r^2 + r - 6 = 0$

$(r + 3)(r - 2) = 0$ $\quad \therefore r = 2 \ (\because r > 0)$

$\therefore a_7 = a_3 \times r^4 = 3 \times 16 = 48$ **답 48**

유형 06

세 수 3, a, 27이 이 순서대로 등비수열을 이루므로

$a^2 = 3 \times 27, \ a^2 = 81$

$\therefore a = 9 \ (\because a > 0)$

또한 세 수 9, 27, b가 이 순서대로 등비수열을 이루므로

$27^2 = 9b$ $\quad \therefore b = 81$

$\therefore a + b = 9 + 81 = 90$ **답 90**

06-1

세 수 $x + 3$, $2x - 2$, $3x + 1$이 이 순서대로 등비수열을 이루므로

$(2x - 2)^2 = (x + 3)(3x + 1)$

$4x^2 - 8x + 4 = 3x^2 + 10x + 3$

$x^2 - 18x + 1 = 0$

따라서 모든 실수 x의 값의 합은 이차방정식의 근과 계수의 관계에 의하여 18이다. **답 18**

개념 ④ 등비수열의 합

개념 Check

1 $\dfrac{-2(2^5 - 1)}{2 - 1} = -62$ **답 -62**

2 첫째항이 2, 공비가 $1 \div 2 = \dfrac{1}{2}$이므로

$\dfrac{2\left\{1 - \left(\dfrac{1}{2}\right)^7\right\}}{1 - \dfrac{1}{2}} = 4\left(1 - \dfrac{1}{128}\right) = \dfrac{127}{32}$ **답 $\dfrac{127}{32}$**

유형 07

등비수열 $\{a_n\}$의 첫째항을 a, 공비를 r라 하면

$a_3=12$에서 $ar^2=12$ ...... ㉠

$a_6=96$에서 $ar^5=96$ ...... ㉡

㉡÷㉠을 하면 $r^3=8$

이때, 모든 항이 실수이므로 $r=2$

$r=2$를 ㉠에 대입하면 $a\times2^2=12$ ∴ $a=3$

따라서 수열 $\{a_n\}$의 첫째항부터 제8항까지의 합은

$\dfrac{3(2^8-1)}{2-1}=765$ 답 ③

07-1

등비수열 $\{a_n\}$의 첫째항을 a, 공비를 r라 하면

$S_4=12$에서 $\dfrac{a(r^4-1)}{r-1}=12$ ...... ㉠

$S_8=60$에서 $\dfrac{a(r^8-1)}{r-1}=60$

$\dfrac{a(r^4-1)(r^4+1)}{r-1}=60$ ...... ㉡

㉡÷㉠을 하면

$r^4+1=5$ ∴ $r^4=4$

∴ $S_{12}=\dfrac{a(r^{12}-1)}{r-1}$

$=\dfrac{a(r^4-1)(r^8+r^4+1)}{r-1}$

$=12\times(4^2+4+1)=252$ 답 252

유형 08

(1) $200(1+0.1\times5)=200\times1.5=300$ (만 원)

(2) $200(1+0.1)^5=200\times1.1^5=200\times1.6=320$ (만 원)

답 (1) 300만 원 (2) 320만 원

08-1

매년 초에 적립하는 50만 원의 원리합계는 다음 그림과 같다.

(단위 : 만 원)

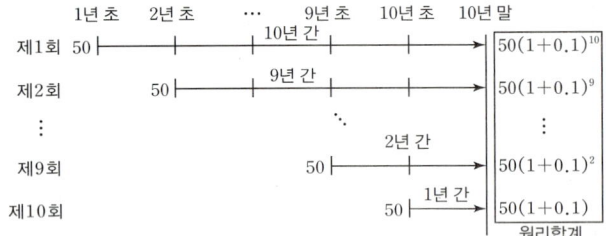

10년 후 연말의 원리합계를 S만 원이라 하면

$S=50(1+0.1)+50(1+0.1)^2+\cdots+50(1+0.1)^{10}$

$=50\times1.1+50\times1.1^2+\cdots+50\times1.1^{10}$

따라서 S는 첫째항이 50×1.1, 공비가 1.1인 등비수열의 첫째항부터 제10항까지의 합이므로

$S=\dfrac{50\times1.1\times(1.1^{10}-1)}{1.1-1}=\dfrac{55\times(2.6-1)}{0.1}=880$ (만 원)

따라서 10년 후 연말의 원리합계는 880만 원이다. 답 880만 원

대표 유형 다지기 본문 54~55쪽

01 (1) $a_n=\dfrac{1}{2^n}$ (2) $a_n=n(n+2)$			**02** 29	**03** 1, 3, 5
04 ④	**05** 20	**06** ⑤	**07** 88	**08** ④
09 32	**10** ②	**11** ①	**12** ⑤	**13** 7
14 ⑤	**15** ③	**16** ②		

01

(1) $a_1=\dfrac{1}{2}=\dfrac{1}{2^1}$, $a_2=\dfrac{1}{4}=\dfrac{1}{2^2}$, $a_3=\dfrac{1}{8}=\dfrac{1}{2^3}$, $a_4=\dfrac{1}{16}=\dfrac{1}{2^4}$, $\cdots$

이므로 일반항은 $a_n=\dfrac{1}{2^n}$

(2) $a_1=1\times3=1\times(1+2)$, $a_2=2\times4=2\times(2+2)$,

$a_3=3\times5=3\times(3+2)$, $a_4=4\times6=4\times(4+2)$, $\cdots$

이므로 일반항은 $a_n=n(n+2)$

답 (1) $a_n=\dfrac{1}{2^n}$ (2) $a_n=n(n+2)$

02

등차수열 $\{a_n\}$의 첫째항을 a, 공차를 d라 하면

$a_2=13$이므로 $a+d=13$ ...... ㉠

$a_6=21$이므로 $a+5d=21$ ...... ㉡

㉠, ㉡을 연립하여 풀면

$a=11$, $d=2$

따라서 $a_n=11+(n-1)\times2=2n+9$이므로

$a_{10}=2\times10+9=29$ 답 29

03

세 수를 $a-d$, a, $a+d$로 놓으면

$(a-d)+a+(a+d)=9$ ...... ㉠

$(a-d)\times a\times(a+d)=15$ ...... ㉡

㉠에서 $3a=9$ ∴ $a=3$

$a=3$을 ㉡에 대입하면

$(3-d)\times3\times(3+d)=15$

$9-d^2=5$, $d^2=4$

∴ $d=-2$ 또는 $d=2$

따라서 세 수는 1, 3, 5이다. 답 1, 3, 5

04

-3과 41 사이에 넣은 10개의 수를 a_1, a_2, a_3, $\cdots$, a_{10}이라 하면 등차수열 -3, a_1, a_2, a_3, $\cdots$, a_{10}, 41의 공차를 d라 하면 첫째항이 -3, 제12항이 41이므로

$-3+11d=41$, $11d=44$

∴ $d=4$

따라서 구하는 공차는 4이다. 답 ④

05

등차수열 $\{a_n\}$의 첫째항을 a, 공차를 d라 하면

$a_7=37$에서 $a+6d=37$ ...... ㉠

$a_{10}=28$에서 $a+9d=28$ ...... ㉡

㉠, ㉡을 연립하여 풀면

$a=55$, $d=-3$

$\therefore a_n=55+(n-1)\times(-3)=-3n+58$

수열 $\{a_n\}$은 제k항에서 처음으로 음수가 나오므로

$a_k<0$에서 $-3k+58<0$

$3k>58$ $\therefore k>19.3\times\times\times$

따라서 구하는 자연수 k의 값은 20이다. 【답】 20

06

세 수 x^2, 30, y^2이 이 순서대로 등차수열을 이루므로

$30=\dfrac{x^2+y^2}{2}$ $\therefore x^2+y^2=60$ ...... ㉠

또한 세 수 $\log_2 y$, $\log_2 x$, 2도 이 순서대로 등차수열을 이루므로

$\log_2 x=\dfrac{\log_2 y+2}{2}$, $2\log_2 x=\log_2 y+2$

$\log_2 x^2=\log_2 4y$ $\therefore x^2=4y$ ...... ㉡

㉡을 ㉠에 대입하면

$y^2+4y-60=0$, $(y+10)(y-6)=0$

$\therefore y=6$ $(\because y>0)$

$y=6$을 ㉡에 대입하면

$x^2=24$ $\therefore x=2\sqrt{6}$ $(\because x>0)$

$\therefore xy=2\sqrt{6}\times 6=12\sqrt{6}$ 【답】 ⑤

07

등차수열 $\{a_n\}$의 첫째항을 a, 공차를 d라 하면

$a_1+a_5+a_{12}=24$에서

$a+(a+4d)+(a+11d)=24$, $3a+15d=24$

$\therefore a+5d=8$

따라서 등차수열 $\{a_n\}$의 첫째항부터 제11항까지의 합은

$\dfrac{11(a_1+a_{11})}{2}=\dfrac{11\{a+(a+10d)\}}{2}$

$=\dfrac{11(2a+10d)}{2}$

$=11(a+5d)$

$=11\times 8=88$ 【답】 88

08

(ⅰ) $n=1$일 때

$a=S_1=3\times 1^2+5\times 1=8$

(ⅱ) $n\geq 2$일 때

$a_n=S_n-S_{n-1}$

$=(3n^2+5n)-\{3(n-1)^2+5(n-1)\}$

$=3n^2+5n-(3n^2-6n+3+5n-5)$

$=6n+2$ ...... ㉠

이때, $a=8$은 $n=1$을 ㉠에 대입한 것과 같으므로

$a_n=6n+2$ (단, $n\geq 1$)

따라서 $d=6$이므로

$a-d=8-6=2$ 【답】 ④

09

등비수열 $\{a_n\}$의 첫째항을 a, 공비를 r라 하면

$a_1+a_3=4$에서 $a_3=ar^2$이므로

$a+ar^2=4$ $\therefore a(1+r^2)=4$ ...... ㉠

$a_2+a_4=8$에서 $a_2=ar$, $a_4=ar^3$이므로

$ar+ar^3=8$ $\therefore ar(1+r^2)=8$ ...... ㉡

㉡÷㉠을 하면 $r=2$

$r=2$를 ㉠에 대입하면

$a(1+2^2)=4$ $\therefore a=\dfrac{4}{5}$

$\therefore a_4+a_6=ar^3+ar^5$

$=\dfrac{4}{5}\times 2^3+\dfrac{4}{5}\times 2^5$

$=32$

◆다른 풀이

등비수열 $\{a_n\}$의 첫째항을 a, 공비를 r라 하면

$a_1+a_3=4$에서 $a_3=ar^2$이므로

$a+ar^2=4$ $\therefore a(1+r^2)=4$ ...... ㉠

$a_2+a_4=8$에서 $a_2=ar$, $a_4=ar^3$이므로

$ar+ar^3=8$ $\therefore ar(1+r^2)=8$ ...... ㉡

㉡÷㉠을 하면 $r=2$

$\therefore a_4+a_6=ar^3+ar^5$

$=ar(1+r^2)\times r^2$

$=8\times 2^2=32$ 【답】 32

10

주어진 등비수열의 공비를 r라 하면 첫째항이 5이고, 제9항이 42이므로

$5r^8=42$ $\therefore r^8=\dfrac{42}{5}$

$\therefore a_1 a_7=5r\times 5r^7=25r^8$

$=25\times\dfrac{42}{5}=210$ 【답】 ②

11

세 수를 a, ar, ar^2으로 놓으면

$a+ar+ar^2=14$ ...... ㉠

$a\times ar\times ar^2=64$ ...... ㉡

㉡에서 $a^3 r^3=(ar)^3=64$, $ar=4$

$\therefore a=\dfrac{4}{r}$

$a=\dfrac{4}{r}$를 ㉠에 대입하면

$\dfrac{4}{r}+\dfrac{4}{r}\times r+\dfrac{4}{r}\times r^2=14$, $4+4r+4r^2=14r$

$2r^2-5r+2=0$, $(2r-1)(r-2)=0$

$\therefore r=\dfrac{1}{2}$ 또는 $r=2$

따라서 세 수는 2, 4, 8이므로 가장 작은 수는 2이다. 【답】 ①

12

세 수 4, a, 12가 이 순서대로 등차수열을 이루므로

$a=\dfrac{4+12}{2}$, $2a=16$　　$\therefore a=8$

또한 세 수 2, a, b, 즉 2, 8, b가 이 순서대로 등비수열을 이루므로

$64=2b$　　$\therefore b=32$

$\therefore a+b=8+32=40$　　　　　　　　답 ⑤

13

첫째항이 $\dfrac{1}{2}$이고 공비가 3인 등비수열 $\{a_n\}$의 일반항은

$a_n=\dfrac{1}{2}\times 3^{n-1}$

이므로

$\dfrac{1}{a_n}=2\times\left(\dfrac{1}{3}\right)^{n-1}$

즉, 수열 $\left\{\dfrac{1}{a_n}\right\}$은 첫째항이 2이고 공비가 $\dfrac{1}{3}$인 등비수열이다.

따라서 $S_k=\dfrac{\frac{1}{2}(3^k-1)}{3-1}=\dfrac{3^k-1}{4}$, $T_k=\dfrac{2\left(1-\frac{1}{3^k}\right)}{1-\frac{1}{3}}=\dfrac{3^k-1}{3^{k-1}}$이

므로 $\dfrac{S_k}{T_k}>100$에서

$\dfrac{\frac{3^k-1}{4}}{\frac{3^k-1}{3^{k-1}}}>100$, $\dfrac{3^{k-1}}{4}>100$, $3^{k-1}>400$

이때, $k=6$이면 $3^{k-1}=3^5=243$이고, $k=7$이면 $3^{k-1}=3^6=729$이

므로 $3^{k-1}>400$을 만족시키는 자연수 k의 최솟값은 7이다. 답 7

14

등비수열 $\{a_n\}$의 첫째항을 a, 공비를 r라 하면

$S_5=4$에서 $\dfrac{a(r^5-1)}{r-1}=4$　　　　　　　　…… ㉠

$S_{10}=12$에서 $\dfrac{a(r^{10}-1)}{r-1}=12$

$\therefore \dfrac{a(r^5-1)(r^5+1)}{r-1}=12$　　　　　　…… ㉡

㉡$\div$㉠을 하면 $r^5+1=3$　　$\therefore r^5=2$

$\therefore S_{20}=\dfrac{a(r^{20}-1)}{r-1}$

$=\dfrac{a(r^{10}-1)(r^{10}+1)}{r-1}$

$=12\times(2^2+1)=60$　　　　　　　　답 ⑤

15

$a_n=S_n-S_{n-1}\,(n\geq 2)$이므로

$a_2=S_2-S_1=(3^2-2)-(3^1-2)$

$=7-1=6$

이고

$a_5=S_5-S_4=(3^5-2)-(3^4-2)$

$=241-79=162$

$\therefore a_2+a_5=6+162=168$　　　　　　　답 ③

16

월이율 0.5%로 매달 말 x만 원씩 24개월 후의 적립금의 원리합계는

$\dfrac{x(1.005^{24}-1)}{1.005-1}=\dfrac{0.13x}{0.005}=\dfrac{130x}{5}=26x\,(\text{만 원})$

이 원리합계가 260만 원 이상이 되어야 하므로

$26x\geq 260$

$\therefore x\geq 10\,(\text{만 원})$

따라서 x의 최솟값은 10(만 원)이다.　　　　　　　답 ②

02 | 수열의 합

교과서 핵심 개념별 **대표 유형 익히기** 본문 56~58쪽

개념 ① 합의 기호 ∑

개념 Check

1 (1) $2+4+6+\cdots+18=\sum\limits_{k=1}^{9} 2k$

(2) $1+\dfrac{1}{2}+\dfrac{1}{3}+\cdots+\dfrac{1}{n}=\sum\limits_{k=1}^{n}\dfrac{1}{k}$ 　　답 (1) $\sum\limits_{k=1}^{9} 2k$ (2) $\sum\limits_{k=1}^{n}\dfrac{1}{k}$

2 (1) $\sum\limits_{k=1}^{8} k^2=1^2+2^2+3^2+\cdots+8^2$

(2) $\sum\limits_{j=2}^{n}(5-j)=3+2+1+\cdots+(5-n)$

답 (1) $1^2+2^2+3^2+\cdots+8^2$

(2) $3+2+1+\cdots+(5-n)$

유형 01

$\sum\limits_{k=2}^{50} a_k=7$에서

$a_2+a_3+a_4+\cdots+a_{50}=7$ 　　…… ㉠

$\sum\limits_{k=1}^{49} a_k=4$에서

$a_1+a_2+a_3+\cdots+a_{49}=4$ 　　…… ㉡

㉠-㉡을 하면

$a_{50}-a_1=3$ 　　　　　　　　　　　　　답 ④

01-1

$\sum\limits_{k=1}^{10} a_{k+1}-\sum\limits_{k=2}^{11} a_{k-1}=40$에서

$(a_2+a_3+a_4+\cdots+a_{10}+a_{11})-(a_1+a_2+a_3+\cdots+a_{10})=40$

$a_{11}-a_1=40$

이때, $a_1=5$이므로

$a_{11}=40+5=45$ 　　　　　　　　　　　　답 45

유형 02

$\sum\limits_{k=1}^{10}(a_k-2b_k+3)=\sum\limits_{k=1}^{10} a_k-2\sum\limits_{k=1}^{10} b_k+\sum\limits_{k=1}^{10} 3$

$=10-2\times20+3\times10=0$ 　　답 ③

02-1

$\sum\limits_{k=1}^{10}(2a_k+1)^2=\sum\limits_{k=1}^{10}(4a_k{}^2+4a_k+1)$

$=4\sum\limits_{k=1}^{10} a_k{}^2+4\sum\limits_{k=1}^{10} a_k+\sum\limits_{k=1}^{10} 1$

$=4\times35+4\times10+1\times10=190$ 　　답 190

개념 ② 자연수의 거듭제곱의 합

개념 Check

1 (1) $1+2+3+\cdots+7=\sum\limits_{k=1}^{7} k=\dfrac{7\times8}{2}=28$

(2) $1^2+2^2+3^2+\cdots+7^2=\sum\limits_{k=1}^{7} k^2=\dfrac{7\times8\times15}{6}=140$

(3) $1^3+2^3+3^3+\cdots+7^3=\sum\limits_{k=1}^{7} k^3=\left(\dfrac{7\times8}{2}\right)^2=784$

답 (1) 28 (2) 140 (3) 784

2 $\sum\limits_{k=1}^{5}(3k+5)=3\sum\limits_{k=1}^{5} k+\sum\limits_{k=1}^{5} 5$

$=3\times\dfrac{5\times6}{2}+5\times5$

$=45+25=70$ 　　　　답 70

유형 03

$1\times2+2\times3+3\times4+\cdots+9\times10$

$=\sum\limits_{k=1}^{9} k(k+1)$

$=\sum\limits_{k=1}^{9}(k^2+k)$

$=\sum\limits_{k=1}^{9} k^2+\sum\limits_{k=1}^{9} k$

$=\dfrac{9\times10\times19}{6}+\dfrac{9\times10}{2}$

$=285+45=330$ 　　　　답 ③

03-1

$1\times1+2\times3+3\times5+\cdots+7\times13$

$=\sum\limits_{k=1}^{7} k(2k-1)$

$=\sum\limits_{k=1}^{7}(2k^2-k)$

$=2\sum\limits_{k=1}^{7} k^2-\sum\limits_{k=1}^{7} k$

$=2\times\dfrac{7\times8\times15}{6}-\dfrac{7\times8}{2}$

$=280-28=252$ 　　　　답 ④

03-2

$\sum\limits_{k=1}^{6} k(k^2-1)=\sum\limits_{k=1}^{6}(k^3-k)$

$=\sum\limits_{k=1}^{6} k^3-\sum\limits_{k=1}^{6} k$

$=\left(\dfrac{6\times7}{2}\right)^2-\dfrac{6\times7}{2}$

$=441-21=420$ 　　　　답 ①

유형 04

$$\sum_{j=1}^{5}\left\{\sum_{i=1}^{10}(i+j)\right\}=\sum_{j=1}^{5}\left(\sum_{i=1}^{10}i+\sum_{i=1}^{10}j\right)$$
$$=\sum_{j=1}^{5}\left(\frac{10\times11}{2}+10j\right)$$
$$=\sum_{j=1}^{5}(55+10j)$$
$$=\sum_{j=1}^{5}55+10\sum_{j=1}^{5}j$$
$$=55\times5+10\times\frac{5\times6}{2}$$
$$=275+150$$
$$=425$$

답 ④

04-1

$$\sum_{n=1}^{8}\left(\sum_{m=1}^{6}mn\right)=\sum_{n=1}^{8}\left(n\sum_{m=1}^{6}m\right)$$
$$=\sum_{n=1}^{8}\left(n\times\frac{6\times7}{2}\right)$$
$$=\sum_{n=1}^{8}21n$$
$$=21\sum_{n=1}^{8}n$$
$$=21\times\frac{8\times9}{2}$$
$$=756$$

답 ②

개념 3 여러 가지 수열의 합

개념 Check

1 (1) $\displaystyle\sum_{k=1}^{6}\left(\frac{1}{k}-\frac{1}{k+1}\right)$
$$=\left(1-\frac{1}{2}\right)+\left(\frac{1}{2}-\frac{1}{3}\right)+\left(\frac{1}{3}-\frac{1}{4}\right)+\cdots+\left(\frac{1}{6}-\frac{1}{7}\right)$$
$$=1-\frac{1}{7}=\frac{6}{7}$$

(2) $\displaystyle\sum_{k=2}^{8}(\sqrt{k+2}-\sqrt{k+1})$
$$=\sum_{k=2}^{8}(-\sqrt{k+1}+\sqrt{k+2})$$
$$=(-\sqrt{3}+\sqrt{4})+(-\sqrt{4}+\sqrt{5})+(-\sqrt{5}+\sqrt{6})+\cdots$$
$$\qquad+(-\sqrt{8}+\sqrt{9})+(-\sqrt{9}+\sqrt{10})$$
$$=-\sqrt{3}+\sqrt{10}$$

답 (1) $\dfrac{6}{7}$ (2) $-\sqrt{3}+\sqrt{10}$

유형 05

$\dfrac{1}{k(k+1)}=\dfrac{1}{k}-\dfrac{1}{k+1}$ 이므로

$$\sum_{k=1}^{99}\frac{1}{k(k+1)}$$
$$=\sum_{k=1}^{99}\left(\frac{1}{k}-\frac{1}{k+1}\right)$$
$$=\left(1-\frac{1}{2}\right)+\left(\frac{1}{2}-\frac{1}{3}\right)+\left(\frac{1}{3}-\frac{1}{4}\right)+\cdots+\left(\frac{1}{99}-\frac{1}{100}\right)$$
$$=1-\frac{1}{100}$$
$$=\frac{99}{100}$$

따라서 $p=100$, $q=99$이므로
$$p+q=100+99=199$$

답 199

05-1

$$\frac{1}{1\times3}+\frac{1}{3\times5}+\frac{1}{5\times7}+\cdots+\frac{1}{99\times101}$$
$$=\frac{1}{2}\left(1-\frac{1}{3}\right)+\frac{1}{2}\left(\frac{1}{3}-\frac{1}{5}\right)+\frac{1}{2}\left(\frac{1}{5}-\frac{1}{7}\right)+\cdots+\frac{1}{2}\left(\frac{1}{99}-\frac{1}{101}\right)$$
$$=\frac{1}{2}\left\{\left(1-\frac{1}{3}\right)+\left(\frac{1}{3}-\frac{1}{5}\right)+\left(\frac{1}{5}-\frac{1}{7}\right)+\cdots+\left(\frac{1}{99}-\frac{1}{101}\right)\right\}$$
$$=\frac{1}{2}\left(1-\frac{1}{101}\right)$$
$$=\frac{1}{2}\times\frac{100}{101}$$
$$=\frac{50}{101}$$

따라서 $p=101$, $q=50$이므로
$$p+q=101+50=151$$

답 151

유형 06

$$\frac{1}{\sqrt{k+1}+\sqrt{k}}=\frac{\sqrt{k+1}-\sqrt{k}}{(\sqrt{k+1}+\sqrt{k})(\sqrt{k+1}-\sqrt{k})}$$
$$=\sqrt{k+1}-\sqrt{k}$$

이므로

$$\sum_{k=1}^{8}\frac{1}{\sqrt{k+1}+\sqrt{k}}$$
$$=\sum_{k=1}^{8}(\sqrt{k+1}-\sqrt{k})$$
$$=\sum_{k=1}^{8}(-\sqrt{k}+\sqrt{k+1})$$
$$=(-1+\sqrt{2})+(-\sqrt{2}+\sqrt{3})+(-\sqrt{3}+\sqrt{4})+\cdots$$
$$\qquad+(-\sqrt{7}+\sqrt{8})+(-\sqrt{8}+\sqrt{9})$$
$$=-1+\sqrt{9}$$
$$=-1+3$$
$$=2$$

답 ②

06-1

$$\frac{1}{1+\sqrt{3}}+\frac{1}{\sqrt{2}+\sqrt{4}}+\frac{1}{\sqrt{3}+\sqrt{5}}+\cdots+\frac{1}{\sqrt{48}+\sqrt{50}}$$

$$=\frac{1-\sqrt{3}}{(1+\sqrt{3})(1-\sqrt{3})}+\frac{\sqrt{2}-\sqrt{4}}{(\sqrt{2}+\sqrt{4})(\sqrt{2}-\sqrt{4})}$$

$$\qquad+\frac{\sqrt{3}-\sqrt{5}}{(\sqrt{3}+\sqrt{5})(\sqrt{3}-\sqrt{5})}+\cdots+\frac{\sqrt{48}-\sqrt{50}}{(\sqrt{48}+\sqrt{50})(\sqrt{48}-\sqrt{50})}$$

$$=\frac{1}{2}(-1+\sqrt{3})+\frac{1}{2}(-\sqrt{2}+\sqrt{4})+\frac{1}{2}(-\sqrt{3}+\sqrt{5})$$

$$\qquad+\cdots+\frac{1}{2}(-\sqrt{47}+\sqrt{49})+\frac{1}{2}(-\sqrt{48}+\sqrt{50})$$

$$=\frac{1}{2}\{(-1+\sqrt{3})+(-\sqrt{2}+\sqrt{4})+(-\sqrt{3}+\sqrt{5})$$

$$\qquad+\cdots+(-\sqrt{47}+\sqrt{49})+(-\sqrt{48}+\sqrt{50})\}$$

$$=\frac{1}{2}(-1-\sqrt{2}+\sqrt{49}+\sqrt{50})$$

$$=\frac{1}{2}(-1-\sqrt{2}+7+5\sqrt{2})$$

$$=\frac{1}{2}(6+4\sqrt{2})$$

$$=3+2\sqrt{2} \qquad\qquad\qquad\text{답} ②$$

대표 유형 다지기　　　　　　본문 59~60쪽

01 ②	**02** ④	**03** ①	**04** ②	**05** ③
06 ②	**07** ⑤	**08** 310	**09** ③	**10** ④
11 336	**12** ①	**13** 61	**14** ③	

01

$$\sum_{n=3}^{11} f(n)-\sum_{n=2}^{10} f(n)$$

$$=\{f(3)+f(4)+f(5)+\cdots+f(10)+f(11)\}$$

$$\qquad\qquad-\{f(2)+f(3)+f(4)+\cdots+f(10)\}$$

$$=f(11)-f(2)$$

$$=2\sqrt{12}-2\sqrt{3}$$

$$=4\sqrt{3}-2\sqrt{3}=2\sqrt{3} \qquad\qquad\text{답} ②$$

02

$$\sum_{n=1}^{99} f(n)=\sum_{n=1}^{99}\log\frac{n+1}{n}$$

$$=\log\frac{2}{1}+\log\frac{3}{2}+\log\frac{4}{3}+\cdots+\log\frac{100}{99}$$

$$=\log\left(\frac{2}{1}\times\frac{3}{2}\times\frac{4}{3}\times\cdots\times\frac{100}{99}\right)$$

$$=\log 100=2 \qquad\qquad\qquad\text{답} ④$$

03

$\sin\left(\frac{\pi}{2}-\theta\right)=\cos\theta$이고, $\sin^2\theta+\cos^2\theta=1$이므로

$$\sum_{k=1}^{90}\left(\sin^2\frac{k}{180}\pi\right)$$

$$=\sin^2\frac{1}{180}\pi+\sin^2\frac{2}{180}\pi+\sin^2\frac{3}{180}\pi+\cdots+\sin^2\frac{90}{180}\pi$$

$$=\left(\sin^2\frac{1}{180}\pi+\sin^2\frac{89}{180}\pi\right)+\left(\sin^2\frac{2}{180}\pi+\sin^2\frac{88}{180}\pi\right)+\cdots$$

$$\qquad+\left(\sin^2\frac{44}{180}\pi+\sin^2\frac{46}{180}\pi\right)+\sin^2\frac{45}{180}\pi+\sin^2\frac{90}{180}\pi$$

$$=\left(\sin^2\frac{1}{180}\pi+\cos^2\frac{1}{180}\pi\right)+\left(\sin^2\frac{2}{180}\pi+\cos^2\frac{2}{180}\pi\right)+\cdots$$

$$\qquad+\left(\sin^2\frac{44}{180}\pi+\cos^2\frac{44}{180}\pi\right)+\sin^2\frac{\pi}{4}+\sin^2\frac{\pi}{2}$$

$$=1\times 44+\frac{1}{2}+1=\frac{91}{2} \qquad\qquad\text{답} ①$$

04

$$\sum_{k=1}^{10}(a_k+1)(a_k-1)=\sum_{k=1}^{10}(a_k^2-1)=\sum_{k=1}^{10}a_k^2-\sum_{k=1}^{10}1$$

$$=20-1\times 10=10 \qquad\qquad\text{답} ②$$

05

$\sum_{k=1}^{10}(a_k+b_k)^2=45$에서

$$\sum_{k=1}^{10}(a_k^2+2a_kb_k+b_k^2)=45$$

$$\sum_{k=1}^{10}(a_k^2+b_k^2)+2\sum_{k=1}^{10}a_kb_k=45$$

이때, $\sum_{k=1}^{10}(a_k^2+b_k^2)=25$이므로

$$25+2\sum_{k=1}^{10}a_kb_k=45,\ 2\sum_{k=1}^{10}a_kb_k=20$$

$$\therefore \sum_{k=1}^{10}a_kb_k=10 \qquad\qquad\text{답} ③$$

06

$$\sum_{k=1}^{10}(k^2-2k+3)-\sum_{k=1}^{9}(k^2-2k)$$

$$=\sum_{k=1}^{10}(k^2-2k+3)-\left\{\sum_{k=1}^{10}(k^2-2k)-(10^2-2\times 10)\right\}$$

$$=\sum_{k=1}^{10}(k^2-2k+3)-\sum_{k=1}^{10}(k^2-2k)+(100-20)$$

$$=\sum_{k=1}^{10}(k^2-2k+3-k^2+2k)+80$$

$$=\sum_{k=1}^{10}3+80$$

$$=3\times 10+80=110 \qquad\qquad\text{답} ②$$

07

$$\sum_{k=1}^{6}(2^k+5k+1)=\sum_{k=1}^{6}2^k+5\sum_{k=1}^{6}k+\sum_{k=1}^{6}1$$

$$=\frac{2(2^6-1)}{2-1}+5\times\frac{6\times 7}{2}+1\times 6$$

$$=126+105+6=237 \qquad\qquad\text{답} ⑤$$

08

첫째항이 -5, 공차가 4인 등차수열 a_n의 일반항은

$a_n = -5 + (n-1) \times 4 = 4n - 9$

이때, $a_{2k-1} = 4(2k-1) - 9 = 8k - 13$이므로

$$\sum_{k=1}^{10} a_{2k-1} = \sum_{k=1}^{10} (8k - 13)$$

$$= 8 \sum_{k=1}^{10} k - \sum_{k=1}^{10} 13$$

$$= 8 \times \frac{10 \times 11}{2} - 13 \times 10$$

$$= 440 - 130 = 310$$

달 310

09

$$\frac{1}{8} \{ (1^3 - 2) + (3^3 - 4) + (5^3 - 6) + \cdots + (15^3 - 16) \}$$

$$= \frac{1}{8} \sum_{k=1}^{8} \{ (2k-1)^3 - 2k \}$$

$$= \frac{1}{8} \sum_{k=1}^{8} \{ (8k^3 - 12k^2 + 6k - 1) - 2k \}$$

$$= \frac{1}{8} \sum_{k=1}^{8} (8k^3 - 12k^2 + 4k - 1)$$

$$= \sum_{k=1}^{8} k^3 - \frac{3}{2} \sum_{k=1}^{8} k^2 + \frac{1}{2} \sum_{k=1}^{8} k - \frac{1}{8} \sum_{k=1}^{8} 1$$

$$= \left(\frac{8 \times 9}{2} \right)^2 - \frac{3}{2} \times \frac{8 \times 9 \times 17}{6} + \frac{1}{2} \times \frac{8 \times 9}{2} - \frac{1}{8} \times 1 \times 8$$

$$= 1296 - 306 + 18 - 1 = 1007$$

달 ③

10

$$\sum_{n=1}^{6} \left\{ \sum_{m=1}^{n} (2m+1) \right\} = \sum_{n=1}^{6} \left(2 \sum_{m=1}^{n} m + \sum_{m=1}^{n} 1 \right)$$

$$= \sum_{n=1}^{6} \left\{ 2 \times \frac{n(n+1)}{2} + n \right\}$$

$$= \sum_{n=1}^{6} (n^2 + 2n)$$

$$= \sum_{n=1}^{6} n^2 + 2 \sum_{n=1}^{6} n$$

$$= \frac{6 \times 7 \times 13}{6} + 2 \times \frac{6 \times 7}{2}$$

$$= 91 + 42 = 133$$

달 ④

11

$f(k) = 2k + n$이므로

$$\sum_{n=1}^{7} \left[\sum_{k=1}^{n} \{ f(k) + 1 \} \right] = \sum_{n=1}^{7} \left\{ \sum_{k=1}^{n} (2k + n + 1) \right\}$$

$$= \sum_{n=1}^{7} \left(2 \sum_{k=1}^{n} k + \sum_{k=1}^{n} n + \sum_{k=1}^{n} 1 \right)$$

$$= \sum_{n=1}^{7} \left\{ 2 \times \frac{n(n+1)}{2} + n^2 + n \right\}$$

$$= \sum_{n=1}^{7} (2n^2 + 2n)$$

$$= 2 \sum_{n=1}^{7} n^2 + 2 \sum_{n=1}^{7} n$$

$$= 2 \times \frac{7 \times 8 \times 15}{6} + 2 \times \frac{7 \times 8}{2}$$

$$= 280 + 56$$

$$= 336$$

달 336

12

$$\frac{1}{1 \times 4} + \frac{1}{4 \times 7} + \frac{1}{7 \times 10} + \cdots + \frac{1}{19 \times 22}$$

$$= \frac{1}{3} \left(1 - \frac{1}{4} \right) + \frac{1}{3} \left(\frac{1}{4} - \frac{1}{7} \right) + \frac{1}{3} \left(\frac{1}{7} - \frac{1}{10} \right) + \cdots + \frac{1}{3} \left(\frac{1}{19} - \frac{1}{22} \right)$$

$$= \frac{1}{3} \left\{ \left(1 - \frac{1}{4} \right) + \left(\frac{1}{4} - \frac{1}{7} \right) + \left(\frac{1}{7} - \frac{1}{10} \right) + \cdots + \left(\frac{1}{19} - \frac{1}{22} \right) \right\}$$

$$= \frac{1}{3} \left(1 - \frac{1}{22} \right)$$

$$= \frac{1}{3} \times \frac{21}{22} = \frac{7}{22}$$

달 ①

13

$\dfrac{1}{1+2+3+\cdots+k} = \dfrac{1}{\frac{k(k+1)}{2}} = \dfrac{2}{k(k+1)}$이므로

$$S = 1 + \frac{1}{1+2} + \frac{1}{1+2+3} + \cdots + \frac{1}{1+2+3+\cdots+20}$$

$$= \sum_{k=1}^{20} \frac{2}{k(k+1)}$$

$$= 2 \sum_{k=1}^{20} \left(\frac{1}{k} - \frac{1}{k+1} \right)$$

$$= 2 \left\{ \left(1 - \frac{1}{2} \right) + \left(\frac{1}{2} - \frac{1}{3} \right) + \left(\frac{1}{3} - \frac{1}{4} \right) + \cdots + \left(\frac{1}{20} - \frac{1}{21} \right) \right\}$$

$$= 2 \left(1 - \frac{1}{21} \right)$$

$$= 2 \times \frac{20}{21} = \frac{40}{21}$$

따라서 $p = 21$, $q = 40$이므로

$p + q = 21 + 40 = 61$

달 61

14

$$\frac{1}{f(k)} = \frac{1}{\sqrt{2k+1} + \sqrt{2k-1}}$$

$$= \frac{\sqrt{2k+1} - \sqrt{2k-1}}{(\sqrt{2k+1} + \sqrt{2k-1})(\sqrt{2k+1} - \sqrt{2k-1})}$$

$$= \frac{1}{2} (-\sqrt{2k-1} + \sqrt{2k+1})$$

$$\therefore \sum_{k=1}^{24} \frac{1}{f(k)}$$

$$= \frac{1}{2} \sum_{k=1}^{24} (-\sqrt{2k-1} + \sqrt{2k+1})$$

$$= \frac{1}{2} \{ (-1 + \sqrt{3}) + (-\sqrt{3} + \sqrt{5}) + (-\sqrt{5} + \sqrt{7}) + \cdots + (-\sqrt{45} + \sqrt{47}) + (-\sqrt{47} + \sqrt{49}) \}$$

$$= \frac{1}{2} (-1 + \sqrt{49})$$

$$= \frac{1}{2} \times 6 = 3$$

달 ③

03 | 수학적 귀납법

 Ⅲ 수열

 개념 ① 수열의 귀납적 정의

개념 Check

1 (1) $a_{n+1}=2a_n+n+1$에서
$$a_2=2a_1+1+1=2\times2+1+1=6$$
$$a_3=2a_2+2+1=2\times6+2+1=15$$
$$a_4=2a_3+3+1=2\times15+3+1=34$$
$$\therefore a_5=2a_4+4+1=2\times34+4+1=73$$

(2) $a_{n+1}=a_n+2^n$에서
$$a_2=a_1+2^1=1+2=3$$
$$a_3=a_2+2^2=3+4=7$$
$$a_4=a_3+2^3=7+8=15$$
$$\therefore a_5=a_4+2^4=15+16=31$$

답 (1) 73 (2) 31

2 (1) 주어진 수열은 첫째항이 3, 공차가 2인 등차수열이므로
$$a_1=3,\ a_{n+1}-a_n=2\ (단,\ n=1,\ 2,\ 3,\ \cdots)$$

(2) 주어진 수열은 첫째항이 4, 공비가 -2인 등비수열이므로
$$a_1=4,\ a_{n+1}\div a_n=-2\ (단,\ n=1,\ 2,\ 3,\ \cdots)$$

답 (1) $a_1=3,\ a_{n+1}-a_n=2$ (단, $n=1,\ 2,\ 3,\ \cdots$)
(2) $a_1=4,\ a_{n+1}\div a_n=-2$ (단, $n=1,\ 2,\ 3,\ \cdots$)

유형 01

수열 $\{a_n\}$은 첫째항이 3, 공차가 2인 등차수열이므로
$$a_n=3+(n-1)\times2=2n+1$$
$$\therefore a_7=2\times7+1=15$$

답 ②

01-1

$2a_{n+1}=a_n+a_{n+2}$에서 $a_{n+1}-a_n=a_{n+2}-a_{n+1}$이므로 수열 $\{a_n\}$은 첫째항 3, 공차가 $a_2-a_1=7-3=4$인 등차수열이다.
$$\therefore a_n=3+(n-1)\times4=4n-1$$
$$\therefore a_{10}=4\times10-1=39$$

답 39

유형 02

수열 $\{a_n\}$은 첫째항이 2, 공비가 4인 등비수열이므로
$$a_n=2\times4^{n-1}$$
$$\therefore a_4=2\times4^3=128$$

답 128

02-1

$a_{n+1}{}^2=a_na_{n+2}$에서 $\dfrac{a_{n+1}}{a_n}=\dfrac{a_{n+2}}{a_{n+1}}$이므로 수열 $\{a_n\}$은 첫째항이 1,

공비가 $\dfrac{a_2}{a_1}=2$인 등비수열이다.
$$\therefore a_n=2^{n-1}$$
$$\therefore a_8=2^7=128$$

답 ②

개념 ② 여러 가지 수열의 귀납적 정의

유형 03

$a_{n+1}=a_n+2n$의 n에 1, 2, 3, $\cdots$, 7을 차례대로 대입한 후 변끼리 더하면
$$a_2=a_1+2\times1$$
$$a_3=a_2+2\times2$$
$$a_4=a_3+2\times3$$
$$\vdots$$
$$+)\ a_8=a_7+2\times7$$
$$\overline{\qquad a_8=a_1+2(1+2+3+\cdots+7)}$$
$$\therefore a_8=a_1+2\sum_{k=1}^{7}k$$
$$=4+2\times\frac{7\times8}{2}$$
$$=4+56=60$$

답 60

03-1

$a_{n+1}=a_n+\dfrac{1}{n(n+1)}$의 n에 1, 2, 3, $\cdots$, 9를 차례대로 대입한 후 변끼리 더하면
$$a_2=a_1+\frac{1}{1\times2}$$
$$a_3=a_2+\frac{1}{2\times3}$$
$$a_4=a_3+\frac{1}{3\times4}$$
$$\vdots$$
$$+)\ a_{10}=a_9+\frac{1}{9\times10}$$
$$\overline{\qquad a_{10}=a_1+\frac{1}{1\times2}+\frac{1}{2\times3}+\frac{1}{3\times4}+\cdots+\frac{1}{9\times10}}$$
$$\therefore a_{10}=1+\sum_{k=1}^{9}\frac{1}{k(k+1)}=1+\sum_{k=1}^{9}\left(\frac{1}{k}-\frac{1}{k+1}\right)$$
$$=1+\left\{\left(1-\frac{1}{2}\right)+\left(\frac{1}{2}-\frac{1}{3}\right)+\left(\frac{1}{3}-\frac{1}{4}\right)+\cdots+\left(\frac{1}{9}-\frac{1}{10}\right)\right\}$$
$$=1+\left(1-\frac{1}{10}\right)=\frac{19}{10}$$

답 ⑤

유형 04

$a_{n+1}=\dfrac{n}{n+1}a_n$의 n에 1, 2, 3, $\cdots$, 23을 차례대로 대입한 후 변끼리 곱하면
$$a_2=\frac{1}{2}a_1$$
$$a_3=\frac{2}{3}a_2$$
$$a_4=\frac{3}{4}a_3$$
$$\vdots$$
$$\times)\ a_{24}=\frac{23}{24}a_{23}$$
$$\overline{\qquad a_{24}=\frac{1}{2}\times\frac{2}{3}\times\frac{3}{4}\times\cdots\times\frac{23}{24}\times a_1}$$

$$\therefore a_{24} = \frac{1}{2} \times \frac{\cancel{2}}{3} \times \frac{\cancel{3}}{4} \times \cdots \times \frac{23}{24} \times 3$$

$$= \frac{3}{24} = \frac{1}{8}$$
답 ②

04-1

$a_{n+1} = 2^{n-1}a_n$의 n에 1, 2, 3, $\cdots$, 7을 차례대로 대입한 후 변끼리 곱하면

$$a_{\cancel{2}} = 2^0 a_1$$
$$a_{\cancel{3}} = 2^1 a_{\cancel{2}}$$
$$a_{\cancel{4}} = 2^2 a_{\cancel{3}}$$
$$\vdots$$
$$\times) \ a_8 = 2^6 a_{\cancel{7}}$$
$$a_8 = 2^0 \times 2^1 \times 2^2 \times \cdots \times 2^6 a_1$$

$$\therefore a_8 = 1 \times 2 \times 2^2 \times \cdots \times 2^6 \times \frac{1}{8}$$

$$= 2^{1+2+3+\cdots+6} \times \frac{1}{8}$$

$$= 2^{\frac{6 \times 7}{2}} \times 2^{-3}$$

$$= 2^{21} \times 2^{-3} = 2^{18}$$
답 ②

개념 ③ 수학적 귀납법

유형 ⑤

(i) $n=1$일 때

$$(좌변) = \frac{1}{1 \times 2} = \frac{1}{2}, \ (우변) = \frac{1}{1+1} = \frac{1}{2}$$

따라서 $n=1$일 때 주어진 등식이 성립한다.

(ii) $n=k$일 때, 주어진 등식이 성립한다고 가정하면

$$\frac{1}{1 \times 2} + \frac{1}{2 \times 3} + \cdots + \frac{1}{k(k+1)} = \boxed{\frac{k}{k+1}}$$

이 식의 양변에 $\frac{1}{(k+1)(k+2)}$을 더하면

$$\frac{1}{1 \times 2} + \frac{1}{2 \times 3} + \cdots + \frac{1}{k(k+1)} + \frac{1}{(k+1)(k+2)}$$

$$= \frac{k}{k+1} + \frac{1}{(k+1)(k+2)}$$

$$= \frac{k(k+2)+1}{(k+1)(k+2)}$$

$$= \frac{(k+1)^2}{(k+1)(k+2)} = \boxed{\frac{k+1}{k+2}}$$

따라서 $n=k+1$일 때에도 주어진 등식이 성립한다.

(i), (ii)에 의하여 모든 자연수 n에 대하여 주어진 등식은 성립한다.

즉, $f(k)=k$, $g(k)=k+1$이므로

$$f(5)+g(5)=5+6=11$$
답 ②

05-1

(i) $n=1$일 때

$$(좌변) = 1 \times 2 = 2, \ (우변) = \frac{1 \times 2 \times 3}{3} = 2$$

따라서 $n=1$일 때 주어진 등식이 성립한다.

(ii) $n=k$일 때, 주어진 등식이 성립한다고 가정하면

$$1 \times 2 + 2 \times 3 + 3 \times 4 + \cdots + k(k+1) = \frac{k(k+1)(k+2)}{3}$$

양변에 $\boxed{(k+1)(k+2)}$를 더하면

$$1 \times 2 + 2 \times 3 + 3 \times 4 + \cdots + k(k+1) + \boxed{(k+1)(k+2)}$$

$$= \frac{k(k+1)(k+2)}{3} + (k+1)(k+2)$$

$$= \frac{k(k+1)(k+2)}{3} + \frac{3(k+1)(k+2)}{3}$$

$$= \boxed{\frac{(k+1)(k+2)(k+3)}{3}}$$

따라서 $n=k+1$일 때에도 주어진 등식이 성립한다.

(i), (ii)에 의하여 모든 자연수 n에 대하여 주어진 등식은 성립한다.

즉, $f(k)=(k+1)(k+2)$, $g(k)=(k+1)(k+2)(k+3)$이므로

$$f(5)+g(3)=6 \times 7 + 4 \times 5 \times 6$$

$$= 42 + 120 = 162$$
답 ③

05-2

(i) $n=2$일 때

$$(좌변) = 1 + \frac{1}{2^2} = \frac{5}{4}, \ (우변) = 2 - \frac{1}{2} = \frac{3}{2}$$

$\frac{5}{4} < \frac{3}{2}$이므로 $n=2$일 때 주어진 부등식이 성립한다.

(ii) $n=k \ (k \geq 2)$일 때, 주어진 부등식이 성립한다고 가정하면

$$1 + \frac{1}{2^2} + \frac{1}{3^2} + \cdots + \frac{1}{k^2} < 2 - \frac{1}{k}$$

이 식의 양변에 $\frac{1}{(k+1)^2}$을 더하면

$$1 + \frac{1}{2^2} + \frac{1}{3^2} + \cdots + \frac{1}{k^2} + \frac{1}{(k+1)^2} < 2 - \frac{1}{k} + \frac{1}{(k+1)^2}$$

이때, $k \geq 2$인 k에 대하여

$$\left(2 - \frac{1}{k+1}\right) - \left\{2 - \frac{1}{k} + \frac{1}{(k+1)^2}\right\}$$

$$= -\frac{1}{k+1} + \frac{1}{k} - \frac{1}{(k+1)^2}$$

$$= \frac{-k(k+1) + (k+1)^2 - k}{k(k+1)^2}$$

$$= \frac{-k^2 - k + k^2 + 2k + 1 - k}{k(k+1)^2} = \frac{1}{\boxed{k(k+1)^2}} > 0$$

$$1 + \frac{1}{2^2} + \frac{1}{3^2} + \cdots + \frac{1}{(k+1)^2} < 2 - \frac{1}{k} + \frac{1}{(k+1)^2}$$

$$< 2 - \frac{1}{\boxed{k+1}}$$

따라서 주어진 부등식은 $n=k+1$일 때에도 성립한다.

(i), (ii)에 의하여 2 이상의 모든 자연수 n에 대하여 주어진 부등식은 성립한다.

즉, $f(k)=k(k+1)^2$, $g(k)=k+1$이므로

$$f(2)g(3)=2 \times 3^2 \times 4 = 72$$
답 ⑤

01 22	**02** 8	**03** ①	**04** ③	**05** 3
06 ⑤	**07** ①	**08** 640	**09** ①	**10** ⑤
11 ④	**12** ②	**13** ④	**14** ④	**15** ③

01

수열 $\{a_n\}$은 첫째항이 -3, 공차가 5인 등차수열이므로

$a_n = -3 + (n-1) \times 5 = 5n - 8$

$\therefore a_6 = 5 \times 6 - 8 = 22$　　　　　　　답 22

02

수열 $\{a_n\}$은 첫째항이 9, 공비가 $\dfrac{1}{3}$인 등비수열이므로

$a_n = 9 \times \left(\dfrac{1}{3}\right)^{n-1} = \dfrac{9}{3^{n-1}}$

$a_k = \dfrac{1}{3^5}$에서 $\dfrac{9}{3^{k-1}} = \dfrac{1}{3^5}$, $3^{k-1} = 3^7$

따라서 $k-1 = 7$이므로

$k = 8$　　　　　　　답 8

03

$a_{n+1} - a_n = 3n$, 즉 $a_{n+1} = a_n + 3n$의 n에 1, 2, 3, $\cdots$, 8을 차례대로 대입한 후 변끼리 더하면

$a_2 = a_1 + 3 \times 1$
$a_3 = a_2 + 3 \times 2$
$a_4 = a_3 + 3 \times 3$
$\vdots$
$+) \ a_9 = a_8 + 3 \times 8$
　$a_9 = a_1 + 3(1 + 2 + 3 + \cdots + 8)$

이때, $a_9 = 120$이므로

$a_1 + 3\displaystyle\sum_{k=1}^{8} k = 120$

$a_1 + 3 \times \dfrac{8 \times 9}{2} = 120$

$a_1 + 108 = 120$

$\therefore a_1 = 12$　　　　　　　답 ①

04

$\dfrac{1}{\sqrt{n+1} + \sqrt{n}} = \dfrac{\sqrt{n+1} - \sqrt{n}}{(\sqrt{n+1} + \sqrt{n})(\sqrt{n+1} - \sqrt{n})} = \sqrt{n+1} - \sqrt{n}$이

므로 $a_{n+1} - a_n = -\sqrt{n} + \sqrt{n+1}$의 n에 1, 2, 3, $\cdots$, 48을 차례대로 대입한 후 변끼리 더하면

$a_2 - a_1 = -\sqrt{1} + \sqrt{2}$
$a_3 - a_2 = -\sqrt{2} + \sqrt{3}$
$a_4 - a_3 = -\sqrt{3} + \sqrt{4}$
$\vdots$
$+) \ a_{49} - a_{48} = -\sqrt{48} + \sqrt{49}$
　$a_{49} - a_1 = -1 + \sqrt{49}$

$\therefore a_{49} = a_1 - 1 + 7 = 9$　　　　　　　답 ③

05

$a_{n+1} = a_n + \log \dfrac{n}{n+1}$의 n에 1, 2, 3, $\cdots$, 99를 차례대로 대입한 후 변끼리 더하면

$a_2 = a_1 + \log \dfrac{1}{2}$

$a_3 = a_2 + \log \dfrac{2}{3}$

$a_4 = a_3 + \log \dfrac{3}{4}$

$\vdots$

$+) \ a_{100} = a_{99} + \log \dfrac{99}{100}$

$a_{100} = a_1 + \log \dfrac{1}{2} + \log \dfrac{2}{3} + \log \dfrac{3}{4} + \cdots + \log \dfrac{99}{100}$

$\therefore a_{100} = 5 + \log \left(\dfrac{1}{2} \times \dfrac{2}{3} \times \dfrac{3}{4} \times \cdots \times \dfrac{99}{100}\right)$

$= 5 + \log \dfrac{1}{100} = 3$　　　　　　　답 3

06

$a_{n+1} = \dfrac{n^2 - 1}{n^2} a_n = \dfrac{(n-1)(n+1)}{n \times n} a_n$이므로

$a_{n+1} = \dfrac{n-1}{n} \times \dfrac{n+1}{n} a_n$의 n에 2, 3, 4, $\cdots$, 15를 차례대로 대입한 후 변끼리 곱하면

$a_3 = \dfrac{1}{2} \times \dfrac{3}{2} a_2$

$a_4 = \dfrac{2}{3} \times \dfrac{4}{3} a_3$

$a_5 = \dfrac{3}{4} \times \dfrac{5}{4} a_4$

$\vdots$

$\times) \ a_{16} = \dfrac{14}{15} \times \dfrac{16}{15} a_{15}$

$a_{16} = \dfrac{1}{2} \times \dfrac{3}{2} \times \dfrac{2}{3} \times \dfrac{4}{3} \times \dfrac{3}{4} \times \dfrac{5}{4} \times \cdots \times \dfrac{14}{15} \times \dfrac{16}{15} a_2$

$\therefore a_{16} = \dfrac{1}{2} \times \dfrac{3}{2} \times \dfrac{2}{3} \times \dfrac{4}{3} \times \dfrac{3}{4} \times \dfrac{5}{4} \times \cdots \times \dfrac{14}{15} \times \dfrac{16}{15} \times 3 = \dfrac{8}{5}$

답 ⑤

07

$a_{n+1} = -4a_n - 15$에서

$a_2 = -4a_1 - 15 = -4 \times 1 - 15 = -19$

$a_3 = -4a_2 - 15 = -4 \times (-19) - 15 = 61$

$\therefore a_4 = -4a_3 - 15 = -4 \times 61 - 15 = -259$

> **보충 설명**

$a_{n+1} = -4a_n - 15$를 $a_{n+1} + \alpha = -4(a_n + \alpha)$로 놓으면

$a_{n+1} = -4a_n - 5\alpha$이므로 $5\alpha = 15$　　$\therefore \alpha = 3$

$\therefore a_{n+1} + 3 = -4(a_n + 3)$

따라서 수열 $\{a_n + 3\}$은 첫째항이 $a_1 + 3 = 1 + 3 = 4$, 공비가 -4인 등비수열이므로

$a_n + 3 = 4 \times (-4)^{n-1}$　　$\therefore a_n = 4 \times (-4)^{n-1} - 3$　　답 ①

08

$a_{n+2}-5a_{n+1}+4a_n=0$, 즉 $a_{n+2}=5a_{n+1}-4a_n$에서

$a_3=5a_2-4a_1=5\times3-4\times1=15-4=11$

$a_4=5a_3-4a_2=5\times11-4\times3=55-12=43$

$a_5=5a_4-4a_3=5\times43-4\times11=215-44=171$

$a_6=5a_5-4a_4=5\times171-4\times43=855-172=683$

$\therefore a_6-a_4=683-43=640$

> **• 보충 설명**

$a_{n+2}-5a_{n+1}+4a_n=0$을 $a_{n+2}-a_{n+1}=p(a_{n+1}-a_n)$으로 놓으면

$a_{n+2}-(p+1)a_{n+1}+pa_n=0$이므로 $p+1=5$ $\therefore p=4$

$\therefore a_{n+2}-a_{n+1}=4(a_{n+1}-a_n)$

$a_{n+1}-a_n=b_n$으로 놓으면 $b_{n+1}=4b_n$

즉, 수열 $\{b_n\}$은 첫째항이 $b_1=a_2-a_1=2$, 공비가 4인 등비수열
이므로

$b_n=2\times4^{n-1}=2^{2n-1}$

$\therefore a_{n+1}-a_n=2^{2n-1}$

따라서 $a_{n+1}=a_n+2^{2n-1}$의 n에 1, 2, 3, $\cdots$, $n-1$을 차례대로
대입한 후 변끼리 더하면

$$\begin{aligned}
a_2&=a_1+2^1\\
a_3&=a_2+2^3\\
a_4&=a_3+2^5\\
&\vdots\\
+\ )\ a_n&=a_{n-1}+2^{2n-3}\\
\hline
a_n&=a_1+2^1+2^3+2^5+\cdots+2^{2n-3}
\end{aligned}$$

$$\begin{aligned}
\therefore a_n&=a_1+\sum_{k=1}^{n-1}2^{2k-1}\\
&=1+\frac{2(4^{n-1}-1)}{4-1}\\
&=\frac{2}{3}\times4^{n-1}+\frac{1}{3}
\end{aligned}$$

답 640

09

$a_{n+1}=\dfrac{a_n}{6a_n+1}$에서

$a_2=\dfrac{a_1}{6a_1+1}=\dfrac{2}{6\times2+1}=\dfrac{2}{13}$

$a_3=\dfrac{a_2}{6a_2+1}=\dfrac{\dfrac{2}{13}}{6\times\dfrac{2}{13}+1}=\dfrac{2}{25}$

$a_4=\dfrac{a_3}{6a_3+1}=\dfrac{\dfrac{2}{25}}{6\times\dfrac{2}{25}+1}=\dfrac{2}{37}$

$\therefore a_5=\dfrac{a_4}{6a_4+1}=\dfrac{\dfrac{2}{37}}{6\times\dfrac{2}{37}+1}=\dfrac{2}{49}$

> **• 보충 설명**

$a_{n+1}=\dfrac{a_n}{6a_n+1}$에서 양변의 역수를 취하면

$\dfrac{1}{a_{n+1}}=\dfrac{6a_n+1}{a_n}$, $\dfrac{1}{a_{n+1}}=\dfrac{1}{a_n}+6$

$\dfrac{1}{a_n}=b_n$으로 놓으면

$b_{n+1}=b_n+6$

즉, 수열 $\{b_n\}$은 첫째항이 $b_1=\dfrac{1}{a_1}=\dfrac{1}{2}$, 공차가 6인 등차수열이므
로

$b_n=\dfrac{1}{2}+(n-1)\times6=6n-\dfrac{11}{2}$

$\therefore a_n=\dfrac{1}{b_n}=\dfrac{2}{12n-11}$

답 ①

10

$a_{n+1}=\begin{cases}\dfrac{a_n}{2} & (a_n\text{은 짝수})\\ a_n+n & (a_n\text{은 홀수})\end{cases}$에서 $a_1=4$이므로

$a_2=\dfrac{a_1}{2}=\dfrac{4}{2}=2$, $a_3=\dfrac{a_2}{2}=\dfrac{2}{2}=1$, $a_4=a_3+3=1+3=4$,

$a_5=\dfrac{a_4}{2}=\dfrac{4}{2}=2$, $a_6=\dfrac{a_5}{2}=\dfrac{2}{2}=1$, $a_7=a_6+6=1+6=7$

$\therefore a_8=a_7+7=7+7=14$

답 ⑤

11

$a_{n+1}=\dfrac{2a_n-3}{a_n-1}$에서

$a_2=\dfrac{2a_1-3}{a_1-1}=\dfrac{2\times3-3}{3-1}=\dfrac{3}{2}$

$a_3=\dfrac{2a_2-3}{a_2-1}=\dfrac{2\times\dfrac{3}{2}-3}{\dfrac{3}{2}-1}=0$

$a_4=\dfrac{2a_3-3}{a_3-1}=\dfrac{2\times0-3}{0-1}=3$

$a_5=\dfrac{2a_4-3}{a_4-1}=\dfrac{2\times3-3}{3-1}=\dfrac{3}{2}$

$\qquad\vdots$

즉, 수열 $\{a_n\}$은 3, $\dfrac{3}{2}$, 0이 이 순서대로 반복되는 수열이므로

$$\begin{aligned}
\sum_{n=1}^{30}a_n&=\left(3+\frac{3}{2}+0\right)+\left(3+\frac{3}{2}+0\right)+\cdots+\left(3+\frac{3}{2}+0\right)\\
&=10\times\frac{9}{2}=45
\end{aligned}$$

답 ④

12

(i) $n=1$일 때

(좌변)$=2\times1-1=1$, (우변)$=1^2=1$

따라서 $n=1$일 때 주어진 등식이 성립한다.

(ii) $n=k$일 때, 주어진 등식이 성립한다고 가정하면

$1+3+5+\cdots+(2k-1)=k^2$

이 식의 양변에 $\boxed{2k+1}$을 더하면

$1+3+5+\cdots+(2k-1)+(\boxed{2k+1})=k^2+2k+1$

$=(\boxed{k+1})^2$

따라서 $n=k+1$일 때에도 주어진 등식이 성립한다.

(i), (ii)에 의하여 모든 자연수 n에 대하여 주어진 등식은 성립한다.

즉, $f(k)=2k+1$, $g(k)=k+1$이므로

$f(4)g(4)=9\times5=45$

답 ②

13

(ⅰ) $n=2$일 때

(좌변)$=1+\dfrac{1}{2}=\dfrac{3}{2}$, (우변)$=\dfrac{2\times2}{2+1}=\dfrac{4}{3}$

$\dfrac{3}{2}>\dfrac{4}{3}$이므로 주어진 부등식이 성립한다.

(ⅱ) $n=k\,(k\geq2)$일 때, 주어진 부등식이 성립한다고 가정하면

$1+\dfrac{1}{2}+\dfrac{1}{3}+\cdots+\dfrac{1}{k}>\dfrac{2k}{k+1}$

양변에 $\boxed{\dfrac{1}{k+1}}$을 더하면

$1+\dfrac{1}{2}+\dfrac{1}{3}+\cdots+\dfrac{1}{k}+\boxed{\dfrac{1}{k+1}}>\dfrac{2k}{k+1}+\boxed{\dfrac{1}{k+1}}=\dfrac{2k+1}{k+1}$

한편, 2 이상인 자연수 k에 대하여

$\dfrac{2k+1}{k+1}-\boxed{\dfrac{2(k+1)}{k+2}}=\dfrac{(2k^2+5k+2)-(2k^2+4k+2)}{(k+1)(k+2)}$

$=\dfrac{k}{(k+1)(k+2)}>0$

이므로 $\dfrac{2k+1}{k+1}>\boxed{\dfrac{2(k+1)}{k+2}}$

따라서 $1+\dfrac{1}{2}+\dfrac{1}{3}+\cdots+\dfrac{1}{k}+\dfrac{1}{k+1}>\dfrac{2k+1}{k+1}>\dfrac{2(k+1)}{k+2}$이

므로 $n=k+1$일 때에도 주어진 부등식이 성립한다.

(ⅰ), (ⅱ)에 의하여 2 이상인 자연수 n에 대하여 주어진 부등식은 성립한다.

즉, $f(k)=\dfrac{1}{k+1}$, $g(k)=\dfrac{2(k+1)}{k+2}$이므로

$\dfrac{g(3)}{f(4)}=\dfrac{\dfrac{8}{5}}{\dfrac{1}{5}}=8$ 답 ④

14

(ⅰ) $n=1$일 때

$3^3-2^1=25$이므로 5의 배수이다.

(ⅱ) $n=k$일 때

$3^{2k+1}-2^{2k-1}$이 5의 배수라 가정하면

$3^{2k+1}-2^{2k-1}=5m$ (단, m은 자연수이다.)

이때,

$3^{2(k+1)+1}-2^{2(k+1)-1}$

$=3^{2k+3}-2^{2k+1}$

$=9\times3^{2k+1}-9\times2^{2k-1}+9\times2^{2k-1}-2^{2k+1}$

$=9\times(3^{2k+1}-2^{2k-1})+\boxed{9\times2^{2k-1}}-2^{2k+1}$

$=9\times5m+9\times2^{2k-1}-4\times2^{2k-1}$

$=\boxed{45m}+5\times2^{2k-1}$

$=5\times(9m+2^{2k-1})$

따라서 $n=k+1$일 때에도 주어진 식의 값은 5의 배수이다.

(ⅰ), (ⅱ)에 의하여 모든 자연수 n에 대하여 주어진 식의 값은 5의 배수이다.

즉, $f(k)=9\times2^{2k-1}$, $g(m)=45m$이므로

$f(2)+g(4)=9\times2^3+45\times4=72+180=252$ 답 ④

15

$S_{n+1}=S_n+a_{n+1}$을 $nS_{n+1}-2a_n=n(S_n+2a_n)$에 대입하면

$n(S_n+a_{n+1})-2a_n=nS_n+2na_n$

$na_{n+1}=2(n+1)a_n$

양변을 $\boxed{n(n+1)}$로 나누면

$\dfrac{a_{n+1}}{n+1}=\dfrac{2a_n}{n}$

$b_n=\dfrac{a_n}{n}$이라 하면 $b_{n+1}=2b_n$이므로 수열 $\{b_n\}$은 공비가 2인 등비수열이다.

$b_1=a_1=\boxed{2}$, $b_n=2\times2^{n-1}=\boxed{2^n}$

따라서 $a_n=nb_n=n\times\boxed{2^n}$이다.

즉, $f(n)=n(n+1)$, $k=2$, $g(n)=2^n$이므로

$\dfrac{f(k+2)}{g(k)}=\dfrac{f(4)}{g(2)}=\dfrac{4\times5}{2^2}=5$ 답 ③

Memo

Memo

Memo

Memo

Memo

PROJECT
531

수학을 쉽게